현대인의 깨달음을 위한
바른 수행을 이끄는 실체와 나

[바른수행]

현대인의 깨달음을 위한
바른 수행을 이끄는 실체와 나

바른 수행

초판 1쇄 인쇄 2017년 07월 31일
초판 1쇄 발행 2017년 08월 07일

지은이 김정성
펴낸이 김양수
표지 본문 디자인 곽세진 **교정교열** 장하나

펴낸곳 도서출판 맑은샘 **출판등록** 제2012-000035
주소 (우 10387) 경기도 고양시 일산서구 중앙로 1456(주엽동) 서현프라자 604호
대표전화 031.906.5006 **팩스** 031.906.5079
이메일 okbook1234@naver.com **홈페이지** www.booksam.co.kr

ISBN 979-11-5778-230-7 (03220)

*이 책의 국립중앙도서관 출판시도서목록은 서지정보유통지원시스템 홈페이지(http://seoji.nl.go.kr)와 국가자료공동목록시스템(http://www.nl.go.kr/kolisnet)에서 이용하실 수 있습니다. (CIP제어번호 : CIP2017018325)

목차

서언

1장 우주자연의 이치와 법, 진리

4장

본래 마음자리와 영혼 성숙

5장

명상 (기도, 참선, 선, 좌선)

6장

영과 혼과 육체의 구조적 이해를 통한 올바른 수행

| 서언 |

"현대인의 깨달음을 위한
바른 수행을 이끄는 실체와 나"

깨달음과 고행

하루가 지나고 또 하루가 지난다. 사람들은 다람쥐 쳇바퀴 돌듯이 돌고 또 돈다. 고양이가 꼬리에 달아놓은 방울을 보면서 계속 돌듯이. 사람들의 일상사도 별반 다를 바 없다.

기존의식의 틀에서 벗어나는 것이 깨달음이다. 깨닫기 위해서는 먼저 내 생각을, 부딪치는 말과 생각과 행동에서 순간순간 바꿀 수 있어야만 한다. 그리고 깨달음의 기회는 나의 일상생활 속에서 찾아야 한다. 아무리 이름난 장소나 좋은 산이나 들이 있다 한들, 거기에 깨달음이 있는 것은 아니다.

배우는 사람이나 가르치는 사람이나 다 함께 처음 가는 길이니 고행일까, 아니면 육체적, 정신적으로 힘이 드니 고행일까. 그래서 본 책에서는 만물을 움직이며, 바른 수행을 이끄는 실체에 대해 이치에 따른 참뜻이 이해되도록 밝혀 보았다.

창가에서 내리쬐는 따뜻한 아침 햇살 속에서 수많은 움직임 가운데 있는 먼지에 가끔 시선을 고정시킨다. 그 속에서 우리는 먼 우주에서 바라본 지구 위에 찰나 속 머물다 사라지는 인간의 존재를 명상해 본다. 그러면서 대우주자연의 시간과 공간 속에 놓여서 하루하루 정신없이 살아가고 있는 우리들의 삶을 잠시 뒤돌아보는 여유를 가져본다.

사람들은 뭔가를 깨닫는다거나 깨우치는 것을 심오하게 대하는 경향이 다분하다. 그래서인지 너무 고차원으로 가르치며, 배우는 건 아닌지 생각해 본다. 일상생활과 동떨어져서 정신적 수양이란 명목으로 많은 시간을 허비하는 것도 종종 본다.

가끔은 샛길로 빠져 잘못된 종교의식이나 철학, 명상 등에 몰입하여 남다르고 특별한 정신적 대상을 찾는다든지, 또는 한평생을 그러한 것을 만들며 지내는 것도 쉽게 본다. 그러나 그런 것들은 살아생전뿐만 아니라 죽어서도 남는 게 아무것도 없다는 것을 본 책을 통해 절실히 깨닫기를 바란다. 사람은 당시에 깨닫는 듯해도 또 잊고, 깨닫기를 반복한다. 금방 뭔가 아는 듯하나, 또 쉽게 지나친다. 그게 일상이다.

나무의 가지나 잎, 꽃, 열매는 뿌리에서 시작된다. 아무리 가지가 크고, 꽃이 예뻐도 그 근본은 뿌리에 있다. 만물의 이치는, 그 근원이 되는 바탕을 확실히 알고 체득해야 파악된다. 그것을 바탕으로 나의 잘못과 부족한 부분을 알 수 있고, 더 나아가 상대와 그 주변 사물의 허와 실, 진실과 진실이 아닌 것을 좀 더 쉽게 구분하게 된다.

부처님의 가르침은 우주자연의 가르침으로서 인간을 잘살도록 한다. 그뿐만 아니라, 인간에게 현생의 육체는 단 한 번뿐이며, 그 육체를 통해서만이 스스로 깨달아 믿음과 사랑을 키울 수 있다는 사실을 깨닫게 한다. 살아생전 마음의 목적지까지 올곧게 잘 갈 수 있도록 하는 데 필수적인 것이 부처님의 가르침이다.

여유나 여건이 되어 종교적, 철학적, 학문적으로 따져 보는 것도 필요하지만, 우주자연의 가르침은 일상생활 속에서 실천해야 한다. 그런데 이것은 알고 나면 아주 간단하며, 명료하다.

우선 '본래 마음자리'를 찾아야 하는데, 그것은 몸과 마음을 움직이고 있는 근원과 이치를 파악하게 하며, 인간 육체의 작동원리도 알 수 있게 한다. 우주자연의 가르침을 통한 '본래 마음자리'를 알게 되면 그다음부터는 스스로 올바른 길로 향해 가면서 옳고 그름의 분기점에 서게 된다. 그게 마음공부의 가장 중요한 기본이며, 핵심이다. 기본 이치와 원리를 알고 나면 상황과 여건에 따라 다양하게 표현해 볼 수도 있고, 상기와 같이 간단하게 몇 마디로 표현할 수 있다.

우주자연의 공부는 기술이 아니고, 믿음이다. 또한 지혜로워야 하며, 생각이 빨라야 한다. 마음이 어디로 튀는가를 잘 알아차리면서, 마음을 잘 다스리면서, 평상심을 가지고, 올바른 길로 스스로 몰아가는 것이다.

현재까지의 나의 말과 생각과 행동이 지금 이 순간 속에 들어있기에, 아무리 뭔가를 잘하려고 해도 잘 안 될 수 있다. 이는 각자의 수준이고 능력이기도 하나, 과거에 잘못 쌓아놓은 것들이 걸림돌이 되는 것이다. 결국 자기 탓이고, 자기 책임이다.

지금 정말 열심히 진실하게 최선을 다해 잘하고 있다 해도, 과거 누적된 잘못된 행적들로 인해 다소 힘들고 아프고 어려울 수도 있다. 그러나 자신이 지은 업이며, 지금 살아가면서 내가 만들어낸 것이다. 진실한 최선 속에서는 엎어져도 이불 위에 넘어진다는 말처럼 겸허히 받아들이는 수밖에 없다.

즉 현재의 고통은 태어나서부터 내가 다 만든 것이며, 현생에서 내가 한 만큼 뿌려놓은 대로 거두어 가는 것이다. 전생이나 내생을 굳이 운운할 필요가 없다. 현실 속에서 각자 최선을 다하고 나면, 그다음 일들은 우주자연에 달려 있다. 결국 내가 너무 심오하고, 애쓰고 호들갑 떨고 있었다는 사실을 알아차리게 되면, 순간 온몸에 바늘이 꽂히고, 지독히 부끄러울 수도 있다.

분명한 사실은 얼마나 많은 사람들이 수천 년 동안, 수없이 많은 생과 세월 속에, 지금까지조차도 뭔가를 찾겠다는 열망으로 가득 차 있는 것을 보게 된다는 것이다. 혹은 열반이니 해탈이니, 어떤 깨달음을 얻어 보겠다고 얼마나 많은 시간과 노력을 허비했는지 내 주변에서도 쉽게 볼 수 있다. 하지만 앞서 간 수많은 선각자는 우주 자연의 가르침과 진리를 이미 수없이 표현하고 설명해 놓고 갔다는 사실을 알 수도 있을 것이다.

본래의 마음자리란 누구나 다 가지고 있고, 그것이 작동되기에 지금 내가 움직이고 살아있다. 그런데 우리는 그것을 찾으려 깨달음이란 명목으로 평생 헛되게 많은 시간과 기운을 소모하기도 한다. 때로는 부모·형제 다 버리고, 인연을 끊어버리고, 때로는 무소유라는 단어의 틀에 얽매여 한평생 최악의 가난뱅이로 살아가기도 한다.

살생을 하지 말라고 하니까, 기어 다니는 개미도 피해간다. 지금 내가 입고 먹고 하는 모든 것들이 뭔가가 희생되어 나에게 온 것이며, 그것이 지금 내 육체를 살아있게 하는데. 그 말의 본질은 말과 행동 속에 사랑을 보이라고 하신 부처님 뜻이라고 하면 이해할 수 있을까.

종종 등신불을 이야기하기도 한다. 그러나 이보다는 서서 죽는 게 더 어렵고 신통하지 않을까. 소신공양도 마찬가지다. 같은 시간,

같은 자리에서 한 사람이 했던 이야기도 듣는 사람에 따라 다른 경우가 허다하다. 원문에서 한문으로 넘어오면서 오역할 수도 있지만, 그 시대에 맞추어진 말의 본질과 의미가 지금의 현실 속에서 적절하게 표현되지 않을 수도 있다.

오랜 세월 동안 왜곡되어 축적된 인간의식은 순간 나의 깨우침으로 바뀔 수도 있다. 금방 알 수 있는 것도 허황된 생각과 혹시 뭔가 더 있을까 하는 사소한 욕심 때문에 사람은 잘못된 길로 빠진다. 앉아서 죽거나, 서서 죽거나 거기에는 아무것도 없다. 나의 어리석고 허황된 무지와 욕심만 녹아 있을 뿐이다.

자연에서 온 육체를 자연은 자연의 온갖 것으로 먹여 살리고 키워서 때가 되어 거두어 간다. 내 것은 없으며, 마지막에 있는 그대로 자연스럽게 내어 놓으면 된다. 그 이상도 이하도 아니다.

사람은 모름지기 자신과 부모, 형제가 가장 중요하다. 거기서 사랑을 찾지 못하고 조화롭게 행하는 것을 찾아서 깨닫지 못하면 자기 주변과의 소통에서도 마찬가지다.

본 책은 1편에서와 마찬가지로, 우주자연의 가르침은 신의 가르침이라는 것을 인식하지 못하면, 깨달음이라는 것이 자연으로부터 온다는 사실을 인식하고, 체득하기는 힘들 것이다. 하지만 우리 인간은 살아있는 한 올바른 실천이 아주 중요하기에, 행동이 진실하고, 어질고, 올바르며, 최선을 다한다면 나름대로 좋은 인연과 복을 만든다.

나는 부모에게서 나왔고, 그래서 당연히 부모를 알아야 하고, 예를 갖추듯이, 우리 인간이 '나'라는 존재를 온전히 인식하려면 부처님과 하느님을 반드시 알아야 하며, 그것을 바탕으로, 모든 것들이 구현되는 이치를 반드시 이해할 수 있어야 한다. 이 이치에서 종교, 철학 등 인식의 모든 것들이 나오는 것이며, 이를 파악하는 것이 결국 내가 행복하고 건강해지는 길이다.

따라서 본 책은 자연의 이치와 법, 진리는 과연 무엇을 말하는 것인지, 그것의 실체는 무엇인지, 그리고 어떻게 살아야 하는지를 말하고 있다. 우리는 더 잘살기 위해 지금 이 순간도 움직이고 있다. 나의 한정된 이 짧은 현생에서 어떻게 하면, 좀 더 효율적인 공부를 할 수 있으며, 더욱더 나은 삶을 영위할 수 있는지, 또한 나는 올바르게 공부하고 있는 것인지, 마음의 목적지는 어디에 두어야 하는지 등을 여러 가지 비유를 통해 표현하고 설명해 보았다.

본 책은 현대인에게 깨달음을 위한 올바른 수행의 길을 이야기하고 있다. 모두 일상생활에서 실천할 수 있는 것들이다. 앞서 출간된 1편과 대동소이하나, 도표와 그림들을 통해 좀 더 상세하고 구체적으로 설명을 했고, 그 단계를 조금 더 높여 보았다.

1 장

우주 자연의 이치와 법, 진리

만물 움직임의 이치와 원리
움직임의 실체와 깨달음
나의 존재와 깨우침
신의 가르침

지구라는 지극히 한정된 별 위에 찰나의 삶을 이어가는 인간은 세상사에 대해 아무리 합당하고 충분히 표현을 하더라도, 변화무쌍한 매 순간에서, 그것이 턱없이 부족하다는 것을 공부를 하다 보면 더욱더 실감하게 된다. 하지만 그것을 이치에 따라 참뜻을 이해할 수 있다면, 공부가 진전할수록 좀 더 간단하고 명료해짐을 알게 된다.

아무리 최선을 다해도 허황되고 엉뚱한 곳에서 혹은 비현실적이고 비상식적인 것에서 심각해지고 늘 뭔가 하느라 애쓰고 호들갑 떤다면, 자기 우물을 벗어날 수 없으며, 현실과 동떨어지게 되고 스스로 힘들어진다.

이치에 따라 참뜻을 이해하며 순간순간 깨닫게 될 때부터 올바른 수행의 길이 시작된다. 자신이 맞는다든지 옳다든지 하는 자기 생각에서 벗어나야 한다.

본 책은 불교라는 종교의 틀을 기본으로 하지만, 사실상 부처님의 가르침은 불교라는 종교의 틀에 한정될 수 없다는 것을 나타낸다. 또한 현재 통용하는 쉬운 말로 표현하여, 이해하기 쉽도록 하였다.

종교라는 제한된 의식의 틀을 벗어나야 자연스러운 깨달음으로 가는 올바른 수행의 길로 다가설 수 있다. 그것이 '부처님 가르침'이며, 우리 인간을 잘살도록 이끌어 주시는 '부처님 사랑'이다. 그것은 곧 자연의 이치와 법, 진리라는 사실을 수행의 바른길 1편을 통해서 잘 알 수 있도록 이미 다루어 보았다.

자연의 이치와 법, 진리의 기본 본질은 유사 이래 동서고금을 통틀어 다 같을 수밖에 없다. 다르다면 그것은 진리에 맞지 않는 것이며, 올바르지 않으며 잘못된 것이다.

사람에 따라, 시대에 따라,
문화적 수준과 가치관에 따라,
현시점에서 어떻게 표현하고 설명하느냐가 중요하다.

왜냐하면 그게 나를 현실적으로
올바른 깨달음에 이르게 하기 때문이다.

신의 가르침은 끊임없이 이어져 내려오고 있으나,
거기에는 부족하거나, 빠져있거나, 왜곡되거나
인간적 생각을 담은 많은 부분들이 내재되어 있다.

부처님 가르침의 말씀이나 경전 속에 녹아있는
그 시대가 가진 가치관과 문화적 수준의 의미를
온전히 깨닫고 이해할 수 있어야
지금의 현실에 맞고 각 사람의 눈높이에 맞는

글을 쓸 수 있다.
또한 현대에서 사용하는 실용적 표현으로 글을 쓸 수도 있다.
그것이 깨달은 글이고,
깨달은 말이다.

신이신 부처님께서 우리 인간에게 주시는 가르침의 기본 이치와 원리는 자연의 이치와 법, 진리이기에 유사 이래 똑같을 수밖에 없는 것이며, 그 이치와 원리는 변하지 않는 법이다. 그것은 또한 인간이 잘살도록 하는 삶의 방법이며 육체라는 몸 기계를 다루는 이치와 원리다.

알게 되면 손바닥 뒤집기만큼 쉬우나, 모르면 평생 알 길이 없다. 단지 아는 사람만 알 뿐, 대개의 경우 그냥 그렇게 지나칠 수밖에 없을 것이다. 한 가지 분명한 사실은 우주자연은 한 개체만이 아니라, 전체를 진화, 발전시킨다는 것이다. 따라서 전체를 위하지 않는 깨달음은 부처님 가르침과는 거리가 멀며, 그것은 우주자연의 궁극적인 프로그램에서 벗어난다.

깨달음은
곧 조화이며, 빛이고, 기운 그 자체이다.
결국 그것은 믿음이고, 사랑이며,
자연으로부터 온다는 것을 깨닫게 된다.

즉 부처님하느님께서 주시는 것으로,
신의 가르침이다.

그것은 공부의 수준과 정도에 따라 더욱더 확연하게 밝혀진다.
종교적인 잘못된 믿음과 자기 상식을 벗어나지 않고는
온전히 깨닫기 어렵다.

올바른 자기수행이라는 것은,
육체를 가진 인간으로서
반드시 일상생활에서 행해야 한다.
그것은
각자의 가정과 자기 직업의 최전선에서
만나는 사람들과의
상호관계에 놓인다는
절대적 사실을 유념해야 한다.

21세기 살고 있는 현대인들의 문화적 수준과 지적, 정신적 가치관은 과거와 비교할 수 없다. 그것의 수준은 과학적·문화적 발달과 더불어 엄청나게 빠르게 가속화되어 가고 있다. 종교에서 여전히 수백, 수천 년 전, 어쩌면 훨씬 그 이전부터 답습되고 대물림되는 비실용적이고, 비합리적이며, 기복적이고 맹신적인 많은 부분들은, 기존 종교가 현대인들의 의식 수준과 정도를 따르고 있지 못하기 때문이다.

1) 만물 움직임의 이치와 원리

우주자연과 삼라만상에 기운이 깃들어 있지 않은 곳은 어디에도 없다는 사실을 잘 안다. 불교에서는 만물에 불성이 있다고 하며, 기독교에서는 성령으로 설명하기도 한다. 즉 우주 만물에 불성과 성령이 깃들어 있으며, 제각각의 모습을 가지고 있는데 이는 우주자연의 파장 혹은 기운으로 움직인다.

여기서 중요한 부분은 부처님에 대한 올바른 인식과 이해를 이치에 따라 정확하게 인지하고, 인식해야 한다는 사실이다. 막연히 '부처님께서는 신이시며, 전지전능하시다.' 혹은 '부처님, 하느님을 절대적으로 믿습니다.' 하는 등의 말만하고, 종교 행위가 습관화되어 있다면, 어느 종교를 막론하고 그것은 기복적이며, 맹신적이고, 추종적이 되기에 충분하다. 바른 수행을 하려면 기본적인 생각과 개념이 각인이 되어 있어야 한다.

부처님이심을 이치에 따라 확실하게 알아차릴 수 있어야 하며, 그것을 바탕으로 나의 부족하거나 잘못된 것을 고쳐나갈 수 있을 때, 올바른 수행의 길로 갈 수 있게 된다. 왜냐하면 그것이 나를 이끌어 가는 실체이기 때문이다.

그것은 우주만물이 움직이는 이치와 원리에 대한 설명을 통해서 쉽게 구분하고 이해할 수 있다. '우주만물이 부처님 손바닥 안에 실재한다.' 라는 말도 이치에 따라 이해하면 아주 쉽다. 그럼 아래와 같이 구분하여 이치에 따라 이해해 보기로 한다.

(1) 불법승 속에서 이해

불	우주자연 혹은 부처님 하느님
법	우주자연의 파장 혹은 기운, 법, 말씀
승	우주자연의 기운 혹은 파장의 발현으로 작용하는 대상

존재 그 자체로서는 오직 하나이나, 둘 또는 셋으로 합쳐져 나타난다. 다시 말해서, 존재 자체가 기운을 가지고 나타나 작용하는 것을 말한다. 우주자연을 하나의 원으로 나타내기도 한다. 불교의 불법승과 기독교의 삼위일체를 가지고 쉽게 이해할 수 있다. 불교에서 흔히 말하는 '공'을 명확하게 깨닫게 되면 좀 더 폭넓은 이해를 할 수 있다.

학교에서 어려운 미적분은 풀고 이해하면서도, 이렇게 이해하기 쉬운 이치와 법을 대부분의 사람들은 알려고 하지도 않는다. 설사 단번에 안다 해도 너무 쉬워 그냥 지나치기도 한다. 너무 심오하게 접근하거나, 고차원적으로 가르치는 것 또한 올바르게 깨닫게 하지 못하는 이유일 수 있다. 하지만 어떤 사람들은 평생 동안 깨달아 보려고 해도 기존 의식의 틀에 갇혀 헛된 시간과 기운만 소모한다.

만물의 움직임이 왜 그렇게 작동하느냐고 묻는다면 그것은 우주자연의 시스템이며, 그렇게 프로그램화되어 있기 때문이라고 답할 수 있다. 자연 속 하나의 개체에 불과한 인간 몸 기계도 역시 이러한 이치와 법의 테두리 안에서 작동하고 있다. 가정이나 사회, 국가도 마찬가지로 이러한 이치를 바탕으로 돌아가고, 우주 전체가 그렇게 작동하고 있다. 이것이 부처님 가르침에서 핵심이 되고 있으며, 자연의 이치와 법, 진리가 그것이다.

만물이 움직이고 있는 실체를 반드시 보거나 느끼거나, 각자에게 맞는 어떠한 방법을 취해서 그것을 깨달아 체득해야 한다. 순간순간 나의 말과 생각과 행동을 기본으로 올바른 실천을 행함으로써만이 스스로 앞으로 나아가게 만들 수 있다.

즉 올바른 수행의 길이란 부처님을 반드시 알아야 한다는 것이다. 또한 불성을 알고 반복된 체험 속에 자기화 되어야 한다. 올바른 수행을 하려면 이것이 반드시 바탕이 되어야 하며, 이를 통해 사실과 현상을 인식하고 직시할 수 있어야 한다.

우주자연 전체가 하나로 연결되어 있다는 것을 몸과 마음으로 안다는 것이며, 보거나 느낀다는 뜻이다. 또한 부처님의 사랑, 즉 우주자연의 파장으로 삼라만상 모든 것들이 움직이고 있다는 사실을 알아차린다는 것이다. 이것이 수행하는 이유이며, 깨달음으로 가는 길이다.

불교의 불성화와 기독교의 성령화. 그것이 나를 이끌고 간다. 기도나 명상, 참선, 좌선, 위빠사나, 간화선 등에서 반드시 우주자연의 파장(기운, 불성, 성령, 사랑)을 느끼고 체득할 때, 올바른 수행의 기도와 중도(中道)가 가능하다.

이것을 알아차릴 수 없다면, 우선은 각자의 종교에서 반드시 기복적이 되거나 맹신하게 될 수밖에 없으며, 결국 인간은 기복적일 수밖에 없다는 것을 인정하고 합리화해, 스스로를 위안하고 위로하게 된다.

부처님 가르침을 올바르게 수행한다는 것은 자연의 이치와 법을 깨달아 가면서 부처님께 가까이 다가선다는 것이다. 불성을 바탕으로 자연의 기운에 의해, 혹은 부처님의 사랑에 의해 각자의 몸과 마음을 스스로 닦아가게 된다.

그러기 위해서는 자연과 연결된 몸 기계의 이치와 원리를 가장 기본적으로 알아야 한다. 공부가 좀 더 앞으로 나아감에 따라, 가까운 내 주변이 돌아가는 원리와 이치도 알게 된다. 그것이 나의 공부를 올바르고 좋은 쪽으로 몰고 가게 하며, 좋은 인연의 복을 만들게 한다. 그것은 나의 건강과 행복을 만들고, 결국 잘살 수 있는 근간을 만들며, 그게 바로 부처님 가르침 공부를 하는 목적이다.

(2) 불성의 의미 속 이해

불성은 의식이 있으며, 살아있다. 불성은 아래 세 가지 구분된 내용을 다 함축하기에, 그것을 문맥에 따라 이해해야만 실제 의미를 구분하고, 설명할 수 있다. 아래 내용을 통해 알 수 있듯이, 그 본질은 다 같다.

불성이란 단어를 어떻게 나타내고, 표현하느냐에 따라 공부한 정도가 나타나며, 알고 난 이후부터 또 다른 시각에서 새롭게 공부를 시작하게 된다.

아래 세 가지 나누어진 표현은 불성이란 단어를 좀 더 쉽게 포괄적으로 이해하기 위해 나눈 것이다. 알고 나면 나눈 것에 큰 의미가 없음을 알 수 있다. 불성이란 불성 그 자체이며, 불성이라는 하나의 글자를 빌려 그렇게 표현했을 뿐이다. 불교적 용어이기에 일반적이고 보편적이진 않지만, 알고 나면, 공부한 만큼 자유자재로 표현하고 나타낼 수도 있다.

부처님 가르침은 깨달음 공부이며, 마음공부라는 것을 잘 안다. 나의 마음을 얼마나 내려놓을 수 있느냐에 따라 자연이 주는 지혜와 기회를 끊임없이 마주하게 된다. 어떤 단어나 법에 얽매이면 앞으로 나아갈 수 없다. 그게 부처님 공부이며, 우주자연, 신의 가르침이다. 거기에는 어떠한 종교적 믿음의 틀이나 묶어놓은 의식의 제약이나 틀도 없다는 것을 결국에는 반드시 알아차려야 한다. 그게 자연의 이치이며, 법이고, 진리다.

부처님 가르침은 지금 이 순간에도 계속된다. 이러한 사실과 현실은 스스로 체험을 통해 깨닫는 것이기에 아무리 말로 이야기해줘도 알 길이 없다. 그래서 부처님 가르침을 믿음 공부라고도 한다.

하지만 『수행의 바른길』 1편과 여기 2편 책을 함께 읽고 이해한다면 어떻게 수행을 해야 하는지 쉽게 간파할 수 있다. 왜냐하면 이 두 책에서 가장 기본이 되는 핵심과 이치를 끊임없이 반복 설명하고 있고 일상생활 속에서 몸과 마음을 어떻게 작동시켜야 하며, 알아차림과 마음 챙김을 어떻게 해야 하는지 알려주기 때문이다. 또한 현실적으로 자기화하여, 실용화할 수 있도록 현대에 사용되고 표현되는 말로 쉽게 풀이하고 있기 때문이다.

■ 불성에 함축된 세 가지 의미

불성	존재 표현	공	빛, 파장 순수한 기운	자연 기운, 파장	열반, 해탈, 무아	본래마음 자리, 본성, 진아	부처님, 제법무아
	상태 표현	부처님 마음	신의 사랑	신의 의지	이치	어진 마음, 선한 마음	불성화, 열반적정
	작동 표현	사랑, 자비	만물 약동	제어, 통제	내가 없음, 조화, 깨달음	베풂, 지혜	올바른 실천, 제행무상

상기 도표에서 쉽게 이해할 수도 있지만, 한 번 더 풀어서 아래와 같이 서술해 본다.

◆ 존재 표현

공 = 열반 = 해탈 = 무아

본래 마음자리 = 본성

빛 = 순수한 기운 = 자연의 파장

▷ 자연 그 자체를 표현 – 제법무아(주체 : 자연)

◆ 상태표현

부처님 마음 = 부처님 사랑 = 부처님 생각

= 신의 마음 = 신의 생각 = 신의 말씀 = 신의 의지

= 우주의 법칙 = 이치 = 도리

▷ 불성화 이치의 근본 – 열반적정(주체 : 나)

◆ 작동표현

부처님 명령에 따름 = 허락하심 = 부처님 눈길

= 신의 강림 = 신의 말씀에 따름 = 신의 관장하심 = 신에 의한 표출

= 파장의 움직임 = 빛으로 깨우침

= 불성체험

▷ 현상표현– 제행무상

■ 불성의 실재와 실천의 관계 설명

불성	존재	만물에 불성이 존재한다.	몸과 마음에 순간순간, 즉시즉시, 그때 그때 작동되어, 수없는 반복으로 어질고 선하게 만들어지게 되어 육바라밀과 팔정도를 통한 올바른 실천이 가능해진다.
	상태	불성을 알아차려야 하며,	
	작동	불성화가 되도록 해야,	

상기에서 보듯이,

모든 움직임의 작동 원리는

화신의 부처님이며,

불성의 하느님이시며,

그 자체가 이치이자, 법이고 진리다.

중요한 것은, 결국 움직이는 것은

내가 해야 한다는 것이다.

따라서 부처님이란 호칭의 의미는 신이시며, 우주자연 그 자체이며, 아래와 같이 크게 세 가지로 구분하여 쉽게 설명할 수 있다.

■ 부처님의 의미

부처님	부처님(존재)	우주자연, 하느님	법신	불
	부처님(상태)	신이신 호칭 자체, 말씀과 사랑, 빛 그 자체	보신	법
	부처님(작동)	부처님 사랑의 움직임과 나타냄	화신	승

상기와 같이 반복해서 불성과 부처님에 대해 언급하는 이유는 깨달음 자체가 부처님 사랑에 의한 것이기 때문이다. 또한 그것은 자연의 기운이고, 파장이기에 그것을 알아차리지 못하면 수행의 올바른 시작을 할 수 없기 때문이다.

많은 수도자가 21세기 현대과학과 문화적 가치관 속에 살고 있는데도 불구하고, 수천 년 전의 의식 수준에 맞춘 가르침에 의존하고 거기에 이끌려가는 것을 종종 본다. 변할 수 없는 불성에 대해 올바른 이해와 인식의 정도와 깊이, 그것이 나를 앞으로 몰고 간다.

과거 시대 사람들의 가치관과 문화에 맞추어진 표현의 가르침에 많은 시간과 노력을 허비하며 따라간다는 것은, 현실적으로 보면 합리적이며, 실용적일 수가 없다. 왜냐하면 부처님 공부의 기본은 지금 내가 서 있는 이 순간에서 올바른 방향을 선택해야 하는 분기점, 즉 아직 가본 적이 없는 경계선의 가장자리에서 어떻게 하면 스스로 올바른 쪽으로 잘 끌고 갈 수 있는지가 관건이고, 그게 나를 잘 살도록 만들기 때문이다.

올바른 수행의 시작은 불성의 체득이다. 즉 불성화의 이치를 알아차리고 자기화와 실용화해야 한다. 그것의 본질과 이치는 하나로 돌아간다. 불성의 온전한 체득은, 대승이나 소승을 논할 이유가 없도록 하며, 그것은 시간을 초월한 동일한 부처님 가르침으로 인식하게 한다. 아래 도표에서 시대별로 간략하게 한번 살펴보자.

아래 구분된 내용의 표현은 본인이 한 공부이므로 주관적일 수 있다. 일반적이고 보편적인 사고로는 이해할 수 없을 수도 있으나, 21세기 살아가는 수행자로서 나름대로 좀 색다른 관점으로 함께 생각을 해 보자는 의미에서 아래와 같이 나타내 보았다.

■ 시대별 부처님 가르침에 따른 이해와 수행목적 ■

No	구분	약 2600년 전	약 1600년 전	21세기 수행	신의 가르침
1	이어짐	염화시중	견성성불	믿음, 사랑	마음
2	나타내심	보리수나무 아래 깨달음	토굴면벽수행 득도	신이심 그 자체 빛, 파장	수단
3	종류	남방불교	북방불교	생활불교	실천
		소승불교	대승불교	실천불교	
4	과정	하나씩 깨달아감	바로 보아 아는 것	순간 탁 통함	바탕
5	방법	위빠 사나	간화선	불성화	생각을 바꿔라
6	기준 (근거)	사념 처	화두	파장(의식변화)	
7	목표 (인간의식)	열반	견성	불성	방편
8	가르침 실천	공사상 실현 1) 깨달음(정신적, 육체적 여유) 2) 돈도 벌고(경제적 여유) 3) 얻고자 구함(물질적 여유)			잘살기 위함

부처님 가르침은 신의 가르침이며, 우주자연의 이치 속에 머무는 것이며, 지금 이 순간에도 이루어지는 것이다. 그렇기에 내가 불성을 알아차리느냐 못 알아차리느냐는 내가 공부한 만큼 현실 속 나를 통해 이루어진다. 각자 나름대로 수행하면서 오직 체험을 통해서만이 알 수 있다.

상기 도표에서 언급된 표현이나 단어, 내용은 각 항목에 따라 충분하지 않으나, 여기서 강조하고자 하는 것은 시대별 흐름에 따른 부처님 가르침의 본질은 똑같다는 것이다. 다만 조금 다른 각도에서 고민하고 이해하면서 올바른 수행의 목적을 각자 생각해 보자는 것이다.

부처님 공부는 각자 스스로 해야 하는 깨달음의 공부이며, 믿음의 공부이다. 그러하니 이렇게도 구분해 보고 많은 생각과 좋은 고민을 하며 순간순간 각자의 깨달음에 들어가 보자는 의미다.

깨달음의 공부에서는 불법승의 이치에 따른 이해가 가장 기본이 된다. 왜냐하면 모든 사물의 이치를 비롯해 모든 종교와 철학이 여기서 나오기 때문이다. 진리는 가장 간단하며 명료하기에, 알면 손바닥 뒤집듯 쉬우나, 모르면 하늘과 땅만큼 차이다.

사람들은 공부 속 깨달음을 통해, 각자의 생각을 필요에 따라 무한대로 나타낼 수도 있다. 현대 불교에서 부처님의 가르침의 본질을 올곧게 나타내려면 깨달음을 통한 현대식 표현이 절실히 필요하다.

본인이 여기서 나타내고 표현하는 생각이나 방법이 반드시 옳다거나 절대로 충분하다고 보지는 않는다. 다만 현세대 속에서 살아가면서, 부처님의 가르침을, 현재 일반적으로 사용되고 있는 단어와 표현으로 나타내야 한다는 것이다. 그렇게 해야 이렇게 저렇게 생각하는 것이, 각자의 현실에 맞게, 스스로 올바른 길로 찾아가기 쉽게 할 것이며, 올바른 수행의 길에 도움을 줄 것이다.

각자가 의문을 갖고, 각자의 답을 찾고, 각자의 생각대로 가되, 상대의 이야기를 듣고 이해하는 것이 각자의 공부를 올바르게 나아가게 하는 데 도움이 된다. 불성과 불성화의 이치가 무엇인지 명쾌하게 알고 나면, 내가 어떻게 공부해야 하는지 좀 더 또렷하게 알 수 있다. 더불어 나보다 먼저 깨달은 사람들이 말하고 표현하는 여러 가지들을 좀 더 깊게 이해하게 되며, 각자 공부에 많은 도움을 줄 수도 있다. 그렇지 않으면 공부의 방향과 목적을 가질 수 없기에 오묘해지기 쉽다.

불성을 모르는 사람은 없을 것이나, 각자 그것을 체득한 정도에 따라, 일상생활 속 실천과 하나로 연결할 수 있어야 한다. 또한 불성은 공부의 시작과 끝이기에 아무리 강조해도 지나치지 않는다.

수행의 기본은 불성을 알고 체득하는 것이며, 불성화의 이치를 알아야 오리무중이 되지 않는다. 아직까지도 각자 공부의 목표와 방향이 정해지지 않아서 분명하지 않고, 설명할 수 없다면 자신을 한참 더 다시 돌아봐야 한다.

누군가 아무리 스스로 실천을 잘하고 있다고 생각하더라도, 전체적으로 보아 이치에 따른 설명과 표현을 잘할 수 없다면 문제가 된다. 그것이 아무리 맞다 하더라도 자칫 많은 대중 속에서는 치우친 편견이 되기도 하며, 상황에 따라 다르게 나타날 수도 있고, 다수를 위한 도움이 되기에는 무리가 따를 수도 있다. 그래서 부처님 가르침의 핵심을 추세 부응으로 표현하기도 한다.

나 자신뿐만 아니라, 인간인 이상 누구에게든 공부라는 것은 지극히 제한적이며, 부분적이며, 단편적일 수밖에 없으며, 어려울 수밖에 없다. 왜냐하면 누구나가 지금 이 순간 가는 길은 처음이자, 새로운 길이기 때문이다.

공부 속 각자의 깨달음이나 나름대로 뭔가를 알아차린 것에 대해 '그것은 맞다, 혹은 내가 옳다.'라고 한다면, 이는 객관적이고 보편적인 것이 아니기에, 자칫 스스로 엉뚱한 곳으로 몰고 갈 수도 있게 된다. 다른 사람들의 말과 생각을 내가 이해하고 먼저 들어야 하는 이유이기도 하다.

불성과 불성화의 이치를 분명하게 알게 되면, 성령과 성령화의 이치, 삼위일체와의 동일성도 쉽게 이해할 수 있다. 그리고 우리가 부처님 가르침 속에 공부하고 있는 것을 전체적으로, 포괄적으로, 그리고 좀 더 폭넓게 이해하고 표현할 수도 있게 된다.

그것은
공부의 가장 기본이 되며,
깨달음으로 이끌어 주며,
건강과 행복을 가져다주며,

정신적, 육체적, 물질적으로
여유롭게 만들어 삶의 질을 높인다.
이것이 불성을 알고, 반드시 체득해야 하는 이유다.

(3) 불성과 체험의 상관관계 속 이해

사람마다 믿음과 사랑의 수준과 정도, 그 공부의 정도가 다 다르며, 저마다 다른 나름대로 특색이 있다. 그러나 그 본질은 같기에, 불성화의 이치를 알고 나면 각자 가진 수준과 정도에 따라 좀 더 명확하게 이해하고 표현할 수 있게 된다.

체험이라는 것은
불법승 그 자체이며,

삼위일체의 의미를 말한다.

이것은 생각을 바꾸고, 기존 의식에서 벗어나기 위한 것이며,
신이신 부처님 하느님을 알고, 깨달아 가려는 방편이다.

체험 속 알아차린 불성은
부처님 마음을 깨우치는 것이며,
내 것은 없다는 것을 알아차리게 되며,
기존 의식에 변화를 가져오면서
조금씩 깨달아 가는 것이다.

반복되는 체험의 불성화가
몸과 마음으로 체득되어
자기화할 때,
그 정도만큼 실용적으로 쓸 수 있게 된다.
모두 내가 마음먹기에 달렸다.

이때가 되면 견성성불(見性成佛)이 무엇인지 몸과 마음으로 알게 되며, 또 무아(無我)의 참뜻을 체험을 통해 좀 더 깊게 이해하게 된다. 또한 깨달음의 이치가 좀 더 간단하고, 명료해짐을 알 수 있다.

불성이 실용화되어 일상생활 속에서 발현될 때는, 견성성불의 의미에서 보듯이, 모든 일들이 이루어진다는 실제적 의미를 현실 속에

서 순간순간 알아차리게 된다. 나를 없앨 수 있고 이기심을 내세우지 않으며, 전체를 위해 필요한 것이라면 안 될 이유가 하나도 없다.

상기 언급된 것을 체험 속에서 이해할 수 있을 때, 비로소 올바른 수행이 시작된다. 모든 것들이 내가 마음먹은 대로 된다는 사실을, 반복되는 체험을 통해 알고 이해한다는 것까지도 사실 쉬운 것은 아니다. 그러나 올바른 수행은 최소한 거기서부터 시작된다. 실제로 그다음부터가 어렵다.

'내 마음먹기에 달렸다.' 라는 이야기인데, 이는 수행 속에서 깨달아야 하는 것이기도 하다. 우물 안 개구리처럼 자기 생각과 아상 속에 있다면 결코 알아차릴 수 없다. 내 마음 하나만 바로 잡아 나가면, 내가 절이 되고, 법당이 되고, 교회가 된다.

체험이란
공부 속 깨달음의 방편이기에,
내가 절이 되고, 법당이 될 때
그것에 제약이나 법이 없다는 것을
또 다른 시각에서 알아차린다.

내 맘이 거기까지 가게 되면
이렇게 해야 된다,
혹은 저렇게 해야 된다는 것에서,

불성을 바탕으로 한 실천의 의미가
좀 더 합리적이고, 실용적이며,
꽤 현실적으로,
직접 와 닿는다는 것을 알아차리기도 한다.
그것을 알아차리기까지 결코 쉽지 않겠지만,
이해하기 쉽게 이렇게 간단하게 표현할 수도 있다.

부처님 공부에는 법이나 제약이 없다는 것도 공부를 해나가면서 좀 더 깊고 넓게 이해할 수 있다. 내 마음이 거기까지 가면 무엇이든 된다는 뜻이다. 거기에는 결코 내 것은 없으며, 내가 거기에 없게 되는 것이며, 그리고 반드시 필요한 경우라야 할 것이다.

"내 것이 없다"라는 말은 "전부 다 내 것이 될 수도 있다"라는 말로 표현할 수 있으며, 공부 과정 중 그렇게 의식화해 보는 것도 필요하다. 믿음이 현실로 나타나는 것을 여기서 확인할 수 있다. 믿음이 일상생활 속에서 내가 한만큼, 내가 쌓은 만큼, 그 크기만큼 현실로 나타나는 것을 알 수 있다.

세월이 흐르면서 자연의 이치와 법이 간단하고 명료하다는 것을 각자의 체험을 통해 점차적으로 조금씩 깨닫게 된다. 실제 체험을 통하지 않고는, 자연의 이치와 법의 실질적인 의미와 본질을 좀 더 깊게 이해하기 어렵다. 그래서 믿음 공부는 아무리 가까운 부모 자식 관계라 해도 함께 갈 수 없다. 부처님 가르침 공부는 각자 스스로 헤쳐나가, 기반을 다지며 쌓아가는 믿음의 공부이며, 지혜 공부다.

공사상의 성취 혹은 실현도 마찬가지다. 그것으로 깨달음을 가지게 되며, 그것으로 정신적, 육체적, 물질적으로 평생을 여유롭게 살아갈 수 있다는 것이다. 그 모든 것들은 다 불성화를 바탕으로 한 올바른 실천에서 나온다. 그게 보살도의 행이다.

(4) 불성과 실천의 상관관계 속 이해

올바른 실천에서 반드시 바탕이 되는 것이 불성이다. 육바라밀은 불성화의 이치를 바탕으로 하여 나타낼 수 있어야 올바른 실천으로 이어지며, 올바른 보살도의 행이 된다.

크게 깨닫는다는 것은 우선으로 "모든 만물에 불성이 있구나, 그래서 내가 깨달으면 되는구나." 그런데 결국 "내가 문제로구나." 라는 것을 알아차리는 것이다.

나를 자연에 맡겨 놓고 가는 것, 자연의 파장대로 움직이는 것, 걸림이 없이 가는 것, 빛 속에 머무는 것 등의 표현은 스스로 불성화의 이치를 알고 체득하여 일상생활 속의 올바른 실천을 가리킨다.

불성이란
올바른 실천의 원초적인 바탕이 되기에
반드시 체득해야 건강하고 행복해지며,

나의 영혼 성숙을 꾀할 수 있다.

불법에 귀의한다든지,
부처님 말씀을 통해 깨닫는다는 것도,
불성을 깨우치기 위한 것이며,

부처님 혹은 부처님의 말씀을 따른다는 것도,
결국 불성을 알아차리면서 순간순간
올바르며, 좋은 쪽으로 스스로를 몰고 가면서
움직인다는 것이다. 기독교의 성령도 마찬가지다.

결국 불성을 온전히 알게 되면,
매사에 모든 일들이 자연에 의해 움직이고 제어된다는 것을 끊임없이 다르게 느끼고 알아차리게 된다.

즉 부처님 사랑, 파장, 기운은 살아있으며 의식이 있다는 확연한 사실과 현상을 체험하면서, 그것을 바탕으로 부족하고 잘못한 것을 순간순간 고치면서 스스로 올바른 곳으로 몰고 갈 수 있게 된다. 말이나 글로써 이해하고 깨닫는 것은 불가능하고, 어불성설이다. 그냥 알고 이해한다는 것은 앎 그 자체일 뿐이다.

아무리 공부를 많이 하여도 깨달음에 대해 논쟁을 한다는 것은 인간의식을 바탕으로 생각하기 때문이다. 자연의 관점에서 바라보고 생각해야 바르고, 간단하며, 명료한 답이 나온다. 하지만 그것 역시 평생 해도 알 길이 막막하니 고행이라고 할까.

(5) 계정혜를 통한 수행의 이해 및 실제적 체험

■ 수행의 바른길 이해

바탕	삼학	본질	기본	체험 및 내용 설명
부처님 하느님 우주 자연	정	자연의 파장, 기운, 부처님 하느님, 사랑	불성화, 성령화	■ 빛 보기 – 파장 체험 ■ 유에서 무로 들어가기 (본래 마음자리, 무아 – 공) ■ 선정 – 빛 속에 머물기 체험
	혜	상동	상동	■ 모르는 것 스스로 묻고 답 찾기 ■ 무에서 유 찾기(생활 속 체험) ■ 지혜 – 추세 부응(파장 체험)
	계	상동	상동	■ 일상생활 속 실천 ■ 자아성찰– 반성, 다짐, 감사기도 ■ 계– 신에 대한 약속– 믿음, 중도

▶ 계정혜[戒定慧] 삼학과 정혜쌍수(定慧雙修)

아주 쉬운 단어지만, 인간중심의 관점에서 해석하면, 각자 공부한 대로의 생각이 더해져서, 사람에 따라 각양각색으로 다양하게 표현되고 나타난다. 그게 꼭 틀렸다는 것이 아니라, 부처님 가르침의 핵심과는 거리감이 있게 된다. 부처님 가르침의 가장 기본적인 생각과 개념을 인식하고 체득했을 때 비로소 올바른 수행을 시작할 수 있다. 부처님 가르침의 관점, 즉 자연의 기준에서 설명해야 한다.

인간 기준에서는 '계'를 먼저 설명하기 쉽고, 그다음이 '정' 혹은 '혜'이다. 자연의 기준에서 설명하면 아주 간단하고, 올바른 설명과 이해가 가능하며, 더욱더 나은 수행의 바른길을 알아차리게 한다. 왜냐하면 그것은 부처님, 즉 신의 가르침이기 때문이다.

우선 '정'은 부처님 존재 그 자체이며, '혜'는 거기서 나오는 것이며, '계'는 내가 지키는 것이다. 가령 실생활 속에서 뭔가 행하는 데, 잘못하거나 부족한 것을 알아챘다면, 그다음, 기도 속(정), 잘못을 확실히 인식하고(혜), 부처님께 고하면서 약속한다(계). 이렇게 세 가지가 돌면서 하나로 돌아간다. 이게 올바른 수행을 위한 삼학이다. 정혜쌍수도 그 이치는 동일하다. 『수행의 바른길』 1편에서 언급된 화두기도, 계와 계율 등의 의미도 동일한 원리로 이해할 수 있다.

▶ 선교(禪敎) 일치

선(禪)은 부처님 혹은 부처님 마음, 빛 그 자체이고, 교(敎)란 경전이나 말씀으로 표현할 수 있다. 불법승이나 삼위일체를 함께 생각해 보면 '선'과 '교'란 반드시 함께 어우러지는 것이며, 그게 자연의 이치와 법, 진리다.

그것에 부합하여 순응하는 것이 올바른 수행이다.

어느 한쪽으로 기울어지거나, 어느 한쪽으로 빠져서 다른 한쪽을 부정한다면, 그것은 한쪽 다리가 걸려있는 것과 마찬가지여서 앞으로 가는 듯하나, 실제로 움직이기는 어렵다. 수레바퀴와 마찬가지다. 수행이란 모름지기 경전의 가르침과 선정의 길에서 어느 한쪽으로 편중되지 않고 함께 가야 한다.

▶ 돈오돈수(頓悟頓修)와 돈오점수(頓悟漸修)

수행이란 순간순간 깨달음 속에서, 끊임없이 무한하게, 자기 스스로 고쳐나가면서 성숙하고 발전한다. 이는 인간이 살아있음을 의미한다. 인간은 끊임없이 연속되는 깨달음을 바탕으로 무한하게 스스로 발전시킨다. 그게 살아가는 이유이기도 하다. 그래서 깨달음은 무에서 유를 창조한다고 한다.

한 번 깨달음으로 끝낸다는 의미로서의 돈오돈수는 이해할 수 있는 부분도 있으나, 자연의 이치와 법, 진리, 즉 부처님 법도에서 볼 때, 그것은 수행의 본질과는 거리가 멀다. 인간 몸 기계 자체도 그렇게 프로그래밍 되어 있지 않다.

인간은 아무리 깨달았다 해도, 금방 잊어버리고, 또 어느 순간 깨달았다 잊기를 반복한다. 그러한 와중에 부족하고 잘못된 것을 스스로 알아차리고 고쳐서 좋고 올바른 곳으로 몰아가는 것이다. 이것이 깨어있어야 하는 이유이며, 그렇게 해서 인간의 영혼 성숙을 기한다. 자연의 이치가 그렇다.

인간이 태어난 궁극적 목표와 그 이치와 원리를 인식하게 되면, 깨달음이란 순간순간 끝없이 무한하게 지속되며, 자연으로부터 주어지는 것이다. 이것이 삼라만상이 진화하고 발전하는 이치이며, 자연이 삼라만상을 생육발전 시키는 원리다. 그것을 알아차리는 것이 부처님 가르침의 기본이며, 이것을 인식하고 체득하지 않으면 도로아미타불이며, 사상누각을 짓는 것이다. 즉 부처님 가르침을 수행하기 어렵다는 것이다.

결국 '순간순간' '즉시즉시' '그때그때' 잘 알아차리고, 깨달아 가야 하고, 그것을 바탕으로, 사람들과 부딪치면서 스스로 고쳐가야 한다. 그러면서 끊임없이 정진해 나가는 것이 수행의 길이다. 이를 통해 믿음과 사랑을 키우고 살아생전 좋고 많은 인연의 복을 만들어 돈도 벌고, 건강하고 행복하며 여유롭게 산다. 그러다가 마지막에는 영혼 성숙을 꾀하게 된다. 이것이 공사상 실현이다.

자연의 이치와 법, 진리 자체는 지극히 간단하고 명료하나, 실제 부딪쳐 나가는 인간으로서는 절대 쉽지 않다. 바로 보아 순간 깨닫게 되는 것을 돈오돈수(頓悟頓修)라 한다. 그것은 각자의 성숙과 발전을 위해 무한하고 지속적이어야 하기에, 돈오점수(頓悟漸修)가 되어야 한다.

■ 도표를 통한 수행의 바른길 이해와 체험

▶ 부처님 하느님(사랑, 빛, 말씀)을 바탕으로 한 계정혜의 체험

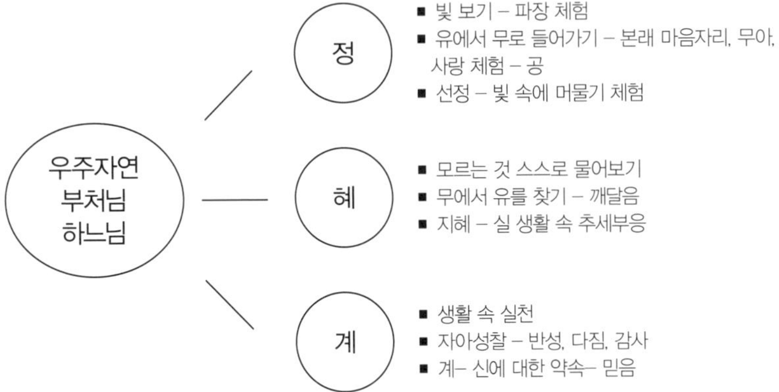

▶ 계정혜, 불법승, 선교일치, 삼위일체의 이해 및 체험

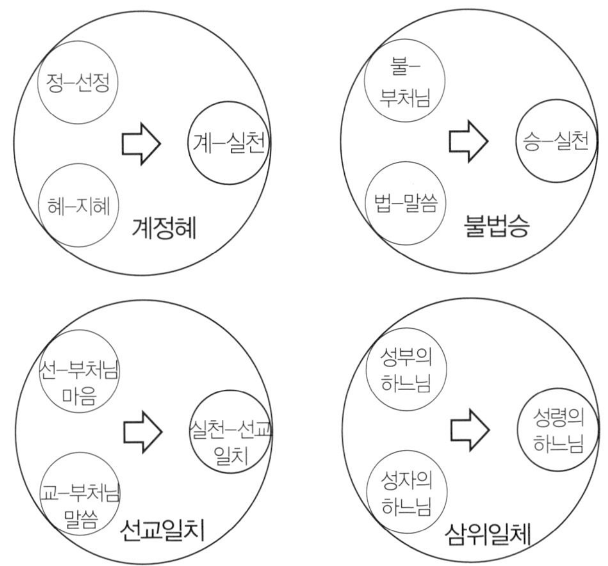

2) 움직임의 실체와 깨달음

우주자연의 이치와 법, 진리를 공부하는 이유는 내가 건강해지고 행복해지며 잘살기 위한 것이다. 우리 인간은, 무엇에 의해 움직이고 있으며, 어떻게 제어를 받고 있는지 사실상 인지를 못 한다. 휴대폰이 송수신되는 원리와 같은 것으로 이해해도 좋고, CCTV로 모든 것들이 녹화되는 상황으로 보아도 무방하다. 일상생활 속 현재 사용하고 있는 현대의 과학을 통해 이해를 돕고자 이러한 예를 든다.

인간 몸 기계는 자연으로부터 나왔기에, 자연으로부터 조종 받는 것이 당연하다. 자연에서 보는 인간이나 동식물, 즉 나무나 개미들은 모두 다 똑같다. 자연이 빚어 놓은 각각 하나의 개체이기 때문이다. 삼라만상의 무생물이나 생물 모든 것에 그 기운이 깃들어 있다. 그것은 의식이 있으며, 살아있는 것이라는 사실을 확실히 인식해야 한다.

파도가 칠 때나 바람이 불 때 나타나는 물리적 힘과 현상을 알 수는 있지만 사라지면 어디로 갔는지 알 수 없다. 불교에서 이야기하는 공사상이란 바로 이것을 생각하자는 것이다.

잘 알 수 없거나, 애매한 사실들은 일단 의심하는 게 최우선이다. '의심'해서 확신이 서게 되면 바로 자기화하여 믿음으로 만든다. 그것은 합리적이고 적절한 의심이며, 다양한 생각을 통해, 깨달음을 가진다는 것이다. 이와 반대로 자기 고집과 집착에 갇혀 이미 적정선을 넘어선, 한쪽으로 치우친 사고를 의미하는 우물 안 개구리가 있다. 이미 '아니다' 혹은 '내가 맞다'라는 강한 자기의식에 사로잡혀 샛길에 서있는 것은 '과잉의심'이라고 표현할 수도 있다.

종교는 의심하면서, 확연히 알게 될 때까지 최선을 다해 노력하고 깨달아 가야만 한다. 그다음에 100% 믿는 것이다. 그래서 믿음은 다양한 경험과 깨달음 속에 만들어진다. 무조건적인 믿음을 강요하는 종교는 21세기 현대인들의 가치관에 맞지도 않으며, 현대인들이 원하는 바를 절대로 충족시킬 수 없다.

우주자연, 즉 신이신 부처님 하느님은 인간에게 '나를 따르라' 혹은 '나를 믿으라.', '나를 찬양하라' 등을 강요할 이유가 전혀 없다.

우주자연은 하나이며, 그 실체도 하나이고, 그 움직임의 실체도 하나다. 삼라만상 움직임의 실체는 우주자연의 파장이며, 에너지다. 그것을 우리 인간은 '신'이라고 표현한다. 창조주로 표현해도 좋으나, 종교적으로 부처님 하느님 등 다양하게 표현된다.

하지만 각자 공부의 수준과 정도에 따라 창조주≧부처님 하느님, 또는 부처님 하느님 = 이치 이렇게 등식을 만들어 이해할 수도 있다. 이러한 표현 역시 인간의식 속에서 만들어진 것이기에, 절대로 충분할 수는 없다. (참조_ 222p. ■ 우주자연 파장시스템에 따른 올바른 수행의 이치도)

부처님 하느님은 신이시며, 그 자체가 빛이시다. 만물을 파장으로 나타내시고 관장하신다. 오직 스스로 체험 속에서만 자연은 살아있고, 의식이 있다는 것을 알며, 신을 느끼고 볼 수 있다.

종교 지도자가 신을 모른다면 맹신이 되고 기복적인 종교가 될 수밖에 없으며, 전체를 움직이는 실체를 알 수 없으니 정신적으로 여전히 오리무중이고 묘연하게 된다. 아무리 수행을 많이 했다고 하더라도 마지막 갈 때 중병이 걸려있다면 믿음이 없다는 증거다.

왜냐면 신의 빛에 머문다는 것은 신을 안다는 것이고, 그 자체가 사랑이고 기운이며, 그게 믿음이며 그것을 가진다면 덤으로 건강하고 행복해 져야 하기 때문이다. 이게 부처님 하느님의 가르침을 따르는 가장 기본이다.

신을 안다는 것은 빛에 머물 수 있다는 것이며, 나를 언제든지 버릴 수 있는 사람이다. 그게 믿음이다. 버린다는 것은 내 육체를 버리는 것이 아니라 나 자신을 없애야 갈 수 있는 곳, 즉 신이 머무는 곳, 본래 마음자리 혹은 본성, 열반, 해탈, 견성의 자리에 순간순간

갈 수 있다는 것이다.

그런 사람은 빛기둥이 서 있으며, 그런 수행자가 있는 절이나 교회는 빛이 서 있다. 그곳에 부처님 하느님 머무신다.

신은 오직 한 분이시다. 나머지는 전부 그 분신 혹은 화신이다. 그것은 인간의식에 따른 필요한 만큼 무수히 만들어진다. 종교적으로 수많은 신을 표현했지만 우주자연 속 신, 즉 창조주는 오직 한 분이시다.

움직임의 실체는 신이시며, 빛이시다. 파장으로 모든 것을 현상계에 나타내신다. 올바른 수행의 길을 통한 올바른 체험을 할 수 있다면, 자연은 살아있고 의식이 있다는 것을, 순간순간, 그때그때, 부지불식간에 알아차릴 수 있게 된다. 또한 필요나 의식 수준에 따라, 그것을 느끼거나 듣고 볼 수 있다. 이는 인간으로서 신을 알아차리게 되는 것을 말한다.

부처님의 가르침을 불교라고 하지만, 수행을 올바르게 정진해감에 따라, 종교라는 의식과 믿음을 벗어나, 그러한 정도를 훨씬 초월한 우주자연 삼라만상의 이치를 뜻함을 깨닫게 된다. 또한 두 손, 두 팔이 움직여지는 마지막 순간까지 인간이 건강하고 행복하게 잘 살게 하기 위한 가르침이라는 것을 알아차리게 된다.

움직임의 실체에 대한 이치를 이해하고 깨달으며, 또한 느끼거나 보거나 체험하게 되면, 각자 믿고 있는 종교적 믿음의 실체에 대한 분명하고, 올바른 의식을 가질 수 있게 되며, 좀 더 나은 종교로 발전시킬 수 있다.

현대 불교는 21세기 살아가고 있는 현재의 인간의식수준과 가치관을 반드시 넘어서야 한다. 그래야 더욱 나은 인간 삶을 위한 올바른 부처님의 가르침을 전달할 수 있다. 허황되거나 엉뚱한 것, 하지 않아야 할 것은 하지 말아야 한다.

결국에는 종교적 믿음조차도 각자 기존 의식의 틀, 즉 자기 우물과 함께 벗어던져야 올바른 깨우침을 얻게 된다. 그리고 이를 바탕으로 실생활에서 올바른 실천을 할 수 있다. 그런 과정을 거쳐 비로소 부처님 하느님의 사랑이 무엇인지 좀 더 진실하게 깨닫고, 체득하게 된다는 것을 본 책에서는 수없이 되풀이했고 강조했다. 왜냐하면 그것이 나를 올바른 삶으로 인도하고, 스스로 잘살도록 만들기 때문이다.

깨달음의 공부를 시작하는 과정에서 상대의 마음을 이해하려는 마음이 없다면 아무리 특별한 뭔가를 해봐도 깨달음에 다가갈 수가 없다. 사람은 상대와의 관계 속에서 존재하며, 일을 성취해 나간다. 그렇기에 순간순간 변화되어 다르게 일어나는 마음을 이해하지 못하거나, 이해하려고 하지 않는 사람은 수행을 시작할 자격이 없다. 반드시 터득하고자 하는 마음을 가지고 노력해야 한다.

그냥 나를 없애거나 버려야지, 하고 마음먹는다고 그게 쉬운 것이 아니다. 마음을 키운다거나, 믿음을 쌓는 것, 혹은 마음을 비운다거나, 없애는 것은 모두 다 내가 실생활 속에서 상대를 이해하고 수용하고 배려하는 것에서부터 시작된다는 것을 반드시 알아야 한다. 그게 올바른 실천의 기본이다.

'깨우침' 혹은 '깨달음'이 '각자가 믿는 믿음의 실체에 다가가는 것'이라면 이해할 수 있을까, 본 책을 충분히 읽고 이해하면 가능하다. 깨우친다는 것이 믿는다는 것이며, 그것은 곧 사랑을 알아차린다는 것이다. 즉 깨우침 = 믿음 = 사랑 = 불심 = 불성 이렇게 등식을 만들 수도 있다. 왜냐하면 그 바탕의 본질이 같은 맥락상에 있기 때문이다.

믿음은 자연의 기운, 사랑을 담을 수 있는 그릇, 즉 마음의 크기이다. 그것은 내가 상대를 이해하고 수용하면서 마음을 키워야 가능한 것이고, 일상생활 속에서 내가 하는 말과 생각, 행동에 달렸다.

사랑한다는 것은 자연의 순수한 기운 그 자체를 가리키며, 내가 한만큼의 올바른 실천 속에 가질 수 있다. 그것이 나의 믿음이며, 사랑이 되고, 좋고 많은 인연의 복을 만들며, 살아생전 일용할 양식이 되어, 내가 해낸 만큼 잘살게 한다. 그 결과로 나오는 것이 나의 인생 성적표다.

올바른 실천은 순간순간 상황에 잘 부응하는 것이다. 이를 통해 순간순간의 깨달음으로 내 생각을 바꾸고, 기존 의식의 틀을 깨고 넓히면서, 각자의 우물에서 벗어나게 된다. 또한 주변에 동화되어, 조화를 잘 이루어 나도 좋고 남도 좋게 만든다.

진실하고 어진 마음의 지속적인 이어짐은
올바른 실천을
더욱더 무르익게 하며,
어질고 진실한 실천 속에
의식 또한 더욱더 순화·정화되고, 공명된다.

불교에서 말하는
공과 육바라밀의 끊임없이 이어지는
연결된 상호관계를 이야기하는 것이며,
불법승이나 계정혜에서도
그 이치와 원리를 설명할 수 있다.

즉 깨달아 간다는 것은, 나의 기존 의식의 틀을 깨고, 믿음과 사랑을 키우는 것이다. 결국 깨달아 가는 나의 모습은 믿음을 키우는 모습이며, 우주자연의 사랑을 나의 그릇에 채우는 것이다.

깨달음이란 자연이 주는 기운 그 자체이며, 내가 한만큼이 나의 믿음이 되고, 사랑이 된다. 깨달음 자체도 결국 말과 생각, 행동의 올바른 실천에 달려 있다.

그것이 자연으로부터 주어진다는 사실을 확연히 깨닫게 될 때, 현생의 내 공부는, 즉 나의 삶은 이미 자연에 의해 인도되고 있다는 현실을 직시할 수 있게 된다. 그것이 움직임의 실체이며, 자연의 파장이고, 빛이며, 신이시다. 불교에서는 보살, 기독교에서 천사라고 표현을 하기도 하는데, 신의 분신 또는 화신으로 보면 된다. 모든 것들은 다 하나에서 나오기 때문이다.

인간은 그것을 보기도 하고, 느끼기도 하며, 사람에 따라 듣기도 하나 올바르게 알아차리기란 어렵다. 여기서 본다는 것은 눈을 뜨고 본다거나, 혹은 눈을 감고 보는 것을 말한다. 하지만 아무리 보고 느껴도 인간의식을 통해 나타나는 것이기에 절대 충분하지 않다. 아무리 뭔가 보거나 깨달았다 한들 그것은 바닷가 백사장의 모래 한 알에 불과하기 때문이다.

아무리 잘 보거나 느낀다 해도, 모든 만물은 변화무쌍하기에 올바른 한마음으로 대하지 않는 한 알아차리기 어렵다. 왜냐하면 그것은 내가 들어있지 않은 마음이어야 하기 때문이다. 평상심, 즉 '도'라는 말을 여기서 한 번 더 심사숙고할 필요가 있다.

또한 믿음은 신과의 약속이라고 표현할 수도 있다. 공부를 좀 더 심도 있게 해나가면 참 쉽고 재미도 있지만, 내가 조금씩 더 알게 되면서, 모르는 사실들이 더욱 더 많다는 사실 또한 깨닫게 된다.

결국 삼라만상 모든 것들은 신에 의해 움직여지며, 깨달음 혹은 깨우침 또한 움직임의 실체에 의해 제어된다는 것을 알 수 있다. 그것은 자동화된 프로그램으로서, 우주자연의 완벽한 시스템이라고 보면 된다.

자연에 존재하는 인간을 비롯한 모든 것들은 자연으로부터 나올 때, 부여된 시간과 공간을 가지고, 나무가 되고, 풀이 되고, 새가 되고, 벌레가 된다.

모든 만물이 자연이 만들어 놓은 그대로 제어되고 말을 잘 듣지만, 인간만 유일하게 말을 듣지 않고 자기 생각대로 한다. 그래서 인간은 깨달아야 말을 듣는다. 시간이 오래 걸리는 이유이기도 하다. 깨닫는다는 것이 왜 움직임의 실체에 다가서는 것인지 이해할 수 있을 것이다.

인간의 육체를 기계로 볼 때, 자연이 만들어 놓은 시스템을 좀 더 쉽게 이해하고, 좀 더 쉽게 다가설 수 있다. 그래서 본 책에서는 줄곧 인간 몸 기계라는 단어로서 표현했다.

움직임의 실체를 이해해 보자. 우선 바람이 분다거나 파도가 칠 때, 눈으로 볼 수는 없으나 분명 에너지가 작동하며, 그 에너지의 실체가 있음을 안다. 또 약사보살님이 계신다고 한다. 사람을 치료해 주신다고 한다. 이치는 간단하다. 우리가 알고 있는 모든 보살님은 부처님의 분신 혹은 화신으로 보면 된다. 치료되었다는 것도 에너지가 작동한 것이며, 그 실체가 있는 것이다. 단지 보이지 않으니 모를 뿐이다. 그게 공이라는 것이다.

"너의 믿음이 너를 고쳤다." 라는 것도 실체를 알게 되면 지극히 과학적이다. 좀 더 공부를 하면 믿음도 과학이라는 사실을 인식하게 된다. 반대로 아픈 것은 전부 다 내 탓이다. 사람들은 아픈 것을 운이 나쁘거나 부주의로 그렇게 되었다고 하기도 하나, 그것은 충분한 설명이 못 된다는 것을 바른 공부를 통해 금방 알 수 있다. 또한 전쟁이 나면 많은 사람이 죽는 데, 신이 계신다면 왜 그냥 보고만 계시느냐고도 한다. 믿음이 무엇인지 근처에 가보지도 못한 사람들의 말이다.

모든 것들에 우연은 없다. 단지 내가 모를 뿐이다. 결국 보약을 먹는 이유는 건강해지기 위해서이지만, 그것은 믿음이 없기 때문이라는 결론을 내릴 수 있게 된다.

올바른 수행이란 나를 올곧게 내려놓는 것인데, 그것은 나를 없애는 것이며, 나를 버리는 것이다. 이는 다음 장에서 좀 더 상세하게 이치를 통해 깨우쳐 보기로 한다. 그것은 또한 현실 속에 나타나는 기적은 바로 나의 믿음에서 온다는 사실을 체험하고 알아차리게 한다. 견성성불의 본질과 마찬가지다.

3) 나의 존재와 깨우침

'내가 없다'

인생을 산다는 자체가 공부이다. 공부란 수양이고, 수행이며, 도(道)다. 도, 즉 평상심으로 표현된다. 공부를 잘한다는 것은 변화하는 상황에서 순간순간 잘 깨닫는다는 것이다. 즉 자연에 순응하고, 추세에 잘 부응하는 것을 말한다. 그렇게 행함으로써 좀 덜 힘들고, 좀 덜 어렵고, 좀 덜 아프게 되며, 또한 좀 더 행복하고 건강하고 여유롭게 살게 된다. 깨달음 혹은 깨우침의 기본은 나 자신을 없애는 것 또는 버리는 것이다.

그렇다면 왜 나를 없애거나 버려야 하는지 이해해 보자. 우선 '내가 없다'란 말의 의미를 한 번 고찰해 보기로 한다. 부처님 가르침은 깨달음 공부이며, 마음공부로서 나를 없애고 버리는 것이 가장 근본이 되기에 우선 '내가 없다'라는 것을 이해해 보고자 아래와 같이 설명한다.

■ **"내가 없다"는 말의 이치에 따른 설명과 이해**

우선 볼펜을 흔들고 있는 자신을 생각해 본다. 누가 흔들고 있는지, 전체 속에서 생각하고 이치에 따라 각자 나름대로 적절한 사고해 본다.

상기에서 보면, 내가 하는 것은 아무것도 없으며, 내 것도 없다. 하지만 내 것은 있다는 일반적인 의식은, 그것을 가지려는 욕심과 무지와 어리석음으로 인해 세상 살기 힘들고 어렵게 된다. 왜냐하면 내 것이라는 이기적 마음은 자연스럽게 행해야 하는 자연의 이치에 거스르기 때문이다.

볼펜	손	팔	자신	우주자연 (부처님 하느님)
모든 만물에 불성이 깃들어 있다	손은 내가 흔든다고 한다.	팔은 손에게 아니야 내가 한다고 한다.	나는 팔이나 손에게 내가 다 하는 것이라고 한다.	우주자연의 파장 기운(불성)으로 만물이 움직인다.
	나의 한 부분 (나의 분신)	나의 한 부분 (나의 분신)	나 자신 (자연의 분신)	
	자연의 파장에 의해 움직임	자연의 파장에 의해 움직임	자연의 파장에 의해 움직임	
	손의 틀 속에 팔을 이해 못함	팔은 손의 틀을 볼 수 있으나, 전체는 결코 볼 수 없다.	자기 틀 속에서 손과 팔은 이해 가능하나, 전체를 못 본다.	

우주자연이 바로 모든 움직임의 실체다. 내 것은 없으며, 움직여지는 에너지 역시 나의 것이 아니다. 따라서 자연이 바로 이치와 법이며, 그 자체가 진리이며, 내가 그것에 순응하는 것이 살길이라는

것을 순간 알아차릴 수 있어야 한다.

결국 깨달아 간다는 것은 내가 살아있다는 것이고, 스스로 자연에 순응하는 방법을 터득한다는 것이며, 내가 가지고 있는 무지와 욕심을 버리고 없앤다는 것이다. 그래서 자연의 공부에 앞서 나를 없애고 버리며, 놓는 것이 가장 기본이 된다는 것을 쉽게 알 수 있다.

"깨닫게 되면, 죽으나 사나 똑같다." 는 것을 알게 된다고 하는데, 곧 삶과 죽음은 하나라는 것을 알게 된다는 것이다. 아래와 같이 도표를 통해 이해해 보고자 한다.

■ 삶과 죽음은 깨달음 속에 하나

<table>
<tr><th>현재의 나</th><th colspan="4">——》 가까이 다가감 —》》》</th><th>우주자연,
믿음의 실체,
부처님, 하느님</th></tr>
<tr><td>깨달음</td><td colspan="2">삶</td><td colspan="2">죽음</td><td>삶과 죽음은 하나</td></tr>
<tr><td rowspan="2">의식의 나를 버린 모습
▪ 나를 버림
▪ 나를 없앰
▪ 나를 낮춤
▪ 마음을 비움</td><td>의식의 나</td><td>무의식의 나</td><td>의식의 나</td><td>무의식의 나</td><td rowspan="2">귀의</td></tr>
<tr><td>육체의 나
(외부 의식)
+
마음의 나
(내부 의식)</td><td>본성</td><td>+ α
(빛, 사랑)</td><td>본성</td></tr>
</table>

■ 깨달음과 파장 체험의 관계

우주자연 가르침	체험 및 체득			실천
파장	신의 존재 체득 자연에 순응	보는 것 느끼는 것 듣는 것 등	내 몸, 내 것 아니다. 전부 하나로 연결	일상생활 속 안테나를 세워라 순간 포맷, 초기화
자연의 이치와 법, 진리	불법승, 삼위일체	불성화, 성령화	자연에 맡김. 파장에 따라 움직임.	육체의 '나'와 마음의 '나'가 함께 가도록 최선을 다함
목표	잘사는 것, 영혼 성숙	깨우침을 통한 의식변화	종교적 믿음과 자기상식을 벗어남. 추세 부응	자연스러운 삶, 실용적인 삶, 삶의 질 향상

위 도표를 간단히 설명해 보면 다음과 같다.

우주자연의 가르침은
부처님의 가르침이며,
그것은 파장으로 나타난다.
이는 자연의 이치와 법, 진리이며,
우주자연의 시스템으로서 생성·변화·소멸한다.

인간의 삶은
자연에 순응하면서,
베풀어가는 삶을 살고,

최선을 다하면서

사는 동안
건강하고 행복하며,
물질적·정신적·육체적으로 잘살게 된다.

마지막에 가지고 가는 것은 본성과 마음(영과 혼+ @)이며,
현생에서 만들어진 깨달음과 사랑으로 영혼을 성숙시키는 것이다.

부처님 사랑 혹은 빛, 파장을
순간순간, 그때그때, 즉시즉시
부지불식간에 느끼거나 보게 됨으로써,

기존의 생각을 바꿀 수 있으며,
부처님의 존재하심을 깨닫게 된다.
또한 깨달음은 부처님 하느님께로부터 온다는 사실을 인식하게 되면서,

결국 내 몸은 내 것이 아니라는 것과,
전부 하나로 연결되어 있음을 알게 된다.
이로써 크게 깨닫는 기회와 지혜를 가지게 되는 것이다.

그 파장 혹은 빛을 잘 느낀다든지 보려면, 항상 깨어있으면서 순간순간 실생활 속 변화에 잘 따라갈 수 있어야 한다. 그런 까닭에 나름대로 개념화한 몇 가지 용어를 사용하여 아래와 같이 설명해 본다.

이것은 우리가 일상에서 흔히 사용하는 용어로서, 인간을 몸 기계로 간주했을 때, 좀 더 현실에 가깝게 접근할 수 있다는 것에 착안한 것이나, 결국 모두 다 같은 바탕의 맥락에 있으며, 표현만 조금씩 다르게 해 보았다. 이러한 용어의 개념화는 본래 마음자리를 스스로 찾아가도록 도움을 주기 위함이다.

여기서 체험을 잘할 수 있고, 자기화할 수 있다면, 불법승이나 불성화의 이치를 금방 알아차리고, 마음 챙김을 잘하는 나름대로 기량을 쌓을 수 있다. 결국에는 실용적으로 조금씩 사용할 수 있게 된다.

■ 안테나	파장을 잘 받을 수 있기 위한 것이며, 즉 항상 깨어있어야 하는 것을 의미함. 안테나를 잘 세워야 한다는 말로 이해할 수 있다. – 파장을 잘 느껴라, 자연에 순응하라
■ 순간 포맷	잡다한 번뇌로 힘들고 어려운 경우가 허다하기에, 이것을 순간순간 그때그때 즉시즉시 지운다는 뜻인데 역시 결코 쉽지 않다 – 좋은 파장을 채워라, 빛기둥을 세워라

■ 리셋(Reset)	포맷과 같은 맥락이지만 차이점이 있다. 포맷은 번뇌의 윤회로부터 자유로워진다는 뜻이나, 리셋은 포맷 후, 다시 시작한다는 의미다. 그 이유는 과거에 머물지 않고 새롭게 시작하기 위해서이며, 지난 시간보다 지금 이 순간이 중요하기 때문이다. – 올바른 실천
■ Delete(삭제)	"나 빼기"– 주변 동화 – 깨달음

공부를 올바르게 하고 있는 사람이라면 머리에 빛 기둥을 달고 다닌다든지, 마음의 등불을 켜고 있다든지 등의 사실과 현상을 실제로 체험하여 깨달아 자기화와 실용화를 할 수가 있다. 종교의 지도자가 그렇지 않다면, 그 절이나 교회에는 부처님, 하느님이 계시지 않는다고 봐야 한다.

그것은 거리와 관계없이 단번에 알 수도 있는 것이며, 아무리 작고 허름한 절이나 교회더라도 지도자에게 그것이 있다면, 거기가 부처님 하느님 계시는 절이나 교회가 된다. 내가 믿는 믿음의 실체를 온전히 알게 되면 물질적·시간적·정신적 투자를 함부로 하지 않는다.

이것은 열반이나 견성, 위파싸나, 간화선 등과 같은 것의 실제 의미에 접근하고 바로 체험할 수 있게 한다. 그런 다음 비로소 올바른 기도나 명상, 참선을 하게 되고, 그 이치와 원리를 알아, 남에게 설명하고 지도할 수 있는 바탕을 만들 수 있게 된다. 또한 일상생활 속에서 실용적으로 활용하는 등 올바른 실천이 가능해진다.

그것에 접근하는 데 오랜 세월이 걸리는 것은 아니다. 순간순간 가능하며, 누구든지 가능하다. 단 내가 마음먹기 달렸다. 이치 속에 답이 있고, 지극히 간단하고 명료하다는 사실도 여기에 이르러야 알 수 있다.

여느 종교나 철학에서나 마찬가지로 어떤 대상이나 사물의 이치를 알려고 하지 않고, 의심도 하지 않고 그냥 믿어라, 혹은 그냥 이렇게 저렇게 하면 된다고 가르치는 것은 올바른 수행을 돕는 것이 아니다. 어렵게 생각하면 평생 해도 못 따라간다. 진리는 알고 나면 지극히 간단하고 명료하다.

"내가 주인공"

■ "내가 주인공"– 천지인(天地人) 속 구조적 이해

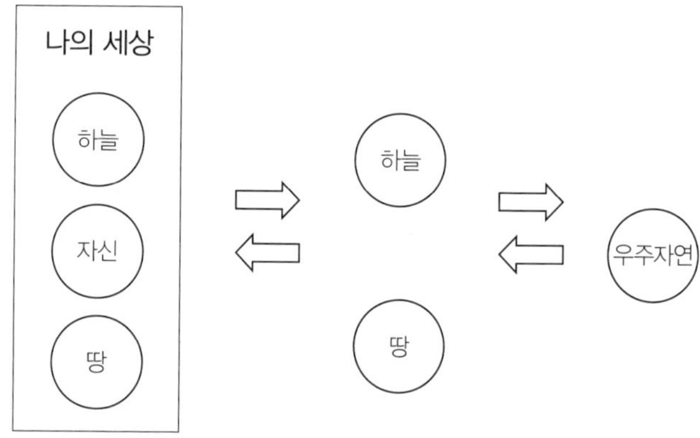

천지인이란 '나'라는 존재, 내가 발을 딛고 있는 땅, 그리고 하늘

을 가리킨다. 이 세 가지가 하나로 어우러질 때 “나의 세상”이 서는 것이다. 그 중심에 내가 있으며, 결국 가장 중요한 건 나다. 사람은 살아있는 한 가장 좋은 날은 바로 오늘이며, 지금 서 있는 이 순간에 가장 충실해야 한다. 이 순간이 가장 소중하며, 매순간 최선을 다해야 한다.

살아있는 동안 세상의 중심은 내가 되어야 하며, 내가 주인공이라는 사실을 이치 속에서 알게 된다. 내가 없다면, 이 세상도 없다. 따라서 내가 존재한다는 것은 이 순간에 살아있음을 나타낸다. 따라서 내가 마땅히 주인공이 되어야 한다.

■ 도표로 본 우주자연의 이해

앞서서 언급한 우주자연의 이치로 이해하면 쉽다. 아래 그림과 함께 이해해 보자.

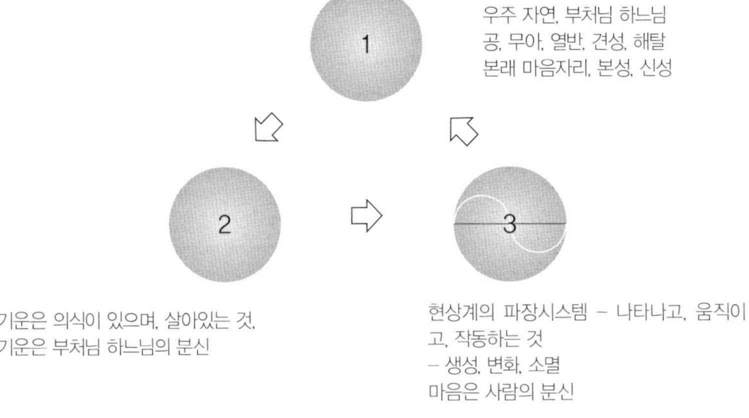

1	존재 자체	불	하늘(천)	공	본래 마음 자리
2	파장 혹은 기운 자체	법	땅(지)	빛	사랑(믿음)
3	작동 혹은 활동	승	사람(인)	만물	실천

1은 존재 그 자체다.

2는 존재의 표현 그 자체다.

3은 1과 2가 합쳐진 움직임이며, 작동의 실체는 1과 2다.

1과 2가 바탕에 깔려 있고, 세 가지가 함께 돌아간다.

즉 3이 활동을 멈추면, 2의 상태로 되며, 1의 상태로 돌아간다.

결국 1은 2가 되고 3이 되며,

결국 3은 1로 돌아가는 것이 우주자연의 기본 이치이다.

따라서 내가 이 세상에서 주인공이 되어야 하는 이유를 우주자연의 기본 이치나 불교의 불법승, 기독교의 삼위일체 속에서도 이해할 수 있다. 이것은 하늘, 인간, 땅의 천지인 속에 우리 인간이 살아 움직이는 이치를 말한다.

부처님의 가르침, 즉 자연의 이치와 법, 진리의 공부인 깨달음 공부에서 '내가 없어야 되는 것'의 의미와 혼동하지 말아야 한다. 이치를 알고 참뜻을 이해할 수 있을 때 자기화가 가능하며 각자 수준과 능력에 따라 실생활에서 활용할 수 있다.

4) 신의 가르침

■ 시대별 신의 가르침에 대한 이해와 표현 ■

약 2600년전	약 1600년전	현대
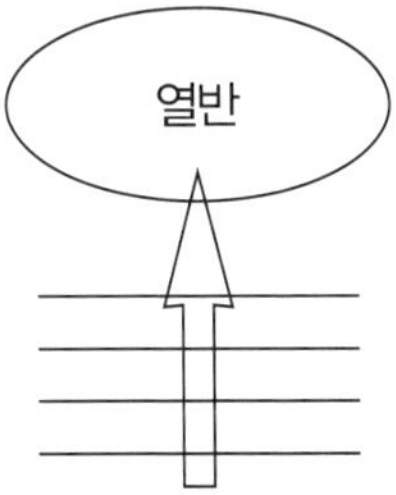 열반	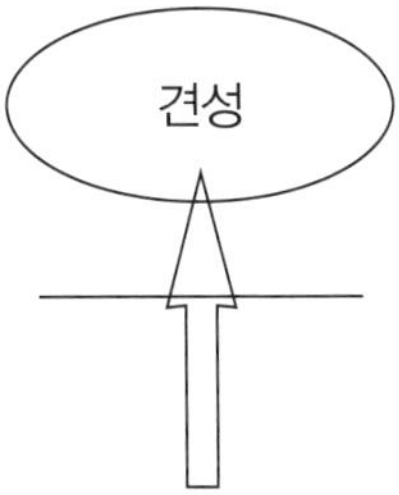 견성	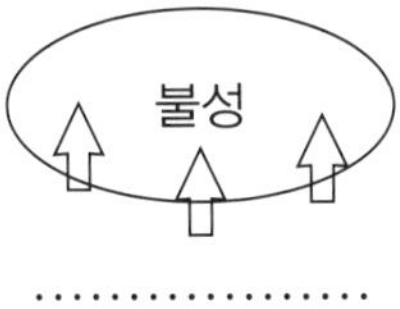 불성
하나씩 깨달아감 사념처.	바로 보아 알게 됨 간화선, 화두선	순간 탁 통함 자연 파장체험
나를 버리고 없애야 함 직접 하나씩 보여주심	나를 버리고 없애야 됨 하나를 통해 들어감	나를 버리고 없애야 됨 불성화를 통해 보여주심

신의 가르침이란 우리 인간이 본래 마음자리를 알아 순간순간 체험하고, 일상생활을 하며, 자연에서 빌린 몸 기계를 잘 유지하고 관리하게 하는 것이다. 또한 신의 가르침에 따라 올바르게 실천하며 잘 살도록 하는 것이기도 하다.

위의 그림에서 보듯이 불교의 열반, 견성, 불성을 예를 들어 설명해 보았다. 열반이나 견성이나 불성은 공부하는 사람이 올바르게 자기 자신을 잘 끌고 가도록 하는 시작 단계이며, 그것을 바탕으로 올바른 실천을 하도록 한다.

또한 올바른 보살도의 행에 필수적인 것이 되기에, 반드시 알아차려야 하는 것이다. 열반, 견성, 불성의 자리가 바로 '본래의 마음자리'이며, '본성'으로도 표현한다.

이것을 이해하고 알아차리고 난 후에야, 종교에서 이야기하는 불성화나 성령화의 이치를 이해하게 되며, 비로소 옳고 그름의 분기점 혹은 전환점에 서게 된다. 즉 스스로 옳은 쪽으로 몰아갈 수 있는 기회와 지혜를 가질 수 있게 된다는 말이다.

인생은 내가 선택하는 것이며, 또한 '내 마음먹기 달려 있다.' 라는 말을 같은 맥락에서 이해할 수 있다. 이러한 가장 기본적인 생각과 개념을 바탕으로 올바른 실천을 했을 때 자연으로부터 점수를 딸 수 있다. 즉 올바른 보살도로 행동했을 때 부처님으로부터 인정을 받을 수 있고, 올바른 실천으로 부처님 하느님의 사랑을 알고 따르는 제자가 될 수 있다.

올바른 기도나 명상, 참선으로 본래의 마음자리를 온전히 알아차려야 불교의 불성화, 기독교의 성령화를 이해하게 되며, 올바른 실천의 바탕을 만든다. 기도나 명상을 통해 부처님 하느님, 즉 신을 반드시 만나야 한다는 것을 인식해야 한다. 그것을 모른 채 그냥 행한다면, 설사 마음의 위로나 위안을 얻을지언정, 기도나 명상, 참선의 본래 목적과는 아무 상관이 없어진다.

자연스럽게 흐르는 자연의 사랑, 부처님 사랑 혹은 그러한 기운을 알게 될 때, 올바른 기도를 행할 수 있게 되어 부처님, 즉 신과의 교감 혹은 만남의 실제 의미를 인식하고, 체득할 수 있다. 그때가 되면, 침이나 뜸, 수기치료 등을, 각자의 능력에 따라 각자가 한만큼, 부처님의 가피 또는 하느님의 은총으로 상대의 병도 고치는 기회를 가져보는 축복과 영광을 받기도 한다.

특히 침이나 뜸은 자연이 주는 선물이며, 축복이다. 그것은 자연의 기운으로 행해져야 하기에, 거기에는 법칙이 없으며, 기술이 아니라, 믿음으로 행해진다. 그게 신침이다. 신침은 마음으로 하는 것이며, 꼭 침을 사용하지 않아도 작동된다. 그게 자연의 사랑이며 기운이다. 결국 신침은 자연이 직접 인간에게 주는 사랑 침이다. 그것은 신의 가르침을 잘 따라갈 수 있을 때 덤으로 가지게 되기에 파생상품이나 틈새시장으로도 표현, 설명한다.

신의 가르침은 멀리서 찾는 것이 아니라, 지금 내가 나타내고 있는 말과 생각과 행동에 달렸다. 알고 나면 지극히 현실적이고 실용적이며 과학적이라는 사실을 확연히 깨닫게 된다.

부처님 하느님의 사랑을 전하는 사람이라면, 자연스러운 이치에 따르고 있으니, 상대가 불편함과 아픔을 극복하는 데 도움이 된다. 성경에서 나오는 '너의 믿음이 너를 고쳤다.' 또는 '손만 대어도 병이 나왔다.' 라는 것도 같은 맥락으로 이해할 수 있다.(그것은 파장의 기운이 작동된 것이다.) 그러한 사실들을 이치를 통해 깨닫고 나면 그러한 말들은 비현실적이거나 신비스러운 것이 아니고 지극히 실용적이며, 현실적이며, 누구라도 가능할 수 있다는 것을 알게 된다.

반복되는 의심과 많은 생각을 겪은 과정을 통한 확신으로 하는 참뜻 이해가 아니라면, 자신이 옳다는 생각으로 착각하게 된다. 그 결과 허황되고 엉뚱한 것을 찾기 쉬워지며, 기복적, 미신적, 추상적, 신비적 믿음으로 십중팔구 빠지게 된다. 이처럼 하지 말아야 할 것을 하는 것은 자연에 위배되는 것이며, 그 차이만큼 나의 삶이 고달프고, 힘들며, 어렵고, 아프게 된다는 말이다.

그것은 모두 다 일상생활에서 사람과의 관계 속에 나타나는 나의 말과 생각과 행동에 들어있다. 이 사실을 순간순간 잊어서는 올바른 실천을 해 나가기 힘들다. 쉬운 것처럼 보이지만 절대 쉽지 않은 게 인생이므로, 공부를 항상 새롭게 해야만 한다.

사는 동안 올바르게 자신을 잘 끌고 가도록 돕는 것이 부처님, 즉 신의 가르침이다. 우주자연, 신은 인간이 최종적으로 가지고 가는 성적표, 즉 깨달음과 사랑만 보신다는 것을 명심해야 한다. 이미 저질러 놓은 잘못을 상쇄할 수 있는 방법은 없다. 자신이 행한 대로 그대로 흘러갈 뿐이다. 여기서 악행을 저질러 놓고, 저기서 선행을 보이더라도, 그것은 각각 따로따로의 행위로 간주된다.

위 도표에서 열반이나 견성, 불성은 그 시대 사람들의 수준과 가치관에 맞추어진 가르침이지만, 그 바탕에 흐르는 핵심은 지금과 같다. 가끔 대승과 소승에서 논쟁하지만 모두 다 똑같은 부처님 가르침일 뿐이다.

열반은 본래의 마음자리를 표현한 것이며,
견성은 본래의 마음자리를 찾아서 보는 것이고,
불성은 본래의 마음자리, 즉 본성으로서
부처님 하느님 마음을 의미한다.

즉 상기 세 가지 모두
"공"이며, "무아"의 본질과 동일 한 것이다.

해탈은 육체를 벗어던진다는 의미이지만, 결국 같은 본래 마음자리로 간다는 뜻이다. 반야에 들어간다는 말도 그 본질은 마찬가지다.

열반, 견성, 불성은 모든 에너지가 나오는 중심점이며, 움직임의 근본 바탕이고, 움직이는 실체의 본질이 되는 곳이다. 그 자리를, 사람에 따라 혹은 시대에 따라 여러 가지로 표현을 했지만, 똑같은 의미가 바탕에 깔려 있다.

부처님의 가르침은 신의 가르침으로서 유사 이래 똑같다. 인간이 잘살도록 하기 위한 가르침으로, 실천이 가장 중요함을 알게 된다. 그것을 잘해 나가야 하는데, 나의 무지와 욕심이 앞을 가로막으니, 동서고금을 막론하고 깨달음 공부에서 '자신을 없애라, 버려라, 낮춰라', '회개하라', '주제 파악해라', '너 자신을 알라' 한 것이다.

그게 깨닫는다는 것이며, 깨닫고 나면 실천하는 게 가장 중요하다. 깨닫는다는 것은 사랑하는 것을 배우는 것이며, 결국 내가 잘살기 위함이다. 견성성불(見性成佛)도 '깨닫는 즉시 실천하라'는 의미가 함축되어 있다. 이러한 사실을 모른다면, 나도 깨달으면 부처가 될 수 있다고 착각한다. 이는 수행목적의 큰 오류를 범하는 것이며, 마음수행의 바른길이 아닌 엉뚱한 길에 서 있게 된다.

2 장

올바른 수행

기본적인 생각과 개념을 바탕으로 한 올바른 길

수행의 본질과 기본은 마음이다

기도, 명상, 참선, 좌선에 대한 이해와 호흡의 중요성

우주자연의 공평한 마음과 몸 기계 작동 시스템의 이해

1) 기본적인 생각과 개념을 바탕으로 한 올바른 길

각자 수행을 통해 스스로 올바르게 간다는 것이 참으로 어렵다는 것을 사람들 속에서 매 순간 새롭게 끊임없이 느낀다. 공부하는 그룹의 수준을 A, B, C로 나누었을 때, C에서 B로, B에서 A로 다음 단계로 올라가는 것이 참으로 힘든 것임을 확연히 알 수 있다.

마음이 바뀌어야 제대로 변화된 모습일 수 있으나, 거의 다가 다람쥐 쳇바퀴 돌듯이 예전의 습관만 반복하는 모습을 나를 비롯해 많은 사람들 속에서 쉽게 본다.

누구나 최선을 다하고 있다. 공부를 어떻게 해야 올바르게 앞으로 나갈 수 있는지를 끊임없이 생각하고, 고민해야 하며, 또한 스스로 올바른 쪽으로 몰고 가는 방법을 일상생활 속에서 사람들과 부딪치면서 각자 나름대로 터득하는 것이 아주 중요하다.

자연의 이치와 법, 진리를 통한 가르침은 지극히 현실적이며, 상식을 벗어나지 않기에, 사람 관계에서 기본적인 예의와 상식을 반드시 지켜야 한다. 감사함과 베풂, 그리고 잘못됨에 대한 뉘우침, 양심을 통한 자아성찰, 이해와 소통과 배려 등. 그렇게 어려운 일은 아니다.

각자 공부하면서 가장 기본적인 생각과 개념이 반드시 굳건히 자리 잡혀 있어야 한다. 그렇지 못하면 아무리 최선을 다해도 여전히 오리무중이고, 횡설수설하기에 십상이다. 이것을 본인 스스로 알아차리기란 절대 쉽지 않다. 평생 자기 우물 속에 각자 쌓아온 수준과 정도가 자리 잡고 있기 때문이다.

또한 공부에서 가장 중요한 것은 무언가를 알고 난 후에는 그것을 바탕으로 반드시 실천해야 한다. 나에게 부딪치거나 주어지는 대상의 주변 여건과 상황을 순간순간 알아차리고, 이해하고 수용하며 소통하는 것이 중요하다.

어떤 상황이나 여건을 이치에 따른 참뜻 이해를 해야 비로소 공부를 시작할 수 있다. 상황과 여건에 대한 이해와 수용은 각자 삶의 경험에서 나오겠지만, 그보다 상위의 개념이며, 그 바탕이 되는 것은, 매 순간 변함없이 흐르는 자연의 기운, 즉 파장을 알아차리고 마음 챙김을 하는 것이다.

종교적 용어로 불성화, 혹은 성령화이며, 이 이치를 알아야 한다는 것이다. 올바른 실천은 여기서부터 시작된다. 이 또한 반복적으로 체험해야 안다. 말이나 글로서 설명한다 할지라도, 이것을 스스로 인식하고 체득하기란 참으로 쉽지 않다.

이치에 따른 참뜻 이해가 깨달음으로 가는 길의 시작임을 잘 알아야 한다. 깨달음이란 자연의 기운이 나에게 부딪쳐 알아차리는 것으로 표현할 수 있으며, 자연이 깨닫고자 하는 사람을 데리고 가는 것으로 생각해도 무방하다.

부처님 가르침 공부의 시작은 부처님을 가장 먼저 몸과 마음으로 반드시 알아차리는 것이다. 부처님, 즉 신에 대한 인식과 정도만큼 나의 공부가 진전된다. 부처님 사랑 혹은 자연의 사랑, 즉 자연의 기운은 모든 만물에 파장으로 투영된다. 그것은 각자가 쌓아놓은 믿음과 사랑만큼, 자기 생활 속에서 현실로 나타나며, 그것은 올바른 실천을 통해 쌓아가는 것이다.

자기가 믿는 만큼
일상생활을 통해 현실로 나타난다는 이야기를
사실적으로 이해할 수 있어야 한다.

그래서 각자 스스로 공부를 통해, 순간순간 깨달음을 가지고, 일상생활 속에서의 최전선, 즉 각자의 가정과 직장에서 최선을 다해야 한다. 그 속에서 만들어지는 깨달음을 가지고 다양한 생각과 모습을 보이면서 각자 스스로 발전하는 것이다. 결국 모든 것이 다 자연의 사랑이며, 자연의 이치와 법, 진리이며, 그것은 부처님 하느님 사랑이다.

올바른 수행은 자신의 잘못을 알아차리게 되어, 각자가 믿는 믿음의 실체와 약속을 지키는 것이다. 그것이 바로 계와 계율인데, 그 본질은 마음에 있다. 자연의 가르침은 곧 부처님 가르침이며, 신의 가르침으로서 그 본질은 마음이다. 그것이 전해지고, 또 전해져 이어진다.

따라서 실체와 본질을 깨닫게 되면 계율을 나 스스로 만들고, 자연과 한 약속을 통해 나를 올바르게 끌고 가는 마음수행을 해야 한다. 누군가 만들어 놓은 것을 가지고 거기에 얽매여 수행을 한다는 것은 이치에 맞지 않는다.

결국 사람의 공부는 자연이 이끌어 가는 것이며, 종교적 표현으로는 부처님 하느님께서 이끌어 주신다는 뜻이다. 인간이 인간을 가르치고 이끌 수 없다.

기도나 명상, 참선이나 좌선, 위빠사나, 간화선 등의 많은 수행법은 가장 바탕이 되는 본질과 실체를 알게 되면, 그것을 먼저 배운 사람이라면 각자 나름대로 설명은 할 수 있으나, 가르쳐서 데리고 갈 수 없다는 결론을 내리게 된다. 반복된 체험으로 터득하기 전까지 어떻게든 표현은 할 수는 있겠지만, 항상 미진하기에 논쟁을 부르기 마련이다. 그것은 부처님을 모르기 때문에 나타나는 보편적이며, 일반적인 현상일 수도 있다.

나의 일상생활 속에서 내가 하고자 하는 것, 얻고자 하는 것, 필요로 하는 것 등을 사는 동안 공사상의 성취를 통해 내가 해낼 수 있다는 것을, 올바른 실천과 반복되는 체험을 통해 깨달아갈 수 있다. 이때가 되면 견성성불의 의미도 다소 이해할 수 있게 되지만, 다양한 깨달음을 통해서만이 나의 현재 수준을 다음 단계로 올리는 기회를 가지게 된다.

'철들자 죽는다.'는 말을 익히 들어 잘 알고 있다. 즉 죽기 전에 깨닫는다는 말이다. 사람은 나이가 들면 깨닫게 되고 결국 똑같이 가게 된다. 또한 내일 죽는다 하면 욕심이 없어진다는 것도 잘 아는 말이다.

여기서 깨달음의 의미가 왜 죽음과 결부되는지, 그리고 깨닫기 위해서는 왜, 죽어야 한다는 것인지도 이해해 볼 수 있다.

예) 자신을 죽여라, 버려라, 없애라, 마음을 비워라, 열반, 해탈 등.

깨달아 간다는 것은 내가 믿는 믿음의 실체를 아는 것이며, 부처님 하느님, 즉 우주자연에 가까이 다가가는 것이다. 사실 깨달아 간다는 말 자체의 의미를 이해하고, 완전히 체득하는 것도 각 사람의 수준과 정도에 따라 다 다르다.

올바른 실천은 깨닫고 나서부터 시작된다. 사람은 흔히 아프든지 어려운 일을 겪고 난 후, 즉 엎어지고 난 후에야 깨닫게 된다. 본래의 마음자리, 즉 본성을 깨닫고 난 후가 이제 막 길의 방향을 찾는 시작점이라고 보면 된다. 본래 마음자리에서 나오는 인간의 어질고 참된 마음을 통해 나의 마음씀씀이가 원만하게 돌아갈 준비를 한다는 말이기도 하다.

사람의 어질고 참된 모습이란 자신의 잘못되고 부족한 부분들을 순간순간 자아성찰 속에서 즉시즉시 고치고 또 잊어먹고, 또 고치길 끊임없이 최선을 다하는 것이다. 자신을 없애고 버리면서, 올바른 길로 자신을 몰아가는 모습이다.

올바른 길 위에서의 올바른 실천은 본래의 마음자리(불성화, 본성, 공, 무아)를 찾는 것에서 시작되며, 본래의 마음자리는 올바른 실천으로 더욱더 크고 강하게 작동된다. 불교에서는 불성화를 바탕으로 한 올바른 실천이 바로 보살도의 행이며, 유교로서는 올바른 양심을 바탕으로 한 도덕성 구현 혹은 중용의 이치를 통한 실생활 속 추세부응 등으로 다양하게 표현할 수도 있다. 종교에 따라 표현은 달라도 결국 그 본질은 다 같다. 다 자연의 이치 속에서 인간 몸 기계가 그렇게 돌아가기 때문이다.

올바른 실천이란, 일상생활에서 많은 생각을 통해 다양한 모습을 나타내며 깨달아 가는 것인데, 본래 마음자리를 통해 선정과 지혜를 가지며, 옳고 그름의 분기점에서 스스로 올바른 쪽으로 몰고 가는 것이다. 그게 수행의 바른길이다. 이것을 조금 더 상세히 풀어서 표현해 보자면,

① 인내 속에서 상대를 이해·배려하고,

② 기도 속에서 자아성찰하고, 말과 생각과 행동의 잘못을 수시로 고쳐나가면서,

③ 나의 마음이 어디로 튀는지 알아차리고, 마음 챙김을 통해 지혜와 기회를 확보해 올바른 길로 가도록 하며,

④ 많은 생각 속에 어질게 베풀면서 최선을 다해 실천하는 것이다.

공을 바탕으로 육바라밀을 다지게 되며, 육바라밀을 통해 나의 공을 더욱더 활성화시키게 된다. 즉 스스로 키워나간다는 것이다. 반드시 불성화가 되어야 실생활 속 올바른 길로 스스로 몰아갈 수 있게 되며, 끊임없는 올바른 실천 속에서 나의 불심과 믿음은 무한대로 향한다.

자연의 순수한 파장 혹은 빛, 불성화나 성령화를 일상생활에서 행하는 올바른 실천으로 순간순간 알아차리게 된다. 체득하면, 그 이후의 공부는 일사천리로 박차고 나갈 수도 있다. 하지만 대부분, 99%가 자기 우물 속에 있기에 절대 쉽지 않다.

우리는 각자 자기 우물이 있다는 것을 잘 안다. 아무리 그 우물을 벗어나야지 해도 못 벗어난다. 또한 내가 아무리 깨달아야지 해도 이미 그 말 속에 얽매여 아무리 최선을 다해도 깨닫기 힘든 것이다.

아래와 같은 말을 통해, 자신을 버릴 수도 있고, 자기 우물에서 벗어날 수도 있다. 나의 마음을 좀 더 여유롭게, 좀 더 풍요롭게, 좀 더 감사하게 한다. 반드시 지켜야 한다는 불교의 팔정도나 기독교의 십계명이란 틀에서 벗어나 구애받는 것 없이 좀 더 자연스러워질 수도 있게 된다.

'아니어도, 그러려니' 하고 가야 한다.
'아, 그런가 보다' 하고 가야 한다.
'아, 그럴 수도 있구나.' 하고 가야 한다.
'아, 그게 맞아요.' 하고 가야 한다.

순간순간
즉시즉시
그때그때다.

몸 기계를 가진 인간은 무한하게 앞으로 쭉쭉 가도록 프로그램이 되어 있으며, 앞으로 가면 갈수록 갈 길이 더욱더 멀리 있음을 실감한다. 앞이 보이지 않는다는 것이다. 그래서 자연이 이끌어 가는 것이다. 나는 자연 안에 존재하기에, 모두 내 마음먹기 달렸다. 이렇게 해보나, 저렇게 해보나 부처님 손바닥 안에 머문다는 뜻이다. 결국 내가 마음먹은 만큼 해낼 것이다.

올바른 길이란
올바른 수행을 말하며,
그것은 가장 기본적인 생각과 개념을 바탕으로 한
올바른 실천 속, 살아있는 동안
본래의 마음자리, 본성을 찾을 수 있어야
건강하고 잘살게 되며,

마지막에는 좋은 곳으로 갈 수 있는 티켓(성적표)을 갖게 된다.
그게 공부하는 궁극적인 이유이며,
우리가 가야 할 마음의 목적지를 확고히 알아야 하는 이유다.

2) 수행의 본질과 기본은 마음이다

■ 실체의 근본에 대한 설명과 그것을 알아야 하는 이유

우주자연의 실체를 알아야 나라는 존재가 자연의 지극히 작은 한 개체로서 작동되는 몸 기계임을 인식할 수 있으며, 또한 모든 삼라만상이 다 연결되어 있다는 것을 알아차리고, 체득할 수 있다. 기도나 명상이 필요한 이유다.

이것을 깨달을 때 본래의 마음자리나 본성, 불성이나 성령이 정확히 무엇인지 몸과 마음으로 터득할 수 있으며, 기도나 명상, 참선 등의 실체를 알게 되고, 위파싸나 또는 간화선 등의 기본 이치를 아주 쉽게 알아차리게 된다.

이것을 알고 나면 그냥 일상생활에서 다 이루어짐을 알아차리게 되며, 무슨 수행법이 좋다며 초기불교의 근원지로 가기도 하고, 대승이 맞다, 소승이 맞다는 등의 논쟁을 할 필요가 없어진다. 불성을 알게 되면서 대승이나 소승이나 모두 부처님의 가르침은 신의 가르침으로서 똑같다는 사실을 인식할 수 있기 때문이다.

지금 우리가 살고 있는 이 시대에 맞는 표현으로 설명하고 가르쳐야 올바른 수행이 되며, 나의 삶을 질적으로 높일 수 있는 기회를 가지며, 잘살게 된다. 그게 수행하는 이유다.

돈오돈수니 돈오점수니 등 어느 것이 맞다 아니다, 하고 논쟁하는 것을 가끔 본다. 하지만 마음공부의 핵심과 가장 밑바탕이 되는 믿음의 실체와 인간 삶의 궁극적 목표를 알 수 있다면 논쟁할 이유가 없어진다.

그냥 자기 생활에서 자신과 주변을 순간순간 잘 알아차리고 즉시즉시 내 마음을 잘 챙기고, 그때그때 그 속에서 가지는 깨달음을 통해, 지혜와 기회를 확보하면 된다. 그러면 현재의 자신 수준과 정도가 알게 모르게 향상되면서, 평생 마음의 목적지를 잘 인식하고, 건강하고 행복하게 잘 살 수 있게 된다. 사람은 태어나기 전과 죽은 후를 알 수 없다. 최소한 그렇게 프로그램되어 있다고 보면 올바른 수행에 도움이 된다.

불교에서 마음의 등불을 켜라고 하는데, 매년 때가 되어 등을 달면서 그 의미하는 바를 잘 살펴보아야 한다. 등을 다는 그 자체를 부정하는 것이 아니라, 그 본질과 실상을 인식하고 체득해 내 생활에서 올바르게 실천하기 위해 써먹을 수 있어야 하기 때문이다. 생각 없이 행하는 것은 자신을 위한 마음공부가 될 수 없으며, 또한 실용적이고 현실적이지 않은 것이 될 우려도 있다. 그것은 본래 부처님 가르침과는 거리가 멀어지며, 자칫 기복적이거나 맹신으로 흐르기 쉽게 된다.

마음의 등불을 켤 수 있게 되면, 빛 속에 머물게 되니, 맘이 둥글게 되고, 걸림이 없게 되며, 자연스러워지고, 어질고 착한 마음을 지니게 된다. 그것은 순간순간 반복된 체험 속에 터득되고, 체득된다.

각자 믿음의 실체를 알아야 인간 몸 기계의 등이 켜지는 원리와 이치를 깨닫게 된다. 무슨 등이냐고 반문을 하겠지만, 이 과정까지 가봐야 알 수 있다. 각자 스스로 하는 깨우침 공부며, 믿음의 공부다. 알면 쉽고, 모르면 하늘 땅 차이처럼 이해하기 어렵다.

믿음의 실체를 알게 됨에 따라, 자신의 말과 행동과 생각이 달라질 수밖에 없다. 끊임없이 좋은 쪽으로 자신을 몰고 가면서 부족하고 잘못된 점을 순간순간 즉시즉시 스스로 고치게 되며, 그것을 통해 어진 마음과 진실한 마음을 갖게 된다. 그러한 마음을 바탕으로 한 올바른 실천을 통해 부처님 사랑, 즉 우주자연의 기운(빛, 순수한 기운, 파장, 사랑)과 더불어 사는 동안 몸과 마음이 여유로워지고 더욱 나은 삶을 영위할 수 있게 된다.

결국에는 좋은 쪽으로 몰아가는 것의 주체는 분명히 나 자신이 되어야 하며, 내가 이 세상의 주인공이 맞지만, 나를 자연에서 이끌어간다는 것 또한 확연히 알게 된다. 이것이 나를 비롯한 만물을 움직이고 있는 실체를 알아야 하는 이유이며, 나라는 존재 역시 실체 속에 머물기에 터득하려는 마음과 추세에 부응하는 마음이 반드시 따라야 한다. 특히 기도나 명상, 참선에서는 반드시 그것이 기본바탕이 되어야 한다.

그 기본 바탕이란 말이나 글로서 수없이 다르게 다양하게 표현할 수도 있지만, 그것의 목적은 결국 존재 그 자체를 느끼거나 보거나 해서 깨닫는 것이다. 그래서 진리는 지극히 간단하고 명료하다. 너무 쉽게 알아버려도 문제가 되지만 우선 알아야 올바른 실천의 기본이 된다.

모르면 자꾸 자신을 심오한 곳으로 몰아가며, 힘들게 하고, 아프게 한다. 그러다 결국 샛길로 빠질 수밖에 없게 된다. 하물며 샛길에 빠진 것조차도 알 수 없게 된다. 스스로 힘들고, 아프게 하고 있으면서도 꽉 잡은 손을 놓지 못한다. 왜냐하면 그 속에서 최선을 다하고 있다는 자기 생각과 체면, 그리고 스스로 옳다고 하는 자기 고집과 집착이 있기 때문이다.

■ 마음씀씀이의 단계별 표현을 통한 수준과 정도에 따른 이해

마음씀씀이의 정도가 자연으로부터 성적을 딸 수 있느냐, 못 따느냐가 부처님 가르침 수행에서 가장 큰 관건이 된다. 마음씀씀이는 내가 여태까지 만들어 놓은 마음의 크기를 순간순간 나타내 보이는 것이다. 올바른 길 위에서 올바른 수행을 통해 올바르게 실천할 때, 일상생활에서 나타나는 나의 마음이 가장 근본이 될 수밖에 없다.

마음은 올바르며, 어질고 선해야 하며, 반드시 본래의 마음자리에서 나오는 것이라야 한다. 하지만 그 자리는 '공'이며, '무아의 자리'이기에 깨닫고 나면 옳고 그른 것, 맞고 안 맞고 하는 그런 논리는 없다. 오직 절대적 진리 하나만 흐르는 것이다. 그래서 자연의 마음은 하나로 흐른다고 한다.

그래서 답은 항상 하나이며, 그것의 핵심은 끊임없이 변화되는 추세에 따른 부응을, 순간순간 그때그때 즉시즉시, 어떻게 잘해 나가느냐이다. 여기서 맞는 답이 저기서는 아닐 수 있으며, 지금은 맞지만, 나중에는 틀릴 수도 있다. 그렇기에 추세 부응을 잘한다는 것은 상황에 맞는 답을 잘 찾는다는 것이며, 그것을 실용적으로 잘 써먹는다는 의미가 내포되어 있다.

공부 수준에 따른 마음씀씀이를 단계별로 전체적 흐름에서 살펴보자. 아래의 단계별로 구분된 설명과 표현은 마음씀씀이의 보편적 흐름을 전체적으로 이해하는 데 도움을 주려는 것이지, 마음씀씀이가 이러한 단계를 반드시 거치게 된다는 의미는 아니다.

인생이란 삶 자체가 공부이며, 수행이라는 것을 누차 언급했다. 경전을 통해서나 혹은 어떤 지도자를 통해 처음 시작하는 초기 단계에서는, '이렇게 말씀하셨다.', '이렇게 되어 있다.', '저렇게 말씀하셨다.', 혹은 '저렇게 나타나 있다.' 그래서 '우리는 죽어도 그렇게 해야 돼.' 라거나 경전에 나와 있는 그대로 '따라서 하기만 하면 돼'라고 할 수 있다. 다 맞는 이야기다.

① 조금 더 공부하다 보면, '이것도 맞고, 저것도 맞네.'라고도 하게 된다. 그렇다면 이제 조금씩 알기 시작하는 것으로 표현할 수 있지만, 여전히 오리무중일 수 있다. 이치 속에서 정확히 표현하고, 설명할 수 있는 수준과 정도가 안되기에 논란이 많고, 자기 생각이 많이 앞서게 된다.

"알게 되면 아주 쉬운데, 모르면 평생 가도 모른다."

라는 말을 여기서 자주 듣게 될 수도 있다.

② 끊임없이 공부해 가면서 좀 더 세월이 지나면, '이것도 맞고 저것도 맞다.' 라는 것을 이치 속에서 알게 된다. 이제 올바른 길 위의 분기점에 서게 되어, 수많은 생각 속에 다양한 말과 행동으로 최선을 다하는 기본을 다지게 된다.

③ 더 많은 세월이 흐르면, 불성화와 성령화의 이치를 결국 알게 되나(상황에 따라 즉시 순간 알 수도 있다.) 여전히 자기 생각이 많고, 자기논리가 여전히 강하다. 사실상 공부는 여기서 시작된다.

④ 상기와 같은 흐름 속에 또 세월이 흐른다. 매 순간 속에 '자신

을 자연에 맡겨 놓아야 한다.'는 것을 알기에 열심히 노력은 하나, 여전히 자기 우물을 걷어내기가 어렵다.

아무리 알았다 해도 여태까지 쌓아온 기운이(믿음 – 베풂과 어진 마음 등) 부족하니, 어떻게 해야 한다는 이치는 알았지만, 실제 실천에 있어서 현실을 있는 그대로 보기가 어렵다.

왜냐하면 뭔가를 이치를 통해 똑바로 알았다 하더라도, 그것을 내가 실용적으로 쓰려면 여태까지 내가 만들어 놓은 기운, 사랑, 믿음, 즉 내공이 필요하기 때문이다.

내가 제대로 한만큼만 자연의 사랑이며, 그만큼만 나타나기 때문이다. 그래서 시간이 오래 걸린다. 여기저기 부지불식간 순간순간 자연의 시험이 깔려있다.

⑤ 흐르는 세월 속, 말과 생각과 행동을 통해 실천한다. 어질게 베풀고, 진실하게 행동하며, 각자가 여태껏 만들어 놓은 환경과 정도 속에서, 공부는 많이 하고 있지만, 아직도 자기 수준과 정도 속에서 여전히 맴돈다.

⑥ 이제는 부처님 하느님 공부가 신의 가르침이며, 자연의 이치이며, 법이고 진리라는 것을 이해하고 순간순간 깨닫게 되면서, 마음

공부라는 것이 무엇이며, 어떻게 해야 하는지, 몸과 마음에 어느 정도 배이게 된다. 즉 나의 의식이 점점 넓어지고 깊어진다는 이야기다.

⑦ 또 세월이 지난다. 이제는 많은 세월이 흘러 순간순간 일어나는 마음씀씀이에 대해 관찰하고 즉시즉시 분석해 낼 수 있으며, 상대를 바로 파악하여 거기에 맞출 수도 있게 된다.

일반 종교에서 신앙생활을 잘하시는 연세 드신 분들을 보면 이 정도는 쉽게 해내는 것을 가끔 본다. 하지만 대부분이 신에 대한 인식과 정도가 부족하기에 좀 더 깊은 믿음은 어려울 수도 있다. 사람마다 워낙 다양하기에 포괄적으로 이렇게나마 이해를 돕고자 설명해 본다.

⑧ 그렇게 공부하면서 많은 세월 속에 끊임없이 최선을 다한다. 이제는 순간순간 일어나는 마음과 모든 대상들의 움직임도 마찬가지로 그 실체가 있다는 것을, 매 순간 자기 말이나 행동, 생각 속에서 느끼고 체험하면서 즉시즉시 알아차릴 수 있게 되며, 거기에 대해 순간순간 추세 부응을 하려고 노력한다.

하지만 여전히 역부족이다. 자기 의지가 아직 많이 남아있기 때문이다. 이것은 자연스럽게, 의식함이 없이 가기가 여전히 힘들다는 이야기다. 하지만 순간순간 부족하고 잘못된 부분을 고쳐나가기에, 설사 고꾸라졌다 하더라도 금방 스스로 일어난다.

⑨ 이제는 '마음이 가는 대로 무엇이든지 그렇게 되어 간다.'라는 것을 알아차리게 된다. 즉 '내 마음먹기 달렸다.'라는 말을 거듭 체험하고 실감하며, 나의 마음이 키워지게 되는 계기를 가지게 된다. 즉 공사상을 잘 실천해 나가게 되는 시점이다.

공사상 실현을 통해 얻을 수 있는 것이
"깨달음과 정신적 여유,
육체적 건강과 물질적 여유,
얻고자 하는 것,
필요로 하는 것,
하고자 하는 것" 등이다.

그와 같이, 하고자 하는 모든 것들을 다 이룰 수 있음을 실제로 이해하고 경험하며, 자신의 부족함과 잘못을 예전보다 더 잘 고치며, 공부해 나가게 된다. 그러면서 내 마음의 목적지를 향해 스스로 성숙 발전시키면서 끊임없이 앞으로 나아간다.

결국 "본성에 따른 삶"을 살게 되며, "자연에 맡겨놓고 자연의 이치대로 사는 삶" 혹은 "자연의 파장이 흐르는 대로 사는 삶" 등으로 표현할 수 있다. 또는 종교적으로 "부처님, 하느님 뜻대로 사는 것"

을 가리킨다.

이것은 내가 인간이란 육체를 빌려 이 세상에 나와서 할 수 있는 최상의 것이며, 그것을 잘 운용할 때 자연으로부터 받을 수 있는 최고, 최상의 혜택이다. 바로 공사상 실천으로 이어져 얻을 수 있는 것이기도 하다. 이 표현 역시 충분하지는 않지만 최소한 그렇게 표현하고 설명할 수도 있다.

■ 부처님 가르침은 비현실적, 비상식적, 추상적이지 않으며, 객관적이고 보편타당성이 없다면, 일단 의심해야 한다. 뭔가 오묘한 진리가 있다든지 신통방통한 뭔가를 찾으려 한다면, 신이신 부처님께서 현실 속에 던져 놓은 진실과 진실이 아닌 것, 허와 실 등의 분기점에서 올바른 길로 가지 못하고 착각과 허상 속에 빠지게 된다. 그래도 알아차리지 못하면 나름대로 자기화하여 자기세계를 구축할 수도 있다. (참조_ 『수행의 바른 길 1편』 자기화와 무당화) ■

공부를 하며 뭔가에 순간순간 부딪치거나 상대와 나 자신을 순간순간 알아차릴 때, 사람에 따라 많은 것들을 덤으로 가져가기도 한다. 올바른 수행, 즉 도란, 각자의 육체를 통하여 깨달음을 가지며, 각자 자신의 마음을 넓혀가며, 영혼 성숙을 하면서, 내 마음의 목적지로 향하는 것이다.

여기서 종교의 잘못된 의식의 틀이나, 혹은 알게 모르게 각자 만들어 놓은 기존 의식에 갇혀 있으면 앞으로 나가기 지극히 힘들 수밖에 없다. 각 종교를 통해 반드시 행복해져야겠지만, 우리는 그것을 바탕으로 기존의식에서 벗어나 각자가 믿는 믿음의 실체를 좀 더 자명하게 알아차릴 수 있어야 한다. 또한 우주의식을 올바른 공부와 실천을 통해 반드시 가질 수 있어야 한다.

"뭔가가 맞다"라고 하는 사람은 그렇게 공부해 갈 것이며,
"아니다"라고 하는 사람 역시 그렇게 공부해 나갈 것이다.

"양쪽을 보면서 공부한다면"
더더욱 좋게 될 수도 있다.

양쪽 모두를 보면서 "스스로 자신을 옳은 쪽으로 몰고 간다면"
더욱더 좋게 된다는 말이다.

"둘 다 다를 바가 없다"라는 것을 확실하게 안다면
공부가 훨씬 더 잘 되어 가고 있다는 뜻이다.

더더욱, 가장 더 중요한 것은,
내가 생각하고, 말하고, 행동하는 것을 통해서
점수를 따게 되는 사실과 현실이다.

그것이 바로 해야 할
관계 속 조화이며, 화합이고, 깨달음이다.

맞든 틀리든 순간순간 내가 상대와 붙들고 뒹굴 수밖에 없다. 모든 게 다 나를 위해서이다.

그것을 조화라고 하며,
화합이며, 살아가는 힘이며,
자기 마음씀씀이 정도와 수준에 따라 아주 다양하게 나타난다.

즉 각자 마음먹기 달린 것이다.
그게 마음공부이며,
믿음의 공부이고, 지혜의 공부다.

공부하는 과정에서
큰길을 갈 수 있게 될 때는
다시 작은 길 혹은 숲 속의 길로 가지는 않는다.
왜냐하면 이미 알아차렸기 때문이다.

또한 설사 틀렸다 하더라도 즉시 고쳐나가니까 문제 될 것이 없다.
혹시 만에 하나, 스스로 고칠 수 없다면
그것은 공부가 부족하기 때문이다.

조금이라도 마음이 앞서 있는 수행자라면 뒤에 오는 사람을 아주 쉽게 알아차린다. 하지만 대부분이 그냥 지나칠 수밖에 없는 것이 현실이다.

각자 스스로 하는 공부이기에
참으로 어려울 수 있다는 것을
본인뿐만 아니라
상대를 통해서도 쉽게 알 수 있다.

내가 어떤 마음을 가지고 행동하느냐에 따라, 우리 각자가 남을 위한 쉼터나 위로처가 될 수도 있다. 또한 남의 영혼을 깨우쳐 주고, 자비를 베푸는 절이자 교회가 된다. 이것을 인식하고 있다면 더 좋겠지만, 절대 쉽지는 않을 것이다.

3) 기도, 명상, 참선, 좌선에 대한 이해와 호흡의 중요성

기도나 명상 또는 참선, 좌선 등 여러 가지 수행법들은 다양하게 표현되고, 설명된다. 하지만 분명한 것은 사람이란 자연의 지극히 조그마한 개체로서 인간이 두 손과 두 팔로 행하는 모든 것들의 이치와 원리는 똑같다. 우선은 건강하고 행복해야 하며, 현재 내가 만들어 온 삶의 수준과 환경을 바탕으로, 살아있는 한, 삶의 질을 향상시킬 수 있어야 한다.

따라서 기도나 명상 등의 기본 이치는 본질에서 다 똑같이 돌아가며, 반드시 자연의 이치에 따라 올바르게 행해져야지 어긋나서는 안 된다. 그러면 우선 내 몸이 불편해지고 어려워지며 힘들어지고 아프게 되기 때문이다.

자연의 이치라 함은 먼저 자연스러워야 하며, 자연에 순응할 수 있어야 한다. 또한 남에게 베풀며, 최선을 다하는 것이다. 육체를 가진 인간인 이상, 올바른 말과 생각과 행동으로 올바르게 실천하는 것이 우선이며, 필수이다.

그것이 쌓이고 쌓여, 나를 조금씩 더 좋고 옳은 쪽으로 이끌어 간다. 그게 믿음이고, 사랑이며, 사는 동안 좋은 인연의 복을 누리는 뿌리가 되고, 죽어서는 다음 생의 티켓, 즉 성적표가 된다.

기도나 명상이란 신을 만나는 것이다. 뭔가를 바라며 하는 기도는 맹신이 되며, 기복적이고 미신적이 되기 쉽다. 자기 우물에 빠지게 되니, 그게 우물 안 개구리 모습이며, 결국 사이비가 된다. 사이비란 엉뚱한 길에서 허황된 것을 찾는 것이다.

기도나 명상은 자기가 믿는 믿음의 실체를 만나서 대화하는 것으로 표현할 수도 있다. 그런데 사람이 뭔가를 신께 원한다고 해서 신이 그렇게 해 줄 이유는 조금도 없다. 자연은 지극히 공평하며, 에누리가 없다. 각자 하기 나름이다. 그렇게 시스템화되어 있다. 그게 자연의 이치다. 그래서 무엇을 하더라도 내 몸이 주체가 되어서 최선을 다해야 한다. 진인사대천명의 의미를 생각해 볼 필요가 있다.

기도나 명상은 올바른 길 위에서 올바른 실천을 하는 데 바탕이 되어야 하며, 그것을 통해서 좀 더 나은 삶을 꾸려가도록 해야 한다. 따라서 기도나 명상은 감사로 가득 채워져야 한다. 부족하고 잘못된 것들을 알아차려 다시는 반복되는 일이 없도록 반성과 다짐의 기도를 해야 한다. 즉 기도나 명상을 통한 자아 성찰과 각자가 믿는 믿음의 실체와 약속하는 것을 말한다. 살아가면서 각자 삶의 질을 향상하는 데 가장 중요한 부분이다. 생각이 빨리 돌아가는 사람은 추세 부응도 잘하며, 자신과 주변을 잘 알아차리니, 각자의 몸 기계를 좀 더 여유롭게, 좀 더 원활하게 작동할 수 있다.

기도만을 잘하기 위한 기도, 즉 공부를 위한 공부로서, 사력을 다해 자신을 그렇게 몰아가면서 기복적이며, 비현실적이며, 신비적으로 빠지는 것을 종종 본다. 기도나 명상은 내가 무언가를 하기 위한 바탕이며, 도구다. 그래서 내가 실생활 속에서 활용할 수 있도록 하고, 현명한 판단을 할 수 있도록 하는 것이다. 기도를 할 때 자기 우물에서 벗어나야 한다.

자기 우물이란 자신의 기존 굳어진 고정관념과 각자의 종교적 의식 속 잘못 쌓인 틀과 부족한 상식을 말한다. 또한 현실에 뒤떨어진 발상이나 자기착각과 생각 속에 갇혀있는 것을 의미하며, 자기 고집, 집착, 아상이다.

특히 열반이나 견성, 해탈, 반야, 즉 본래의 마음자리에 머물러 안주하기 위한 것은 기도를 잘하기 위한 기도, 혹은 공부를 위한 공부가 될 수가 있으니, 그러한 공부는 수행의 목표가 되어서는 안 된다. 왜냐하면 인간은 그것을 바탕으로 올바른 실천을 해야 하며, 사는 동안 스스로를 끊임없이 좋게 만들어 가야 하기 때문이다. 그렇게 만들어졌으니, 그렇게 할 수밖에 없다.

몇 년 전 그리스에서 겪었던 일이다. 본인이 그리스 아테네에 행사 목적으로 머물러 있으면서 어느 지인의 집에 초대되어 갔다. 내 옆 사람은 식당에서 일하는 평범한 주방장이었다. 그들 대화 속에 니르바나라는 말을 들었다. 니르바나(열반)를 그들의 언어 속에 자연스럽게 사용하고 있었다. 순간 혹시 내가 아는 그것인가 하고 되물었다. "니르바나가 무엇인가요?" 물으니 그 사람은 정확히 대답해 주었다.

일상생활을 하면서 가정이나 직장에서 스트레스에 시달릴 때, 잠시 모든 것을 접고, 자신의 마음조차 다 던져버리고 쉬는 것이라고 했다. 그런 후 기운을 얻어서 다시 일상생활 속으로 들어간다는 이야기다. 깜짝 놀랐다.

우선은 그 단어를 그리스에서 자연스럽게 사용하고 있고, 두 번째는 아직도 니르바나에 안주하며 그것을 수행의 목표 삼아 한평생을 바치는 사람이 이 세상에는 아직도 많다. 그런데 그것을 그냥 생활 속에서 자연스럽게 실용적으로 활용하고 있음에 놀랐다

기도나 명상, 참선 등에 대한 내용으로 엮인 책들은 수없이 많지만, 여기서는 공통되는 가장 중요한 요점만 이야기해 본다. 기도나 명상, 참선, 위빠싸나, 간화선, 화두기도 등의 바탕에 깔린 핵심은 다 똑같다.

기도 속에서 바로 신을 만나고, 자신을 고쳐나가는 것이다. 무슨 명상법 혹은 참선법 등의 명칭으로 수행하고 있으나, 그것들을 이끄는 본질의 실체를 반드시 알아야 올바른 길로 들어서서 수행할 수 있다. 그렇지 않으면 자연에 위배 된다. 위배된다면, 내가 하는 일이

어렵고 힘들게 되며, 아프게 될 수 있다는 말이다. 많은 사람들이 죽음이 임박해서야 깨닫기도 한다.

기도나 명상은 자연과의 교감 또는 대화하는 것이며, 자연이 이끌어 주는 것이며 각자 스스로 공부하게 된다. 그것은 반드시 불성화나 성령화의 이치를 알고 체득될 때, 올바른 기도가 가능하다.

신과의 교감이란 실제 볼 수도 있으며, 대화할 수도 있겠으나, 매순간 변하는 인간의 마음으로 온전히 보고 대화한다는 것은 현실적으로 결코 흔한 일이 될 수 없다. 또한 자연이 주는 파장을 알아차리고, 그에 따라 움직이면서 순응하는 것만 해도 결코 쉬운 일이 아니다. 보지 않고 믿는 것이 더 큰 믿음과 큰 행복을 가진다는 말도 생각해 볼 수가 있다.

하지만 여기서 가장 중요한 것은 기도를 통해 자신을 현실 속에서 말과 생각과 행동을 통해 고쳐나가는 것이다. 그래야 내가 사는 동안 여유롭고 건강하고 행복하게 살 수 있는 믿음과 사랑을 키울 수 있기 때문이다.

무슨 수행법이 좋다고 하여 거기에 한평생 매달린다면, 정작 내가 얻을 수 있는 성적표는 없을 수도 있다. 내가 딸 수 있는 성적을 올바른 실천을 통해 좋은 인연을 만들거나, 그 어느 때보다 건강하고 행복하며 여유로운 가운데 삶의 질을 높이는 것과는 다소 거리가 소원해지기 쉽다는 말이다.

이것의 기본 이치만이라도 알아차린다면, 그것을 이끌고 있는 근본 핵심을 체득하기가 더욱 쉬울 수 있다. 많은 시간과 힘의 낭비를 줄이며, 각자의 생활에서 더욱더 보람되고, 실속 있게, 자기화하고 실용화할 수 있다.

불성을 알아차리는 것이 기본이며, 시작이다. 불성화의 이치를 이해하고 체득해야 실생활에서 부처님을 알아차리게 된다. 그것이 올바른 보살행의 바탕이다. 지금 시대에는 사용하지 않고 이해하지 못하는 글귀를 암송을 하거나 무슨 수행법이라는 명분으로 현실적이고 실용적이 아닌 것에 시간과 힘을 허비하지 않아도 된다는 말이다.

몸과 마음이 불성화가 되어야 부처님 사랑과 그 기운을 알게 된다. 이는 부처님 빛 속에 들어가는 것이며, 중도로 갈 수 있게 된다. 이때가 되어야 올바른 기도나 명상이 가능하다. 즉 그것이 평상심으로 인도하며, 어질고 선하게 행할 수 있는 마음의 준비가 온전하게 된다. 불성화가 바탕이 되지 않은 육바라밀은 아무리 한평생 최선을 다해도 사상누각이 되고 만다.

위빠사나나 화두기도를 수행법의 일종으로 구분을 지어서 누군가가 사람을 교육하게 될 때는 수행을 이끄는 실체가 부처님 하느님이시며, 항상 부처님의 빛, 사랑만이 올바른 깨달음의 길로 인도할 수 있다는 사실을 염두에 두어야 한다. 수행의 시작과 끝은 오직 부처님, 즉 신의 인도에서만 비롯되기 때문이다.

인간은 반드시 여래를 만나야 깨달음에 이를 수 있다는 말을 숙고해야 한다. 깨달음이 빛이며, 곧 사랑이라는 이치를 모른다면 올바른 수행은 불가능하다. 이러한 이치를 체득하고, 이것이 바탕이 되어야 수행을 올바르게 시작할 수 있다.

현실 속에서 아무리 지혜가 뛰어나고 영리해도, 불성화의 이치를 체험할 수 없다면 끊임없는 말의 논쟁만 있을 뿐이다. 왜냐하면 사람은 저마다 다른 생각의 논리를 가지고 있기 때문이다. 불성화는 머리로 하는 것이 아니라 마음으로 하는 것이며, 반드시 현실로 나타난다. 부처님 가르침은 언제든지 순간순간 부지불식간에 나타난다. 그렇게 배우고, 그것을 바탕으로 스스로 고쳐가면서 실천해야 한다. 올바른 수행은 계산이 아니라, 믿음으로 해야 한다.

부처님 가르침은, 자연의 이치와 법, 진리가 그렇듯이, 지극히 간단하고 명료하다. 그것은 어떤 경전이나 어느 유명한 선사의 말이 아니라, 마음에서 마음으로 전해질 뿐이다. 어렵겠지만 각자 가보아야 알 수 있으며, 가 본만큼만 알아차릴 뿐이다.

그것이 마음에서 마음으로 전해진다고 하니, 아직 덜된 나의 수준과 기준에서 그렇게 해보려고 한다. 그러나 인간의 관점으로는 그렇게 할 수 없다. 자연의 관점에서 바라보고, 이치에 따라 이해해야,

그 말의 본질을 알 수 있다.

120% 의심해서 아니라는 생각이 들면 그 순간 하지 말아야 한다. 의심 없는 수행이라면 그것은 뭔가 되겠지 하는 요행이나 기복적 사고이며, 맹신이 될 수 있다. 그러므로 마땅히 경계해야 한다. 끊임없는 의심만이 나를 앞으로 가게 할 수 있다. 그것은 일상생활 속 각자의 직업전선에서도 마찬가지다.

자연에 어긋나 나타나는 현상, 또는 내가 잘못을 저질러 받게 되는 것들은 반드시 우연으로 가장하여 필연으로 알게 모르게 나타난다. 힘들고 어렵고 아픈 것 등등 모든 것들이 무엇으로부터 비롯된 것인지 잘 알 수 없는 경우가 대부분이다. 분명한 사실은 인간의 사소한 욕심과 무지로부터 시작된다는 것이다. 인간은 결코 알 수 없다. 순간순간 최선을 다하는 수밖에 없다는 사실도 올바른 수행을 통해 결국에는 깨닫게 된다.

어떤 사람은 전생을 본다고 하고, 어떤 사람은 뭔가 미래를 예견한다고 한다. 거기에는 지금 이 순간에 나에게 이득이 되거나 실용적인 것은 하나도 없다. 인간은 순간순간 최선을 다해 두 손과 두 발을 사용해 움직여 뭔가를 하도록 만들어졌다. 부처님 가르침의 핵심은 지금 이 순간 최선을 다하는 것이며, 순간순간, 즉시즉시, 추세 부응을 하는 것이다. 왜냐하면 그게 나를 올바른 길로 이끌어 잘살도록 만들기 때문이다.

우주자연의 시스템은 본래 인간의 태어나기 전과 죽은 후의 상황을 막아놓았다. 모르는 게 정상이다. 인간은 그렇게 프로그램되어 있다. 사람의 업은 지금 현생에서 살아가는 것을 말한다. 마지막 갈 때는 각자 평생 지어 놓은 대로 다 쓰고 간다. 인간은 자연의 파장 시스템에 의한 생성, 변화, 소멸로 왔다가 사라진다.

■ 사람들은 모든 것들에 너무 심오하게 고차원적으로 달려드는 경향이 있다. 자연의 이치와 법, 진리는 지극히 간단, 명료하기에 깨달음 공부에서 뭔가 신통방통한 것을 찾는다든지, 뭔가 특별한 정신세계를 찾는다는 둥 너무 심오하게, 너무 과욕에 넘쳐 할 게 없다는 것을 이야기하고 있다. "우주창조의 원리와 파장(빛) 시스템에 의한 생성, 변화, 소멸의 이해"의 그림은 수행의 바른길 1, 2, 3, 4편의 전체 내용을 하나의 그림으로 압축하여 나타냄으로써 우주 자연이 창조된 원리와 파장(빛) 시스템에 의한 생성, 변화, 소멸이라는 하나의 이치로 통한다는 것을 이해해 보았다. (참조_『수행의 바른길 4편』 제3장 삶의 창조〈출간예정〉)

사람인 이상, 평상시에 고쳐 나가는 것이 가장 중요하다. 고친다는 것은 자아성찰을 말한다. 그 속에는 잘못을 되풀이하지 않겠다는 스스로와의 약속이 있고 자신이 믿는 신과의 약속도 있다. 그게 계나 계율이 되는 것이며, 그것의 본질은 마음이다. 남이 만든 것을 지키는 것은 올바른 수행의 본질과 거리가 멀다.

신의 가르침은 우주자연의 사랑(기운, 파장, 빛) 속에서 스스로 하는 공부이며, 우주자연이 이끌어 줘야 한다. 그렇기에 믿음의 공부이며, 마음공부이고, 깨달음의 공부라고 한다.

기도 속 올바른 실천이란 불교에서의 공(불성)을 통한 육바라밀, 혹은 기독교의 성령을 통한 십계명의 실천과 같다. 하지만 그 이전에 불성화 혹은 성령화가 체득될 수 있어야 한다.

대부분의 사람들이 종교적으로 혹은 학문적으로 다양하게 표현하고 설명하지만 실상 그 기본이 되는 이치는 똑같다.

불성화 혹은 성령화을 온전히 체험하게 되면, 무슨 주문을 외운다든지, 뭔가를 보면서 거기에 빠져든다든지, 뭔가 범상치 않은 행동을 한다든지, 뭔가를 끊임없이 되풀이하면서 두드리거나 반복된 행위를 한다든지, 누군가 나타나서 이야기를 해준다든지, 뭔가를 받아서 적는다든지 등의 수행을 할 필요가 없다는 사실과 원인을 이치를 통해 깨닫게 된다. 일반 사람들이 볼 수 없는 어떤 현상들을 보거나 듣거나 하는 등은 두 손, 두 발로 움직여 살아가는 인간을 위한 올바른 실천과는 거리가 멀다. 그러한 모든 행위들은 결국 자연에 위배된다.

하지만 수행의 과정 중 위와 같은 상황들이 때때로 순간 중요한 체험이 되기도 하고, 사람에 따라 그렇게 거쳐 가기도 하지만, 스스로 하지 말아야 할 것과 해야 할 것을 분명히 구분할 수 있어야 한다. 항상 깨어있어야 하는 이유이기도 하다.

■ 기도나 명상, 참선을 통해 크게 깨닫는다는 것은,

▶ 삼라만상 모든 것이 존재하고 보이는 것은 우주자연의 본래의 기운에서 비롯된다. 그것을 불교에서는 불성이며,

기독교에서 성령이 그것이라고 보면 된다.

즉 '존재하고 있는 그 자체를 아는 것'이 첫 번째라면,

▶ 두 번째는 그것이 나의 마음속에 깃들어 있으니, '나 스스로 찾아서 깨달아야 함'을 아는 것이며,

▶ 결국 그것은 나에게 문제가 있으니, 내가 깨달아야 한다는 것을 알게 되어 나의 '본래 마음자리'를 알아차리게 되는 것,

그것이 크게 깨닫게 되는 것이다.

굳이 순서를 구분할 필요는 없으나, 이해하기 쉽게 표현해 보았다.

조금 다르게 표현해 보자면, 먼저 본래의 마음자리,

즉 본성이란 내 마음속에 있으니,

첫째, 내가 그것을 깨달아야 하며
둘째, 그것이 내 마음속에 있다는 것을 알게 되면,
우주자연의 마음(불성 또는 성령 등)을 깨닫게 되며,
셋째, 결국에는 삼라만상 모든 것과 세상 사람들 모두가
하나로 연결되어 있다는 것을 알게 된다는 것이다.

이렇게 저렇게 표현할 수 있으나, 결국 다 똑같다. 단지 위의 내용을 이해해서 아는 것과 터득해서 깨닫는 것은 하늘 땅 차이다.

기도나 명상, 참선 등을 통해 크게 깨닫기도 하나, 반드시 일상생활에서 사람들과의 관계가 그 바탕에 있다. 그것은 이제 올바른 실천을 할 수 있는 기반을 갖춘다는 것이다.

여기서 호흡을 더 잘 운용할 수 있다면 각자의 생활 속 실천에서 좀 더 유용하게 보탬이 된다. 호흡은 에너지를 24시간 만들고 써야만 하는 인간 몸 기계를 잘 운용하고 관리할 수 있는 중요한 바탕이 되기 때문이다.

수행하는 모든 법에 있어서, 잘할 수 없다는 것은, 내가 뭔가를 주도하려 하기 때문이다. 호흡도 마찬가지다. 일반적으로 행하고 있는 호흡법도 그 종류가 많지만, 사실은 아주 간단하고 명료하다. 그냥 자연스레 하면 된다.

단 불성 혹은 성령을 알고 체득하여, 자기화하고 실용화할 수 있게 됨에 따라, 그냥 자연스럽게 호흡을 하면 된다. 그렇게 하면서 호흡의 중요성을 더욱더 실감하게 되며, 수행에 도움을 확연히 준다는 사실 또한 알아차리게 된다.

올바른 수행의 과정을 통해 호흡이 우리 몸의 빛 또는 에너지와 아주 밀접한 관계가 있다는 사실을 알 수 있다. 또한 빛이라는 것을 알고 느끼며, 보게 될 때, 시간이 감에 따라 좀 더 확연하게 알게 되는 것들이 점차로 늘어난다. 수행의 바른길에서는 육체라는 몸 기계의 안팎과 주변으로 흐르는 기운을 보거나 느끼는 것도 중요한 사실이 될 수 있다는 것도 깨닫게 된다.

참고로 해외에서는 무술수련에서 아래 세 가지를 항상 기본적으로 강조하면서 정신적, 육체적 수련을 이끌어가고 있다.

첫 번째, 마음을 편하게 하고, 기운을 느껴라.

(Relax, and Feel the energy)

두 번째, 집중해서 봐라.

(Focus, and see it).

세 번째, 깨달았다면, 실천해라.

(Realize, and do it)

4) 우주자연의 공평한 마음과 몸 기계 작동 시스템의 이해

자연의 이치와 법, 진리는 유사 이래 변하지 않는 것이며, 모든 종교와 철학, 인문학의 바탕이 되고 있다. 아는 사람은 알고 가지만, 모르는 사람은 평생 알 길이 없다.

이것을 바탕으로 이해하고, 많은 생각을 통해 깨달을 수 있다면, 각자 깨달으며 '하고자 하는바' 혹은 '나타내고자 하는 것들'에 대해 무수히 다양하게 표현할 수 있고, 각자의 실생활에서 실용적인 사용을 위한 '자기화'가 가능하게 된다.

누구는 가정주부로서, 누구는 사업가로서, 또는 정치, 예술, 교육, 과학 등등 사회 전반과 자기가 속한 일선 현장에서 적용할 수 있게 된다. 그러면서 의식의 변화와 혁신, 창의를 통해 각자 삶의 질을 높여가며, 건강하고 행복하게 잘 살아갈 수 있다.

올바른 실천을 통해
사는 동안
삶의 질 향상과
스스로를 위해 성숙하고 발전하는 것을 말한다.

우리 인간을 움직이고, 모든 만물을 움직이며, 통제하고 조정하는 그 실체를 모른다거나 인식하려고 하지 않는 것은 자식이 부모를 모른다는 것과 같다. 왜냐하면 인간은 거기서 나왔고, 거기로 돌아가야 하기 때문이다. 인식하지 못하면서 다시 돌아간다는 것은 어불성설이다. 인간적인 생각으로는 분명히 한계가 있으나, 이치를 더듬어 충분히 가늠할 수 있다. 그게 공부해야 하는 이유다.

우주자연이란 그 자체가 이치이며, 법이고 진리이다. 그것은 순수한 기운 그 자체인 에너지 덩어리이며, 빛이고 파장이며, 우리를 살리는 원동력이다. 그러므로 그것을 따라가며 순응해야 자연스럽게 잘살 수 있다. 그것을 우리는 신이라고도 하며, 종교에 따라 부처님 혹은 하느님 등으로 표현한다.

본인이 여기서 아무리 뭔가를 깨달아 특별한 이야기를 하더라도, 그것은 인간 유사 이래 수많은 선각자가 이미 알고 지나갔던 것이다. 여기서 필자가 언급하는 것은 극히 적은 일부분일 뿐이다. 단지 지금 이 시대 이 시간에 맞추어진 일반 사람들의 가치관과 그 수준에 맞추어 설명하고, 표현하려 노력할 뿐이다.

본 책에서는 우주자연을 하나의 원으로 나타내거나, 그냥 신 혹은 부처님, 하느님으로 표기하고 있다. 종교적인 예도 수없이 들었다. 그러나 깨달음이란 자신의 기존상식을 벗어나야 하며, 처음 시작의 바탕이 되었던 종교 혹은 철학, 그 무엇이든 각자가 가지는 기존의식의 울타리를 넘어서야 올바르게 깨닫고, 자신을 발전시킬 수 있다. 자기 우물 속에 여전히 머물고 있다면 그 안에서 아무리 최선을 다해도 다람쥐 쳇바퀴 돌리듯 그냥 그렇게 갈 뿐이다.

우주자연 그 자체가 이치와 법이며 진리이며, 순수한 에너지이다. 좋고 어진 마음과 참되고 진실한 마음이 거기서 나온다. 신은 지극히 공정하며, 공평하다고 하는데, 우리 인간에게 사랑을 공평하게 주시는 것이 아니라, 참되고 어진 마음과 이기적이고 나쁜 마음을 함께 공평하게 주시고 계신다는 뜻이다. 이것을 이치를 통해 바로 알아차릴 수 있어야 한다.

인생 그 자체가 수행이고, 마음공부이며, 도, 즉 평상심으로 표현될 수 있다. 그 속에서 무엇을 하든 내 마음먹기에 달렸다. 둘 중에 하나다. 좋고 나쁨의 갈림길, 혹은 옳고 그름의 분기점. 나의 마음이 어디로 튀는지 상황에 따라 내가 선택하는 대로, 마음먹은 대로 갈 수 있다. 그게 인간 몸 기계가 작동하는 시스템이다. 알면 참 쉬울 수도 있으나, 모르면 끝없이 오묘하고 신비하게 여겨질 수밖에 없다.

3 장

일상생활을 통한 올바른 실천

공(空) - 내가 없는 곳(무아無我)

믿음 - 삶의 경험에서 나온다

걸림 없이 자연스럽게 사는 삶
- 자연에 순응하는 삶

이 시대에는 이미 수많은 정보검색과 공유가 클릭 한 번으로 가능하다. 하나의 빅 데이터가 많은 것을 종속하고 주관한다. 과거에는 돈 많고 힘이 있는 곳으로 많은 것들이 모였다면 지금은 데이터의 양이 우선이 되며, 누가 그것을 적재적소에 잘 연결하여 유용하게 쓰느냐가 관건이다. 한 손에 다 들어있다.

기존 종교와 철학이 현대인들의 지적, 정신적 가치관에 도움을 주기 위해 무엇을 할 것인지 좀 더 다양해져야 하며, 생활 속 실용적인 깨우침을 줘야 한다. 왜냐하면 각자 가정과 생활 최전선에서, 지극히 공정하고, 치우침이 없이 공평해야 하며, 있는 그대로 볼 수 있어야 하기 때문이다. 또한 실생활 속에서 어떻게 해야 좀 더 효율적이며, 좀 더 실용적으로 실천을 하느냐가 관건이다. 그것이 나의 의식에 변화를 주고 혁신과 창의를 가져오며, 그것을 통해 상호 공유하면서 자신을 성숙, 발전하게 만든다. 잘살기 위한 필수조건이다.

그래서 그것은 반드시 지극히 현실적이어야 하며, 객관적이며, 보편타당해야 한다. 깨달음이라는 것이 자기 실생활을 벗어나 비현실적이거나, 기복적이거나, 추상적, 신비적으로 비추어진다면 그것은 결코 올바른 것이 될 수 없다. 최선을 다한다고 하나, 자기 우물 속 자기화, 혹은 자기 세계를 만드는 것을 1권에서는 '샛길' 혹은 '무당화'라고 표현했다.

인간으로서 하나의 육체를 빌려 살아가는 지금, 우리가 우주자연 속 먼지보다 작은 하나의 개체라는 실상을 깨닫게 되면, 나 자신과 주변의 많은 것들이 나의 마음속에 새롭게 자리 잡는다. 그것을 알기 위해서는 뭔가를 하고자 하는 마음, 즉 터득하고자 하는 마음이 우선되어야 하는데, 그것이 시작이고, 기본이다.

인간의 삶 자체가 수행이고, 수양이며, 도다. 먼저 나의 마음을 키우고, 나의 마음이 순간순간 어디로 튀는지 알아차릴 수 있어야 하기에 '마음공부'다. 이를 통해 나 자신과 주변을 알아차리고 생각이 빨리 돌아가야 하니 지혜가 필요하기에 '지혜의 공부'다. 잠시도 멈춤이 없는 현상계의 변화를 순간순간 깨달아 추세 부응을 잘하고, 자연에 순응을 할 수 있어야 하니 '깨달음의 공부'다. 그 모든 것들을 잘 이끌어 나갈 수 있도록 원동력이 되는 힘을 끊임없이 만들어 가야 하니 '믿음의 공부'라고도 한다.

하지만 공부의 본질은 '마음'이다. 마음은 육체가 살아있는 이상, 순간순간 변화하고 튀도록 만들어졌다. 평상심 속에서 부족함과 잘못을 스스로 잘 고쳐나가면서 최선을 다할 때, 사는 동안 내가 하고자 하는바, 얻고자 하는바, 필요로 하는 바를 가지게 되는 것이다.

사람의 공부는 마음에서 마음으로 연결되며, 이 육체가 자연으로 돌아갈 때 역시 마음 하나만 남는다. 결국 마지막 내가 가져갈 수 있는 것은 얼마나 진실하게 낮추어가면서 잘살았는지 보여줄 '나의 마음'과 본래 자연으로부터 가져왔던 '본성'이다. 그게 내가 본래 왔던 우주자연 앞에서 보일 수 있는 성적표이며, 믿음이다.

그것은 현실에서 나를 잘살도록 하는 것이며, 죽어서는 내가 갈 다음 목적지가 정해질 티켓이라고 한다면 좀 과장된 표현일까. 본 책에서는 그것을 깨닫게 함으로써 각자 일상생활에서 올바르게 실천하여 건강하고 행복하며 잘살도록 하는 이치와 그 방법을 설명하고자 한다.

일상생활에서 얻을 수 있는 깨달음을 어떻게 하면 좀 더 효과적으로, 그리고 좀 더 실용적으로 잘 쓸 수 있는지 독자들로 하여금 많은 생각과 좋은 고민을 이끌어 내도록 하는 안내자 역할이 되도록 노력하였다.

판단은 각자가 하는 것이며, 본래 깨달아 가는 공부는 혼자 스스로 할 수밖에 없다. 아무리 내가 사랑하는 부모 형제라도 깨달음의 공부만큼은 함께할 수 없다. 그것은 각자가 하는 마음의 공부이며, 각자 스스로 하는 공부이기 때문이다.

육체를 빌려 나온 인간으로서 어떻게 살아야 하며, 어떻게 깨우치고 공부하는 것이 올바른지, 처음과 끝을 이치에 따라 합당하게 이해할 수 있게 되면 '하지 않아야 될 일'과 '진실이 아닌 일'들에 시간과 노력을 헛되이 들이지 않게 된다.

1) 공(空) - 내가 없는 곳(무아無我)

공(空)은 무아(無我) 혹은 무(無)라고 표현할 수도 있다. 올바른 실천의 바탕이 되며, 여기서 모든 것들이 나오기에 한 번 더 간단하게 짚어보기로 한다. 공이란 우주자연 그 자체를 표현한 것으로 보이지 않으며, 그 실체를 가늠할 수 없는 무한대이다. 공으로 표현하나, 실제는 순수한 기운으로 가득 차 있다. 그것을 빛, 파장, 사랑으로 표현하기도 한다.

빛은 쉽게 볼 수도 있고, 느낄 수도 있다. 우주자연, 부처님, 하느님, 신이라는 단어를 사용하기는 하나 현상계 속에 존재하는 인간으로서 그것을 표현하는 데에는 한계가 있으며, 아무리 깨우쳤다 해도 사과에 바늘 하나 찌른 만큼의 의미도 없다. 현상계에 존재하는 지극히 작은 하나의 개체로서 절대계를 이렇게 저렇게 표현한다는 자체가 어쩌면 어불성설일 수 있다.

공(空)이란 본래 마음자리가 나온 (인간 의식의)뿌리로 표현할 수도 있으며, 무아란 인간의식 기준으로 표현된, 내가 없어진 그곳을 말한다. 열반이나 견성, 해탈, 반야, 불성에서도 그 바탕이 되는 본질은 다 같다. 본래 마음자리, 즉 본성이다. 다른 말로 참나, 진아, 일심, 진여, 신성 등으로 표현하기도 한다. 그것의 본질은 '내가 없어진 것', '존재 자체'를 의미한다.

그래서 깨달음 공부란

나를 버리고, 없애는 것이 우선 될 수밖에 없다.

열반, 해탈, 견성, 불성, 반야의 공통점은 내가 거기에 없다는 것이다.

즉 자기 우물 속에서 벗어나,

순간순간 나를 없애고 버릴 수 있을 때,

머물 수 있는 곳을 말하며,

인간 각자의 믿음의 실체,

부처님 하느님을 평생 찾아야 하는 이유다.

그게 살길이기 때문이다.

나뭇잎이 나뭇가지에 붙어있지 않으면 죽는 것과 마찬가지다. 그냥 이치를 통해 안다는 것과 직접 수시로 반복되는 체험을 통해서 깨닫는 것과는 확연한 차이가 있다. 되풀이되는 체험을 통해 시간이 더해감에 따라 더욱더 절실하고, 정말 간절하게 느끼기도 하면서, 아주 조금씩 알아가게 되어 있다.

공(空)이란 반드시 체험을 통해서만 알아차릴 수 있기에 아주 쉽고 간단하며, 즉석에서 깨달을 수도 있다. 만일 우물 속 개구리처럼 자기 생각만으로 가득 차 있다면 한평생 수행해도, 그것을 알아차리기는 어렵다.

그것을 알아차리고 올바르게 실천해 나갈 수 있을 때, 각자의 착각과 허상 속에서 허황되고 엉뚱하게 찾던 많은 것들이 명명백백하게 밝혀진다. 또한 기존 상식과 잘못된 종교적 믿음의 틀에서 벗어날 수도 있다. 그것은 나를 더욱더 자연스럽게 만들며, 걸리는 부분이 없게 되고, 더욱더 여유로운 삶을 영위하게 된다. 결국 건강하고, 행복하며, 깨달음도 가지고, 돈도 벌고, 잘살게 된다는 말이다. 그게 공부하는 이유이며, 살아가는 궁극적 목적도 알아야 하는 이유다.

2) 믿음 – 삶의 경험에서 나온다

'믿음'이란 단어에 대한 의미를 이치에 따라 폭넓게 이해하지 못하면, 아무리 힘들게 공부해서 뭔가를 안다고 하더라도, 그것을 자기화하고, 실생활을 통해 실용적으로 쓰기 쉽지 않다. 믿음은 사는 동안 자신을 여유롭고 윤택하게 만드는 원동력이다. 그러므로 생의 마지막까지 끊임없이 만들어 가야 한다.

그게 좋은 인연의 복을 만들어 일용할 양식이 되며, 내가 사는 동안 다 쓰고 간다. 하지만 그러한 과정 속에 순간순간 나타났던 깨달음과 사랑은 내가 행한 만큼 남게 된다. 그것을 향기라고도 표현한다. 육체를 빌려 이 세상에 나와 그 육체가 다할 때까지 만들어낸 성적표이기도 하다.

믿음은 자연의 순수한 사랑이 담긴 마음의 그릇으로 표현하기도 한다. 최고의 믿음을 가리키는 인간 의식 속의 표현은 완벽한 믿음 혹은 절대적 믿음, 혹은 목숨을 내어놓을 정도의 믿음 등이다.

믿음의 기본바탕이 사랑이다. 믿음은 곧 사랑이 되며, 믿는 만큼 깨달음을 가질 수 있으니 믿음은 깨달음이기도 하다. 믿음은 그 실체가 자연이며, 믿는 만큼 현실 속에서 소망이 이루어지도록 한다.

믿음은 자연과 한 약속, 혹은 각자가 믿는 신과의 약속 등으로 표현할 수 있다. 이밖에도 그때그때 상황에 따라 다양한 설명과 표현으로 나타낼 수 있다.

이러한 기본적인 내용을 바탕으로, 믿음의 본질을 알아차리게 되면, 상황이나 각자의 생각에 따라 무수히 다양하게 표현할 수 있으며, 능력에 따라 상황에 부합하는 설명을 그때그때 적절하게 나타낼 수 있다.

공(空), 혹은 무아(無我)의 이치를 완전히 이해하고, 몸으로 불성화를 체득하게 될 때, 올바른 실천이 시작되며, 올바른 믿음이 쌓이게 된다. 불교의 육바라밀이나 팔정도, 기독교의 십계명을 지키고 잘 실천하더라도, 공(불성 혹은 성령)을 올바르게 터득하지 못하는 경우가 허다하다. 하지만 어느 순간 즉시 마음이 튀어 크게 알아차리게 될 수도 있다. 그게 '믿음'이다.

믿음이란
말과 생각과 행동의 결과로서, 생활실천 성적표다.
이치에 따라 참뜻을 이해하면,
아주 광범위하게 설명하고 표현할 수 있게 된다.

■ 믿음은 하루아침에 생기는 것이 아니다

믿음의 크기는 사는 동안 각자가 행한 말과 생각과 행동에 달렸다. 각자가 현실 속에서 한 행동이 각자의 믿음으로 나타난다. 많은 시간과 많은 사람과의 만남, 다양한 경험 속에 만들어진다. 믿음을 쌓는 과정은 절대 쉽지 않다.

그래서 믿음은
'삶의 경험'에서 나온다고 하였다.

믿음이란, 아주 흔하게 자주 사용하는 말이다. 믿음을 이치에 따라 이해하지 못하면, 그것은 장님 코끼리 만지는 것과 다르지 않다. 아주 초보적인 것에서도 믿음의 한계가 그대로 드러날 수밖에 없다.

일상생활에서 대상을 있는 그대로 볼 수 있을 때 나를 버리게 되며, 그렇게 보고 생각할 수 있는 것을 그대로 믿으면 된다는 말이다. 있는 그대로 보는 행위에는 내가 들어가 있지 않다. 편견이 없기에, 믿음 혹은 불심이 생기며, 자연에 올곧게 순응할 수 있게 된다. 그 결과 자연과의 합일(불성화 혹은 성령화)이 되니, 거기에는 자기 집착이나 아집, 이기적 마음, 아상 등이 없게 되어, 자신을 올바른 길로 끌고 가는 중도(中道) 혹은 정도(正道)가 가능하다.

따라서 내 생각이 들어있지 않는 공정한 마음과 치우치지 않은 마음으로 대상을 있는 그대로 볼 수 있다면, 올바른 믿음을 쌓아갈 수가 있으며, 그것을 바탕으로 올바르게 갈 수 있다는 말이다.

믿음은 신과의 약속이다. 이것을 좀 더 자세히 설명하기 위해 많은 표현을 할 수 있으나 각자 공부한 만큼 이에 대해 생각해 볼 수 있다. 믿음은 사랑이며, 깨달음이고, 빛이며, 자연이 주는 기운이고, 파장이다. 믿음은 사랑과 그 본질이 같기에 인간이 우주자연, 부처님, 하느님의 사랑을 담을 수 있는 마음의 그릇으로 표현하기도 한다.

즉 그것은 행동을 통해 나타나는 것이기에 실생활 속 잘못된 것을 고쳐야 올바른 길로 갈 수 있게 된다. 그것을 고치기 위해서는 자아성찰로 자신을 잘 살피고, 항상 감사와 반성과 다짐을 반복한다. 잘못하거나 부족한 부분을 다시 되풀이되지 않기 위해 신 앞에서 반성하고 다짐한다.

그래서 믿음은
'신과의 약속'이 된다.

믿음이란 사는 동안 좋은 파장 속에 머물게 하며, 사람, 물건, 음식 등 모든 것에서 좋은 인연의 복을 맺도록 하여, 건강하고 행복하며 여유롭게 잘살게 한다.

결국 믿음과 사랑을 키우는 것은
건강하고 행복하게
잘살도록 하는 것이다.

공부하는 것은
믿음을 키우는 것이며,
신과의 만남이고, 약속이다.

공부는 일상생활에서 말과 생각과 행동으로 하는 것이다. 한편 기도나 명상, 참선 등은 나 자신뿐만 아니라 나와 관계 맺고 있는 주변을 잘 뒤돌아볼 수 있게 함으로써 나의 삶을 더욱더 여유롭고 풍요롭게 만들어 준다.

그래서 기도나 명상, 참선, 좌선 등은 공부를 잘해 나갈 수 있는 바탕이 된다. 기도를 하며, 상식 밖의 비현실적인 것에서 뭔가를 해 보려고 하면 샛길에 빠지기 쉽다. 아무리 많이 배우고 안다 해도 뭔가를 하면서 그것이 비현실적이거나 비상식적이라면 용쓰고, 호들갑 떨며, 심오하게 뭔가를 추구하는 모습을 보이게 된다. 그냥 자연스럽게 있는 그대로만 하면 될 기도나 명상, 참선은 반드시 감사, 반성, 다짐이 바탕이 되어야 한다. 그것은 공부를 잘해나갈 수 있도록 살피는 데, 도움을 주기 때문이다.

올바른 공부란 올바른 실천을 말한다. 거기에는 오묘하거나, 신비한 것은 없다. 만약 그 속에서 신통방통한 것을 찾는다면, 그것은 욕심이며, 무지일 뿐이다. 뭔가 이루어지길 빈다거나, 뭔가 가지기를 소망한다거나 등의 것들도 기복적이며 미신에 가까운 것이다.

'믿음'이나 '기도'는
일상생활에서 올바르게 행동하기 위한
가장 기본적 바탕이 되는 것으로 매우 중요하다.

■ 향기 있는 사람이란

우리가 살아가는 그 자체가 업이며, 공부이며, 수행이다. 수행의 길이란 자신을 낮추고, 각자의 마음을 닦는 일이다. 필요 없는 것을 없애고, 나를 낮추어야, 올바른 공부이며, 사랑도 키울 수 있게 된다.

공부는 사는 동안 일상생활에서 자신을 올바른 곳으로 몰고 갈 수 있게 한다. 공부하는 것의 궁극적인 목적은 사랑을 키우는 것이며, 믿음과도 이어진다. 사람의 향기도 공부하는 과정에서 드러난다. 신은 인간의 깨달음과 사랑하는 마음만을 본다. 인간의 육체는 결국 사라지지만, 마지막에는 향기를 남길 수 있어야 한다.

사는 동안 매 순간 올바른 마음가짐으로 공부하고, 올바르게 믿음과 사랑을 키워갈 때, 그 올바른 정도와 수준에 따라 건강과 행복, 특별한 능력을 덤으로 가지게 된다. 그래서 나의 삶을 좀 더 여유롭고, 풍족하게 만들 수 있게 된다. 공부하는 과정에서 삶의 질이 향상된다.

뭔가 깨우치기 위해 다리 꼬고 앉아서 남이 주는 밥만 먹으며, 선정을 한답시고 혼자서 지낸다면 거기에는 아무것도 없다. 결국 최악의 궁핍한 생활을 면치 못하며, 삶의 질 향상은 찾아볼 수 없게 된다.

우주자연의 가르침, 즉 신의 가르침은 자연의 파장을 통하여 온다. 이것은 실생활에서 인간을 스스로 낮추게 하면서, 필요 없는 것을 하지 않도록 하며, 기존 의식의 틀에 변화가 오도록 만든다.

불교에서는 반드시 부처님을 알아야 하며,
(불성화),
기독교에서는 하느님을 반드시 아는 것이,
(성령화)
올바른 실천을 위한 일이다.
그것은 공부의 기본 바탕이며,
나를 좋고 올바른 곳으로 이끌어 간다.

자연의 가르침은 내 생각을 바꾸어 깨달음에 이르도록 하며, 일상생활 속에서 사랑을 키우고, 향기를 만드는 일의 바탕이 된다. 기본을 바탕으로 한 이치에 따른 참뜻 이해를 통해 자연에 잘 순응할 수 있고, 부처님 하느님을 잘 따라갈 수 있을 때, 건강과 행복을 덤으로 얻게 된다.

게다가 자신과 남에게도 베풀 수 있는 능력도 각자가 노력한 만큼 가질 수 있게 되며, 필요에 따라 주어진다. 그것을 부처님께서 주신 '가피' 또는 하느님께서 내려주시는 '은총' 등으로 표현한다. 본래 마음자리를 찾는 올바른 길에서 벗어나, 자칫 샛길에서 많은 시간과 노력을 허비할 수도 있다. 그러나 가장 기본적인 자연의 이치를 체득하면 절대 샛길로 빠질 이유가 없다. 그것은 불성화와 성령화의 이치이며, 올바르게 깨달아 가는 이치와 법을 말한다.

향기가 나는 사람이 된다는 것은 깨달아 가는 사람이 되는 것을 말한다. 여기서 깨달아 가는 사람이란 사랑을 키워가는 사람이다. 사는 동안 각자 일상생활을 하면서 사람들 무리 속에서 부딪치면서, 믿음과 사랑을 키우고, 좋고 많은 인연의 복을 만들어 잘살게 한다.

육체가 없어지면, 올바르게 행한 말과 생각과 행동을 통해 만들어진 사랑, 즉 향기만 남는다. 그것은 자연으로부터 받은 능력, 건강, 행복 등과 같은 것이다. 결국 올바른 공부를 통해 올바른 길로 가게 되면, 이러한 것들을 파생적으로 받는다.

향기 나는 사람이란, 사는 동안 각자가 만든 만큼, 행한 만큼, 최선을 다한 만큼, 얻은 깨달음과 사랑을 가지고, 건강하고 행복하고 여유롭게 잘사는 사람을 의미한다. 육체가 다했을 때에도 살아생전 쌓아놓은 향기, 즉 사랑은 여전히 남는다. 사는 동안 인간이 깨달음 공부를 해야 하는 이유다.

기왕 향기라는 말이 나왔으니, 수타니파타에서 나오는 수행자의 길에 대한 내용을 지금의 현실에 맞게 해석해 보고자 한다. 그것을 읽은 사람들 대부분이 무소라는 강하고 큰 동물에 주목한다. 그것은 그 글에서 나타내고자 하는 핵심과 거리가 멀게 되며, 그 핵심은 뿔이 가진 의미에 내재하여 있다. 거기서는 무소처럼 가라고 한 것이 아니라, 무소의 뿔처럼 가라고 한다. 그런데 무소의 뿔 그 자체는 어디로 갈 수 있는 방향성이 없다. 그 말의 본뜻은 뿔의 의미에 함축돼 있다.

코뿔소 뿔은 두 개도 있고, 한 개도 있다. 그 당시의 뿔은 아주 귀하고 비싼 물건이었다. 코뿔소는 죽어서도 뿔을 남기어 많은 사람들에게 보탬이 되었다. 앞서 말했지만 '무소의 뿔처럼 가라'는 말의 본질은 '무소'에 있는 것이 아니라 '뿔'에 있다. 즉 '향기'를 남기라는 말이다. 아래와 같이 원문과 한글해석을 놓고 한 구절씩 설명해 보았다.

如獅子聲不驚　사자처럼 소리에 놀라지 말고
如風不繫於網　바람처럼 그물에 걸리지 말고
如蓮花不染塵　연꽃처럼 진흙에 물들지 말고
如犀角獨步行　무소의 뿔처럼 혼자 걸어가라

– 수타니파타(Suttanipata) 중에서

■ 소리에 놀라지 않는 사자처럼

사자는 밀림의 왕이지만, 아무리 작은 소리가 나도 납작 엎드려 주위를 살핀다. 즉 이 말은, '예쁘게 낮추어가라.' 혹은 '항상 깨어있어라'라는 의미다.

■ 그물에 걸리지 않는 바람처럼

바람은 어떠한 장애물도 피해가려고 하지 않는다. 즉 '그물에 걸리지 않는다'란 '추세 부응하라'는 뜻이며, '용의주도하라'는 의미도 내포되어 있으며 '자연스럽게 걸림 없이 가라'는 말이다. 자연에 순응한다는 의미가 함축되어 있다.

■ 진흙에 더럽히지 않는 연꽃처럼

연꽃의 위와 아래는 분명하게 구분된다. 즉 더러움과 섞이지 않는다는 것으로 '불의에 타협하지 마라'는 뜻이며, '어리석은 행동 마라'라는 의미가 내재되어 있다.

■ 무소의 뿔처럼 혼자서 가라.

'향기를 남겨라' 혹은 '귀감이 되라'라는 의미다.

그 시대에는 무소가 가격이 비싼 뿔을 남기고 죽어서, 사람들에게 경제적 가치를 주었다. 이를 수행의 과정에 견준다면, 어떤 이가 한 생애의 마지막에 깨달음과 사랑, 즉 향기를 남기는 것이다. 상기 내용을 그 시대에 표현된 대로 이해하고, 이 시대에 맞는 적절한 표현으로 바꿔 보았다.

필자가 위에서 설명한 것을 인터넷과 많은 책에 해석된 여러 가지 내용과 비교해 보면서, 각자 다양하게 생각할 수 있을 것이다. 깨달음의 수행 공부에서는 어떤 것이 맞고, 안 맞는지 살피는 것도 필요하겠지만, 결국 모든 것은 하나의 이치로 돌아간다는 것을 깨달아 가는 것이 가장 중요하다. 왜냐하면, 그게 나를 앞으로 가도록 기회와 지혜를 만들어 스스로 이끌어 가도록 하기 때문이다.

■ 믿음은 어느 코드든 다 맞게 되어 있다

믿는다는 것은 깨달아 가는 것으로, 주변에 잘 동화하며 추세 부응을 잘해 나간다는 의미이다. 즉 믿음은 깨달음이며, 사랑 그 자체이기에 어느 코드에도 다 맞을 수밖에 없다.

흔히 믿음이라는 단어를 쉽게 사용하지만, 각자 일상생활에서 행하는 말과 행동, 생각에서 드러나는 믿음의 수준과 정도는 실로 다양하다. 그런데 무엇보다도 믿음의 실체를 바로 아는 것이 우선되어야 한다. 수행자가 올바른 길을 가기 위해서는 가장 기본이 되는 생각과 개념이 탄탄하게 자리 잡고 있어야 올바른 판단을 할 수가 있으며, 샛길로 빠지지 않는다.

내 믿음의 실체를 깨달아서, 그것이 자기화되고 일상생활에서 실용적으로 쓸 수 있을 때, 믿음이 현실로 다가오게 된다. 실제로 믿음을 표현하는 데 말로만, 혹은 글로만 표현한다는 것은 자칫 나 자신이 가진 믿음의 수준과 정도를 그대로 밖으로 드러내는 것이기에 절대 쉽지 않은 부분이다.

공부는 항상 기본적인 생각과 개념에 충실할 때 진실하고 참된 믿음이 나타난다. 믿음을 가져야겠다는 그 자체의 의지만으로는 충분하지 않다. 이것은 이치로 따지면 금방 알게 된다.

내게 올바른 믿음이 있는지 없는지 단번에 알아차릴 수도 있다. 올바르고 진실한 믿음은 어느 코드에든 다 맞게 되어 있다. 다른 사람과 부딪쳤을 때, 나타나는 자신과 다른 사람들의 말이나 행동에 따라 나의 마음이 튀는지 안 튀는지, 어디로 튀는지 볼 수 있다면 금방 알아차린다.

하지만 삼자가 표정이나 행동, 또는 글이나 말에서 더 빨리 알아차리기도 한다. 글이나 말, 행동에서 스스로 감정과 표정을 나타내기 때문이다. 본인만 모를 뿐이다. 현재 일어나고 있는 주변 상황 속 나의 마음과 의지를 잘 살펴보면 나의 수준을 쉽게 가늠할 수도 있다.

공부를 많이 할수록 모르는 게 더 많아진다는 사실은 아주 쉽게 알 수 있다. 아무리 뭔가를 깨우쳤다 하더라도 마찬가지이다. 이미 수많은 사람들이 오래전부터 익히 알고 있다. 이 사실을 유사 이래 수많은 현인들과 선각자들이 훨씬 더 깊고 넓게 다루었고, 현대의 많은 사람들이 이미 공유하고 있다.

누구라도 뭔가를 수용하고 이해할 수 있는 영의 마음, 진실한 깨달음의 마음, 올바른 믿음을 갖기란 인간 대부분이 자기 우물 속에 들어가 있기에 참으로 힘든 것임은 분명하다.

덜된 마음, 즉 자신만이 옳다는 마음은 자신 스스로를 애가 타게 하며, 나도 모르게 발을 동동 구르게 하며, 편을 가르기도 하며. 시시비비와 권모술수를 알게 모르게 만든다. 그게 우물 안 개구리가 가지는 의식이며, 사이비의 전형적인 초기 현상이다. 누구라도 그렇게 되기는 아주 쉽다.

덜된 마음은 육체적, 정신적으로 자신을 항상 힘들게 만든다. 결국 아프게 되며, 남의 탓으로 돌리면서 자기 자신을 원망하고, 신세한탄을 하면서 최후를 맞이하게 된다. 그것은 자연에 순응하지 못하고 위배되기 때문이다. 일례로 종교나 정치에서도 그릇된 사이비 지도자의 마지막은 항상 비참하다.

자연의 이치와 법, 진리의 공부가 부처님 가르침 공부이며 마음공부이다. 내 마음이 무언가와 부딪쳤을 때 튀는지, 안 튀는지, 어디로 튀는지 보는 것이며, 알아차림과 마음 챙김이 아주 기본이 되는 중요한 부분이기도 하다.

그래서 공부 과정 중 자신을 잘 뒤돌아볼 수 있게 될 때, 좀 더 원만히 공부를 시작할 수 있다. 왜 유하게 살아야 하는지도 알게 된다. 인간 대부분이 자기 우물에 갇힌 채 자기 집착과 아집을 내세우며, 항상 자기 생각 속에 상대를 끌어들이려는 속성이 있다. 공부를 잘하기 위해서는 이것을 순간순간 잘 알아차려야 한다.

■ 올바른 실천은 자신을 절이자, 교회로 만든다

부처님 하느님 가르침은 진리의 공부이며, 깨우침 공부, 지혜의 공부, 믿음의 공부, 마음공부라는 것을 살펴보았다. 믿음이 곧 깨달음이며, 사랑이기에, 올바른 공부를 통해서, 각자의 믿음과 사랑을 키우고 깨닫는다. 일상생활에서 만나는 사람의 무리와 더불어 남에게도 나의 사랑이 전달될 수 있을 때, 나의 사랑, 즉 그 마음의 등불이 나도 비추고 남도 비추게 되니, 결국 나도 좋고 남도 좋게 된다.

인간의 깨달음은 상호 공유되어야 나도 좋고 남도 좋게 되는 것이며, 그게 성숙, 진화, 발전시킨다. 부처님 하느님이 계신 절이나 교회는 빛과 사랑이 머무는 곳이며, 그것을 함께 공유하면서 각자 깨달음을 가지고 건강하고 행복하게 잘 살도록 하는 방법을 터득하는 곳이다. 사랑 자체가 좋은 기운이며, 빛이고, 파장이다. 지금까지 쌓아온 깨달음과 사랑을 통해 좋은 기운을 자연스럽게 남에게 베풀 수 있게 될 때, 거기에는 내가 없게 되니 빛과 사랑만이 머물게 되어, 각자가 절이자 교회가 된다. 그게 자연의 이치다.

결국 깨달음이란 자연에서 온다. 자연의 기운이며, 사랑이기에 좋은 파장 혹은 좋은 기운이 돈다. 부처님 가르침 공부를 통해 자연의 이치와 법, 진리를 깨달을 수 있을 때, 자연의 파장 혹은 기운, 사랑, 즉 좋은 기운을 가지게 되니, 건강하고 행복하게 된다는 말이다.

누구든지 무슨 종교를 갖든, 어떤 대상을 연구하든 일단 120% 의심하고, 그것이 확실하고 명백하게 구분되고 밝혀질 때까지 노력하고 터득해야 한다. 그냥 믿으라, 혹은 그냥 따르라고 하는 종교는, 각자 공부하면서 나름대로 생각을 가지고, 옳은지 그른지 반드시 의심할 필요가 있다. 종교가 맹신이 되고, 기복적이 되며, 맹목적으로 추종하게 되면, 실용적이며 자연스러운 삶이 될 수 없으며, 한평생 거기에 매달리게 되고 스스로 올가미에 씌워져 벗어날 수 없게 된다. 그러면 나의 믿음과 사랑을 쌓아갈 수 없게 되어 삶 자체가 힘들고 어렵게 되며, 고달프게 된다.

흔히 종교에서 믿으라고 하는 말의 의미는, 믿으면 원하는 것을 이루게 된다, 혹은 소원이 성취됨을 뜻한다. 그것은 기복적이며 미신적인 것이 될 수밖에 없다. 종교를 가져서 건강해지고 행복해지기 위해서는 올바른 가르침과 배움, 그리고 가장 바탕이 되는 기본적인 생각과 개념을 세워야 한다.

그냥 믿거나 빌어서 되는 것은 하나도 없으며,
세상에는 공짜도 에누리도 없다.
살아 있는 동안 내가 최선을 다하고 노력한 만큼,
원하는 바, 필요로 하는 바를 얻게 된다.

그냥 믿는다는 것은 그대로 따른다는 뜻이니, 여기에 나의 발전은 없다. 그냥 막연히 빌어서 뭔가가 될 것이라는 바램은 철저하게 기복적이며, 미신적이며, 비현실적이며, 비실용적이다. 그것은 곧 사이비가 된다. 공부는 스스로 터득하려는 마음이 있어야 하며, 반드시 내가 깨어 있어서 뭔가를 알아차리고 스스로 깨우치려는 마음이 있어야 한다. 의심을 해서 바로 알아차리게 되면, 100% 믿음을 가지고, 실천하는 것, 그것이 올바른 공부가 된다.

결국 올바른 공부란 깨우칠 수 있어야 하는 공부이다. 깨우침을 얻기 위해서는 각자의 생활 속에서 사람들과 부딪치면서 내가 맞다, 혹은 틀리다는 생각을 버리고, 김치가 시어 버려 완전히 딴맛이 나듯이, 내 생각을 완전히 바꾸어서, 기존 의식의 틀, 아상, 고집, 자기 우물에서 벗어나야, 내가 살 수 있다. 다시 말해 "생각을 바꿔라, 그래야 내가 산다." 라는 뜻이다.

가끔 인터넷을 접하거나 사람들과의 대화를 통해, 인간은 종교를 기복적으로 믿을 수밖에 없다는 말을 가끔 읽거나 듣는다. 그것은 각자의 삶 속에서 올바른 수행을 자연의 이치를 통해 아직 맛보지 못한 초심자이기 때문이다. 불교의 불성, 기독교의 성령에 대해 올바르고 '확연한 체험'을 통한 '실생활 속 올바른 실천'을 아직 경험해 보지 못했다는 의미다.

누구라도 마찬가지일 수 있으나, 알았다면, 바로 시작하면 된다. 어차피 앞으로 갈 수밖에 없으며, 항상 새로 난 길을 가야 하기에 항상 새롭게 시작할 수밖에 없다. 우리는 인간이기 때문이다. 수행의 바른길은 뒤로 가는 법은 있을 수 없으며, 제자리 머무는 것조차 철저한 자아성찰을 요구한다. 우주자연은 끝없는 발전을 하도록 시스템이 그렇게 만들어져 돌아가고 있다.

3) 걸림 없이 자연스럽게 사는 삶 – 자연에 순응하는 삶

걸림 없이 자연스럽게 사는 삶이란 내가 들어있지 않은 삶이다.
내가 들어있지 않다는 것은
자기 우물 속에 있는 내 생각으로 살아가는 것이 아니라,
항상 깨어 있으면서 변화하는 주변의 상황에 나를 맞추는 것이다.
그것을 '깨달음' 혹은 '깨우침'이라고 한다.

기어가 맞물려 돌아가야 기계가 작동하듯이, 내가 상대의 눈높이에 맞출 때 비로소 함께 갈 수 있게 된다. 그게 조화이고, 힘이며, 사는 원동력이 된다. 눈높이에 맞추어 전체가 화합 속에 움직이게 되는 이치다. 그것을 우리는 깨달은 삶이라고 한다. 불교의 보살도행이 되며, 기독교의 성령에 따라 사랑을 올바르게 실천하는 모습이다.

걸림이 없이 자연스럽게 사는 사람은 자연에 순응하면서 주변의 추세에 부응을 잘하는 사람이며, 건강하고 행복하고 여유롭게 잘살아가는 사람이다.

■ 자연에 순응하면서 최선을 다하고, 즐기는 삶 속에 깨달음이 온다

우주자연 삼라만상 모든 것이 자연의 이치에 따라 움직이고 있으

며, 바람이 부니 나뭇잎도 흔들리기 마련이다. 살기 위해서는 바람따라 흔들려야 한다. 사람도 마찬가지다. 깨우친다는 말, 그 자체의 의미에만 심오하게 집착하여 자기 생각으로 행동하면 부러지게 되어 있다. 항상 주변의 변화에 맞게 행동하고, 자신이 처한 상황에서 자기 할 일을 다 하면서 가는 것이 자연에 순응하는 것이다.

삼라만상 모든 것들은 자연의 이치에 순응을 하나, 오직 인간만이 그렇지 않는다고 하였다. 사람은 스스로 무지와 욕심에서 벗어나 깨달을 때만이, 말을 듣는다고 하였다. 즉 깨닫고 나서야, 비로소 자연에 순응해야 한다는 사실을 알아차린다는 말이다.

자연에 순응하는 것은 살면서 양 손발이 움직이는 한, 생각하고 나타나는 말과 행동에 달려있다. 즉 일상생활에서 실천하는 것에 있다. 각자 올바른 곳으로 스스로 잘 끌고 감에 따라 자연이 주는 깨달음을, 내가 행한 만큼 더 가질 수 있게 된다. 그러면 좀 더 지혜롭게 되며, 좀 더 많은 기회 속에서, 좀 더 여유롭게, 좀 더 즐기면서 잘살게 된다.

자연에서 받은 육체를 가지고 살아가는 인간으로서, 생각을 한다는 것은 곧 살아있다는 것이며, 삶의 의미를 조금씩, 조금씩 깨우쳐 간다는 것이다. 즉 살아있으면서 생각을 한다는 것은 깨달아 간다는 뜻이며, 주위와 조화롭게 함께 간다는 의미다.

깨달음이란 나뿐만 아니라 주변도 함께 생각하게 되는 것이다. 어떤 대상과의 부딪침에 따른 마음 씀씀이 속 나타내는 말과 행동에 따라 각자의 마음을 키울 수 있다. 마음을 키운다는 것은, 상대와의 관계 속에 이루어지는 것이며, 상대를 이해한다는 말이다. 그것이 믿음을 크게 만들고, 깨달음으로 연결된다. 공부할 때는 항상 넓게 바라보고 폭넓게 생각해야 한다.

상대를 이해한다는 것은 나를 내려놓는다는 뜻이며, 자신을 먼저 없앤다는 뜻이다. 그렇기에 낮춘 나의 마음이 앞서면 자연히 베푸는 마음이 될 수밖에 없다.

마음을 키우려면 상대를 먼저 이해해야 하니, 나의 인내가 필요하며, 끊임없는 반복 학습을 요한다. 많은 것들이 부딪치는 삶의 경험에서 나오며, 오랜 세월을 거쳐 체득된다. 즉 나의 마음을 둥글게 만들며, 어질게 만들게 된다. 그게 사랑하는 마음이며, 그 사랑하는 마음이 순간순간 채워질 때 무아가 된다.

따라서 삶의 많고 다양한 체험을 통해
생각을 바꾸고 기존 의식의 틀을 변화시킨다.
또한 많은 생각 속에 살아가는 의미를 터득하고 깨달아서,
믿음과 사랑을 키우고,

그것을 생활 속에서
어진 마음과 베푸는 마음으로 실천할 때,
그 믿음과 행동은 나를 올바른 곳으로 몰고 간다.

■ 삶의 경험이 바탕이 된 올바른 실천 속의 깨달음은 사이비가 될 수 없다

수행의 올바른 길에서는 어떻게 하면 샛길로 빠지지 않는지도 생각해 볼 필요가 있다. 본래 자연의 이치와 법, 진리 자체가 부처님의 가르침이다. 올바른 수행은 자연에 순응하는 것이며, 생활실천공부이기에, 일상생활에서 서로가 부딪치고 부대끼면서 어떻게 고쳐야 할지, 어떻게 올바른 곳으로 몰고 갈 수 있을지를 깨닫게 된다.

그러한 실생활에서의 경험을 바탕으로 나온 것은 올바른 것이며,
샛길로 빠질 이유가 없다.

여기서 깨달음이란 순간순간 각자가 일상생활에서 사람들과 부딪쳐가면서 얻는 삶의 교훈이다. 그러나 아무리 자신의 잘못을 깨달아 고쳤다 하더라도, 금방 까먹고 다시 반복한다. 그래서 각자 일상 속 깨우침은 반복되는 삶의 경험 속에 다듬어지고, 자기화하게 되며, 실용적으로 잘 쓸 수 있게 된다.

인간은 다양한 삶의 경험 속에서 삶의 의미를 점차로 폭넓게 만

들어갈 수 있으며, 그 속에서 삶의 진실을 나름대로 터득한다. 각자 삶의 일선에서는 결국 나의 말과 생각과 행동이 모든 것들을 좌우하게 된다. 믿음과 사랑도 거기서 나오는 것이며, 그것이 나를 올바른 곳으로 몰고 가도록 만든다. 그게 잘살게 되는 이치다.

즉 일상생활 속 각자 삶의 경험에서 나온 진실한 깨달음은 절대 사이비가 될 수 없다는 뜻이며, 그것은 올바르고 진실한 나의 말과 생각과 행동에서 비롯된 것일 수밖에 없다. 즉 이것은 자연의 이치와 법, 진리의 공부에 바탕이 되는 기본핵심을 말한다.

무엇을 하든지 기본은 참으로 중요하다. 결국 기본이란 치우치지 않은 공정하며, 객관적이고, 상식적이며 보편타당한 것이다. 또한 자기 생각 혹은 자기 우물에서 벗어난 많은 생각과 고민을 의미한다. 기존 틀 속에 있는 자기 상식과 치우친 편견을 벗어난 것이며, 변화하는 상황을 있는 그대로 볼 수 있는 시각이다. 즉, 부딪치는 현실을 그대로 수용하고, 이해한다는 말이며, 지극히 현실적이며, 객관적인 마음가짐을 말한다.

스스로 공부를 앞으로 나가게 하는 올바른 실천은 각자의 종교적 믿음 속에 있는 기존의 틀을 벗어나 기존의 상식을 다 버리는 것이다. 그래야 현재에 머물지 않고 앞으로 나갈 수 있게 된다.

공부할 때는 똑같은 단어나 말도 보는 시각에 따라 전혀 다른 말로 비추어질 수도 있기에 폭넓게 공부하는 게 중요하다. 올바르게 기본을 터득하면, 많은 부분들을 좀 더 너그럽게 이해할 수 있게 되면서, 나의 의식의 폭도 넓히고, 좀 더 올바른 길을 갈 수 있다.

자연의 이치와 법, 진리에 대한 가장 기본적인 생각과 개념의 참뜻 이해와 깨달음이 일상생활의 부딪침 속에서 바탕이 될 수 있다면, 조금은 더 쉽게 순간순간 자신을 고치면서 올바르게 몰고 갈 수 있게 된다.

■ 사람은 각자의 틀, 즉 우물이 있기에 부딪쳐야 깨어진다

각자의 틀은 곧 자기 고집, 자기 집착, 아상, 이기적 마음의 무지와 애욕을 말한다. 고집이나 집착이란 성장하면서 가정, 학교, 사회에서 지금까지 쌓아온 자기 생각이며, 깨달음 공부 과정 속에서 없애야 할 기존의 잘못된 자기 틀이며, 자신이 '옳다' 혹은 '맞다'고 하는 자기 주관이기도 하다.

이것은 상대를 이해하고 배려하는 것에 큰 장애가 된다. 이것에 사로잡히면 '그럴 수도 있지' 혹은 '아, 그렇구나.' 혹은 '그런가 보다' 등과 같이할 수 있는 사고의 유연성과 여유를 가지기 힘들다. 그래서 '지금 옳다.' 라는 생각을 하지 말고, 각자 웃으면서, 너그럽게 지나치는 것이 나 자신과 주변의 상황을 좋게 만들게 된다.

또한 자기 고집은 항상 상대와 부딪치게 하며, 자기 생각 속으로 상대를 끌어들이려 하기에 상호 피곤해질 수밖에 없으며, 어렵게 만든다. 즉 자기 고집이 자기 발등 찍는 격이 된다는 의미다. 순간순간 그때그때 즉시즉시 자기 우물 속에서 움직이게 되니, 그 속에서 아무리 최선을 다하고 있다 해도, 내 마음만 급해지고 자신만 발을 동동 구르는 격이 되어, 결국에는 스스로 힘들고 어렵게 만든다. 결국 자기 인생은 자기 스스로 만드는 것이니, 어디에서 뭘 하든 급한 마음을 갖지 말아야 한다.

■ 유하게 살아가라. 아니어도 그런가 보다 하며 넘어가는 것이 유하게 사는 것이다

'그럴 수 있지' 하는 것이 유하게 사는 것이다. 좀 아니어도 그런가 보다 하며 넘어가는 것이다.

① 우선 상대를 먼저 생각하게 되니 내가 없어지는 것이며

② 마음의 여유를 가지게 되니, 심신이 여유로워 건강할 수 있고

③ 끊임없는 인내가 있어야 하니, 어진 마음을 키울 수 있으며

④ 올바른 길로 가야 하니, 다양한 생각 속에 있게 되고,

⑤ 말과 행동은 많은 생각 속에 나오게 되니, 믿음과 사랑을 키울 것이며

⑥ 믿음과 사랑은 나의 깨달음과 연결되니, 공부의 지름길이 되며

⑦ 자연의 가르침에 대한 실천을 잘할 수 있게 되니, 결국 잘살게 된다는 것이다.

따라서 유하게 산다는 것은,
주변에 동화되고,
자연에 순응하면서 잘살게 된다는 것이다.

인간은 상대와의 관계 속에 존재하기에 대상과 부딪치면서 나타나는 표정관리와 말과 행동을 적절히 잘할 수 있어야 하며, 절대 급하게 생각하지 않아야 하며, 욱하는 성격도 가져서는 안 된다. 또한 '내가 항상 옳다.'라는 생각을 버리는 것도 필요하다. 전부 다 자신을 위한 것이며, 건강하고 행복하게 잘 살기 위한 기본이 된다. 그렇기에 유하게 사는 게 좋다고 하는 것이다.

■ 내가 죽어도 세상은 바뀌지 않는다

옆 사람이 내 마음을 건드리면 내가 바뀌면 된다. 다른 사람에게 마음의 짐이 되지 않는 것이 깨우침이다. 항상 말과 행동을 가장 조심해야 한다. 그렇게 해야지 깨달아 가는 공부를 따라갈 수 있다.

내 주변 모든 사람과 상황이 다 나의 스승이며, 좋은 본보기가 된다. 이렇게, 저렇게 나타나는 형상들, 이것은 맞고, 저것은 아니라고 구분을 짓는 것은 나의 공부과정을 충분하고, 다양하게 만들지 못

한다. 양면성이 있는 모두가 각자 다양한 생각을 가지고, 다양한 모습을 만들 수 있기에 공부는 전체를 보고 해야 한다.

그게 공부의 기본이며, 마음을 올바르게 잡아가도록 하는 바탕이며, 이것이 믿음을 키운다. 믿음은 살아가는 원동력이며, 자신이 믿는 신과의 약속이다. 결국 상대가 잘못된 게 아니라, 내가 바뀌어야 신과의 약속을 지킬 수 있고, 자신에게 좋다.

사람이 죽거나 아무리 오래 살더라도, 우주자연은 변함이 없으며, 삼라만상 그대로다. 바람이 불면 나뭇잎이 흔들리거나 떨어지기도 하듯이, 자연에 순응하면서 각자 해야 할 일 하다가 그냥 간다. 살아있는 동안 건강하고 행복하게 사는 것이 가장 중요하다.

사는 동안 잘 다루어야 하는 것이 수시로 변하는 나의 마음이며, 잘 다루고 키운 만큼 나중에 가지고 가게 된다. 우리는 나무에 붙어있는 나뭇잎과 마찬가지다. 바람이 강하게 불면 떨어진다. 붙어 있는 순간이 중요할 따름이다. 뭐든지 내가 한만큼 가능하게 되며, 내가 행한 대로 나타난다.

내가 옳다는 생각이 강하고 크면, 자기 우물에 갇힌 줄도 모른다. 자칫 뭐든지 내가 꼭 해야 한다거나 혹은 스스로 급한 마음에 발을 동동 굴리며 애간장 태울 수도 있다. 자기 생각이 큰 만큼 부딪치는 모든 사람들과 상황이 있는 그대로 보이지 않으니, 우선 내 마음이

비뚤어진다. 이어서 기분이 상하고 심신이 힘들어지며, 마음의 칼이 만들어지고, 스스로 칼날 위에 서게 된다.

또한 항상 내가 옳다고 생각하면, 상대를 먼저 이해하려고 노력하는 것이 공부의 기본인데도, 부족하거나 잘못된 부분을 당연히 상대의 탓으로 돌릴 수밖에 없다. 우선 내가 옳다는 생각이 강하니, 스스로 위로하고 합리화한다. 그러면 조화가 깨지기에, 결국 힘들고 어렵게 된다. 모두 자신이 그렇게 만들기에 모두 다 내 탓이다.

자연에서 볼 때는 왜, 좋고 나쁨의 구분이 없으며, 왜 그런가 보다 하고 넘어가야 하는지를 알아야 한다. 이처럼 깨달음 공부를 통해 항상 스스로 많은 질문을 던지고 생각하며 자신을 키우게 된다.

깨달음 공부란 자연에서 배운 이치와 법, 진리를 바탕으로 한다. 현실 속에서 많은 사람들과 함께 어울려야 하기에, 나의 태도는 지극히 객관적이고 보편타당해야 한다. 그러므로 우리는 깨달음 공부 속에서 항상 실용적이며, 자연스러운 삶을 배워야 한다.

한편 마음공부는 어느 한 곳에 얽매이거나 치우치지 않아야 하며, 항상 좀 더 크게, 좀 더 폭넓게 전체를 생각해야 한다. 절대로 샛길로 빠지지 않고, 스스로 순간순간 고쳐나갈 수 있게 되면서 올바른 길로 갈 수 있게 된다. 거기에는 반드시 어진 마음과 줄 수 있는 마음이 따르게 된다.

왜, 아니어도 '그런가 보다.' 하며 넘어가는 것이 유하게 사는 것이며, 왜 그렇게 해야만 하는 것인지 각자 생각해 보기로 한다.

필요 없는 울타리를 많이 쌓은 사람은, 자기 우물 속에 있기에, 잘 알아차리지 못한다. 아무리 공부를 많이 했더라도, 사람인 이상, 여전히 자기 우물은 가질 수밖에 없다. 누구도 예외는 없다. 그래서 평생 공부해야 하는 것이다.

옆 사람이 바뀌어야, 자신도 바뀐다. 결국 서로 보면서 바뀌는 것이다. 상대가 아무리 부족하고 잘못한 부분이 있더라도 그것을 감싸는 마음, 즉 나의 어진 마음과 진실한 마음을 키우는 것이 자신을 위한 올바른 공부이다. 이것이 공부의 가장 기본이 되며, 수행자의 기본 마음이 된다.

부족하고 잘못된 것을 잘 받아들이고, 이해하며 도움을 줄 수 있을 때, 깨달음은 더욱더 커진다. 스스로 잘해 나가기 위해서이고, 결국 내가 잘살기 위해서다.

스스로 잘못되었다는 것을 알아챌 수 있다면, 순간순간 고쳐서 바꾸어 나가면 된다. 부처님 가르침 공부는 매사 생각이 빨라야 하며, 자신의 마음 챙김과 알아차림을 잘해서 순간순간, 즉시즉시 스스로 잘 고칠 수 있어야 한다. 이해하기는 쉽지만 실천하기는 어렵다.

아무리 같은 책을 똑같이 읽어도 각자 아는 만큼,
각자 수준과 정도만큼 이해할 수밖에 없으며,
하물며 이해한 만큼도 실천을 다 못하는 경우가 다반사다.

사람은, 누구나 자기 우물 안에 있기에, 자기 수준에 머물 수밖에 없다. 아무리 뭔가를 잘 안다 하여도, 또는 아무리 뭔가를 특별하게 갖추었다 해도, 공부의 가장 기본인 상대를 먼저 이해하고, 말과 생각과 행동을 통해 진실하고 어질게 자신을 낮추어 가지 못한다면, 올바른 길을 가지 못하는 것이다. 자칫 샛길에 서서, 최선을 다하면서 많은 시간과 노력을 허비할 수도 있을 것이다. 누구에게나 해당하는 말이다.

내가 죽어도 세상은 바뀌는 게 없다는 것은, 내가 죽더라도 시간이 가면 기억 속에서 사라지므로, 살아있는 순간순간 최선을 다하는 것이 중요하다는 말이다. 특히 인간은 상대와의 관계 속에서 존재하기에 순간순간 상대를 통해 나를 바꾸는 것 또한 각자의 올바른 수행을 위한 중요한 부분이 된다.

■ 모든 답은 이미 내 손에 주어져 있다

부처님 하느님, 우주자연은 인간을 포함한 만물을 생성·변화·소멸이라는 시스템을 통해 파장으로 기운을 돌려, 세상 모두를 진화 발전시킨다. 인간은 그 속에서 태어나고 살다가, 이 세상에서 사라진다. 내가 지금 생각을 어떻게 가지느냐, 마음을 어떻게 나타내느냐가 실로 중요하다.

지금까지 살아오면서 각자의 테두리와 환경 속에서 만들어 놓은 것들이, 지금 현재 각자가 생각을 하고, 마음을 쓰고 있는 것의 한계다. 그래서 상대와 주변을 알아차리고, 거기에 맞추어 처신을 잘 하도록 최선을 다하는 것이 공부의 핵심이다.

상대와 주변을 설사 알아차린다 해도, 내 속에서 일어나는 마음을 올바르게 몰아가지 못하면 무용지물이 된다. 점수를 딸 수 없기 때문이다. 그래서 부처님 하느님 공부는 '마음공부'이며, 그것은 자연의 이치와 법, 진리를 알아가는 것이다. 이것은 '많은 경험'과 '많은 생각'속 다양한 모습을 보이면서 깨달아 가는 것이 필요하다. 그것은 나의 기존 의식을 바꾸는 것이기에 절대 쉽지 않기 때문에, 평생 해도 못 따라간다는 말을 종종 듣게 된다.

그것을 도(道)라고 하며,
살아있는 동안 세상을 배우면서 간다는 것이다.

따라서
나의 육신이 움직이는 이상,
모든 것들은 실용적이고

현실적이며, 보편타당하고
객관적이어야 한다.

그래야
내 몸이 건강해지고
행복해진다.

수행의 과정에서
현실이나 기도 속에서 체험하면서 배우고 알게 된,
남이 경험할 수 없었던
뭔가를 보거나 느끼고 들었던 현상이나 사실들을
이치에 따른 이해를 하지 못한 채,
대중 앞에 나타내었을 때,

① 자기 수준이 여지없이 드러나게 되며,
② 용한 무당으로 여겨질 수도 있으며,
③ 지극히 어리석은 사람이 되기도 하고
④ 자칫 초등생 이하의 의식 수준을 보이고 만다.

상기 내용은 각자 수행 속 아무리 뭔가를 잘 보고 느끼고 들을 수 있다고 하더라도 그것은 백사장 모래알에 지나지 않기에, 수행 과정 속 자만에 빠지거나 자기 세계를 만들 수도 있는 것에 경각심을 주기 위한 것이다.

인간 몸은 자연으로부터 창조된 하나의 기계다. 공부를 올바르게 해나가다 보면 자연의 기운에 의해 움직이고 통제된다는 사실을 아주 조금씩 깨닫고 금방 잊어먹길 반복한다.

이처럼 흐르는 세월 속에 알게 모르게 아주 조금씩 마음씀씀이에 따라 자연을 알아가게 된다. 그게 깨달음의 공부이며, 마음공부다. 어느 정도 공부의 이치를 알게 되면 각자의 깨달은 것을 각자 능력에 따라 무한대로 자유자재로 표현할 수도 있게 된다.

우리가 공부하면서 체험할 수 있는 여러 가지들은, 실생활 속에서 우주자연이 실제로 사람의 몸 기계를 통해, 모두 다 똑같은 자연의 기운이 작동되도록 하는 것이다.

거기에는 법칙이 없다. 마음먹기 달렸다. 참 간단한데, 대부분의 사람들이 이렇게 저렇게 해야 한다는 법칙이나 원칙에 얽매여 공부의 핵심과 참맛을 간과하는 경향이 다분하다.

자연은 항상 옳고 그름과 진실한 것과 아닌 것을 함께 던져놓는다. 우리가 일상생활 속에서 주변과 마주할 때, 진실한 마음을 가진 올바른 수행자라면, 매 순간 분기점에 선다는 것을 알아차리게 된다. 그 속에서 각자 옳은 길을 잘 선택해서 앞으로 갈 수 있어야 한다. 올바른 길로 잘 가기 위해서는 순화, 정화된 의식이 필요하다.

그것을 돕는 것이 수행이다.

여기서 맞는 답이 저기서는 맞지 않을 수도 있다. 그래서 우주자연이 주는 가르침, 즉 부처님 하느님 공부에는 법이 없다. 그런데 답은 이미 손에 쥐어져 있다.

자꾸 따지니 못 보고,
너무 심오하게 마음을 먹으니
안 보인다.

자기 생각 속에 있으니
자기가 본 것만 맞는다고 하며,

각자의 마음을
더 이상 넓게 가지지 못하게 한다.

나의 마음을
자연의 기운에 던져 놓으면
뭔가를 해도 틀림이 없으며
걸림이 있을 수가 없다.

알고 나면
아주 간단한 이치고

지극히 명료해서 달리 표현할 필요가 없다.

모르면 틀리니 맞니 하기도 하지만,
그것 역시 지극히 정상이며,
보편적인 생각일 수 있다.

단지 그것을 행하고,
나타내는 각자의 수준과 정도에만 차이가 있을 뿐이다.

■ 용의주도함과 대의명분

깨닫는 과정에서 어질게 베풀어야 하는 사랑과 용의주도함이라는 용어의 의미는 자칫 혼동하기 쉬운 부분이 있다. 그래서 이것을 대의명분과 함께 설명해 보고자 한다.

사람은 태어나서 사람들과의 관계 속에서 알게 모르게 상호공유하면서 살고 있다. 그 바탕에 깔려있는 것, 즉 그 실체를 알아가는 것이 깨달아 가는 것이다. 다시 말해서, 삶의 이치를 조금씩 이해하고, 알아차리게 된다는 말이다.

삶의 이치를 알아간다는 것은 곧 자연의 순리를 알아간다는 것이고, 거기에 순응해야 내가 살 수 있음을 안다는 것이다. 그 순리란 곧 이치이며, 내가 믿고 있는 믿음의 실체다. 즉 부처님 하느님이시다. 부처님 하느님 자체가 바로 빛이고, 사랑 그 자체이다. 이는 자연의 사랑과 기운을 말하며, 만물을 생육하는 원동력이 된다.

인간이 사는 것은 자연의 기운에 의해서이며, 인간의 깨달음도 자연의 기운과 사랑이 내안에 머물 수 있을 때 이루어진다. 인간의 올바른 실천 속에 깨달음의 기회와 지혜는 자연으로부터 끊임없이 베풀어진다. 즉 진실하게 자신을 낮추어가는 마음을 말하는 것이며, 나 자신을 없애는 마음이며, 어질고 착하게 실천하는 참모습을 말한다.

용의주도함이란, 과감하게 밀어붙이는 것을 의미하는 것이라기보다, 어질고 선한 마음을 베풀면서 올바른 실천 속에 있을 때, 그 온전하고 꽉 찬 사랑의 기운이 용의주도하게 나타나고, 상대에게 그렇게 비추어지는 것을 표현한 말이다. 그 사랑의 힘이란 자연으로부터 오는 것이며, 부처님 마음이며, 어디에도 걸림이 없는 것이기에, 용의주도한 것으로 표현하게 된다.

하지만 여기서 용의주도함이란 대의명분과 추세 부응에 대해서 함께 생각하고 이해했을 때, 공부에 도움이 된다. 사랑의 기운을 가지고 올바르게 몰아간다 할지라도 항상 용의주도할 수는 없다. 인간 몸을 가진 나 자신의 그 기운은, 내가 한 만큼만 순간순간 작동한다. 어떤 상황에 부딪히더라도 나 스스로 매 순간 가장 합리적이고 보편타당하며, 공정하게 처리되어야 한다. 그 용의주도함을 바탕으로 매 순간 현실에 맞게 타당하게 움직이는 것이, 추세 부응이다. 그것은 과정 속에 세상을 있는 그대로 보아야 하며, 내가 거기에 들어있지 않아야 한다. 또한 공정해야 하며, 치우치지 않고, 객관적이고 보편타당해야 한다.

그래서 대의명분이 필요하다. 그냥 사랑만, 그냥 예쁘고 어진 마음만 있으면 되는 것이 아니라, 옳고 그름에서 단호해야 할 부분은 단호해야 한다는 이야기다. 측은지심도 상황에 맞게 적절하게 해야 하며 조건 없는 측은지심을 경계해야 한다는 말이다.

■ 추세 부응과 추종 및 아첨

공부 초기 단계에서는 몸과 마음을 닦는 수행을 하며 인내하면서 마음을 둥글게 하려고 단련한다. 이때 무조건 물 하면 물 하거나, 무조건 네, 네로 할 필요도 있겠지만, 일상생활 속에서도 일관된 태도라면 주변 사람에게 휘둘리고, 이용당하기에 십상이다. 옳고 그름은 분명히 가려야 한다. 올바른 쪽 혹은 좋은 쪽으로 스스로 끌고 가야 하기에, 용의주도해야 하며, 대의명분이 있어야 한다는 것이다. 그것이 추세 부응이다.

내가 아무리 선하다 하더라도, 그것의 기운이 미약하다면 용의주도해지기 힘들다. 그래서 사회생활 속에 많은 경험이 쌓아져야 하며, 생각이 빨라야 한다. 자칫 추세 부응이라는 명제 아래 아첨꾼이나 간신배가 되기 쉽다. 그것은 그냥 따라서 하는 추종이 된다. 거기에는 나의 진실한 사랑, 믿음이 없기에 성적을 딸 수 있는 게 하나도 없다. 결국에는 힘들고, 일이 꼬여 골치 아프게 된다는 말이다. 이런 사례는 주변에서 쉽게 볼 수 있다.

내가 남보다 좀 더 앞선 공부가 되어 있을 때, 상대나 전체를 알아차리거나 주변에 동화되기 위해, 나 자신을 의식적으로 낮출 수도 있고, 때로는 나타낼 수도 있다. 그때그때 다 다르다. 매 순간 나를 낮출 때는 보이지 않으나, 나타낼 때는 거만하거나 무게 잡는 것으로 보이기도 한다. 여기서 중요한 것은 그러한 상황에서 순간순간 나타내는 '마음씀씀이'에 따라 매 순간 나의 공부가 앞으로 혹은 뒤로 간다는 사실이다.

불성화를 바탕으로, 즉 부처님 사랑을 바탕으로 건강하고 행복하며, 매사 깨어있게 된다면, 이렇게 해야 할지, 저렇게 해야 할지의 분기점에서 용의주도하게 보이게 된다. 즉 걸림이 없고, 거침이 없다는 이야기다.

추세 부응은, 내가 힘이 있어서, 즉 공부가 많이 되어, 내가 다 안고 갈 수 있을 때 가능하다. 이때 주변과 조화와 균형을 맞추면서, 나도 좋고 전체가 다 좋게 만들어진다.

내가 먹고살기 위해 이것도 좋고, 저것도 좋다는 식으로 상대의 입맛에 맞게 휘둘리고 상대를 추종하게 되면 나의 것은 없어진다. 즉 살아생전 좋은 성적을 못 따니 매사 어렵고 힘들다. 아무리 최선을 다한다고 해도, 금방은 좋은 듯하나, 마음씀씀이가 고르지 못하고 둥글지 못하니 항상 바쁘고 고달프다.

어느 날 나의 공부가 앞으로 나가게 되어, 자신의 체험을 통해, 추세 부응의 참뜻을 이해하게 될 때, 그것은 부처님의 사랑 혹은 파장으로 이렇게 저렇게 자신을 이끌어 가는 것으로 표현할 수도 있다. 또는 좋지 않은 사람이나 부적절한 사람들이나 힘든 상황들과 부딪치지 않도록 자연의 파장이 나를 이끌어 간다는 표현을 할 수도 있다. 설사 부딪치더라도 상대를 이해를 시킨다거나, 수용할 수 없으면, 그냥 자연스럽게 지나칠 수 있도록 만들어지는 상황을 가리키기도 한다. 그러한 상황과 여건이 실로 다양하기에 직접 체험한 사람만이 알아차린다.

물론 충분한 설명은 아니다. 다만 추세 부응과 추종 및 아첨하는 것의 의미를 구분해 본 것이다. 공부하면서 대부분이 많은 사람이 몰리는 곳으로 가기 쉬우며, 한곳으로 쏠리는 경우가 허다할 수밖에 없다. 부화뇌동과 군중심리도 여기서 잘 살펴볼 필요가 있다.

나 스스로 몸과 마음이 불성화라는 이치가 체득되어 있지 않으면 항상 휘둘리며, 주변의 눈치를 보게 된다. '아, 그런가 보다.'라고 이해하고 지나가는 것이 아니라, 여차하면 이쪽으로, 저쪽으로 튀는 것을 말한다.

나 스스로 부족해서 상대를 따라가고 있음에도 불구하고 추세 부응한다는 것으로 합리화할 수도 있다. 또는 상대 때문에 휘둘리고 있음에도 불구하고 그것을 자연스러운 것이라고 스스로 위로하며, 그것을 추세 부응한다고 할 수도 있을 것이다.

이 사람, 저 사람 기분 맞추어 주는 것은 결코 용의주도한 것이 아니며, 그것은 추종이며 아첨일 수 있으며, 결국 부화뇌동할 수밖에 없고, 본래 마음자리 찾을 길에서 멀어진다. 이것 역시 상황에 따라 다를 수 있기에, 충분한 표현은 아니다.

자연스러운 마음의 표현이나 대의명분이 필요한 상황에서 내가 공부한 대로 올바르게 갈 수 없다면, 그것은 공부한 사람의 마음가짐 자세가 아니며, 그는 부처님 제자가 아니다.

그래서 항상 전체를 보고 공부해야 하며, 자기의식을 넓고 깊게, 내 생각을 크게 키워나가야 한다. 여기서도 말은 하기 쉬우나, 실제 상황에 부딪히면 절대 쉽지 않다.

■ 보시와 공유

보시한다는 것은 육체적, 정신적, 물질적으로 뭔가를 나 자신으로부터 내어주는 것을 말한다. 육체적이라면 내 몸을 상대를 위해 움직여서 뭔가 도움을 주는 것이며, 정신적으로는 말이나 행동에서 자연스럽게 나타나 의식함이 없는 줄 수 있는 좋은 마음을 말하는 것이고, 물질적으로는 내가 상대가 필요로 하는 여러 가지를 주는 것을 의미한다.

전부 다 남을 위해 내어놓는 것이다. 깨달음의 공부에서 가장 중요한 것이 나를 내려놓고 버리는 것이다. 나를 허물어야 하며, 낮추는 것이 마음공부다. 마음을 둥글게 하는 것이며, 깨달음을 말한다. 순간순간 둥근 내 마음을 이어갈 수 있다면, 그것이 무아다.

둥근 마음을 갖기 위해서는 내가 우선되는 것이 아니라, 남을 먼저 생각하고 이해하는 이타적인 마음이 앞서야 한다. 이는 결국 나 자신을 위한 것이 될 것이다. 보시란 내가 살기 위해 내어 놓는 것이며, 내가 가지고 있는 좋은 것을 공유하는 것이다. 모두 다 자신 스스로 위한 일이다.

즉 보시는 돌고 도는 자연의 이치와 법대로 따라가는, 즉 순응하는 것을 말한다. 주면 받게 되고, 받으면 주어야 하는, 우리가 내쉬고 들이마시는 숨 쉬는 원리와도 같은 이치다. 즉 보시란 결국 전체가 상호 공유한다는 것이며, 내가 살기 위해서 베푸는 것이다. 그것은 자연의 이치이자 법이기에 반드시 따라야 하는 진리가 된다. 그것이 부처님 가르침이며, 올바른 실천의 기본이다.

■ 온전한 사랑은 굴렁쇠다

상기에서 설명한 용의주도, 대의명분, 추세 부응, 보시는 전부 다 깨달음과 연결된다. 그것은 또한 믿음, 사랑, 불심, 불성, 중도, 공사상의 바탕이 되는 본질적 핵심과 하나로 연결되어 있다.

우리 인간은 살아있는 이상, 수행의 주체는 나 자신이지만, 또한 신이심에 대한 순간순간 알아차림이 가장 큰 과제이다. 왜냐면, 그것은 나를 움직이게 하며, 올바른 수행의 길로 인도하는 실체이기 때문이다. 폭넓게 생각하고, 공부해야 하는 이유이기도 하다.

자연의 이치와 법, 진리 속에 움직이고 있는 몸 기계가 제어되고, 통제되고 있는 그 사실과 현상의 실체를 모른다면, 인간 몸 기계의 작동과 관리는 어렵고 힘들다. 때로는 허황하게 시간과 돈을 낭비하고 괜히 바쁘게 되기 일쑤다.

수행의 실체를 인식하지 못하면 올바른 수행의 길은 불가능하다. 그래서 우주자연 속에서 삼라만상을 움직이는 실체를 알아차리고 다가서려면, 우선 기존의식에서 벗어나야 하기에, 김치가 쉬는 것처럼 내 생각이 확 바뀌어야 한다.

사람인 이상 가장 우선적으로 전체를 움직이는 실체를 인식할 수 있어야 수행을 위한 올바른 길로 갈 수 있다. 또한 그것을 통해서 우리는 깨달아 가면서 각자가 믿는 믿음의 실체에 다가설 수 있게 된다. 그게 공부의 가장 원초적인 핵심이다.

모르니까 알기 위해서 공부를 하는 것이나, 결국 모른다는 것이 정답이 된다. 그게 깨달음이기도 하다. 그것을 알기 위해 공부하는 것이며, 결국 잘살기 위해서이며, 나 자신을 위한 것이다.

깨달아 간다는 것은 곧 부처님 하느님께 다가선다는 것이며, 살아생전 믿음과 사랑을 쌓아간다는 의미다. 여기서 중요한 것은 깨달음이 사랑이고, 그것이 내가 살아생전 한만큼 스스로 만들어 가지는 것이며, 그게 나의 인생성적표가 된다.

그 사랑과 깨달음을 크게 하기 위해서는 평상심이 우선된다. 즉 하나로 끝없이 가는 마음이며, 둥근 마음이며, 무한대의 사랑이다. 둥근 마음이란 사랑을 이야기하는 것이며, 순간순간 채워지는 사랑이 연결될 때 그것을 무아라 표현할 수 있다. 평상심이 그것이다.

즉 인간 삶 자체가 공부이며, 수행이니,

인간 삶 = 수행.

도란 수행의 길이며, 도 즉 평상심이니,

도 = 평상심.

도 자체가 자연의 이치이며, 그것은 법이고 진리이니,

도 = 평상심 = 이치.

이치 자체가 부처님 하느님이시니,

부처님 하느님 = 이치.

좀 더 폭넓은 의식으로 생각해 볼 수 있도록 상기와 같이 표현해 보았다. 이들의 본질은 모두 다 같은 맥락에 있기에 등식으로도 성립이 된다는 것을 보여 준다.

사랑 혹은 깨달음, 믿음 혹은 무아, 평상심, 중도, 공사상 등의 용어들을 통해 이치에 따른 본질의 의미를 완전하게 이해할 수 있을 때, 용어의 사용과 표현이 자유자재로 가능하다.

하지만 각각 단어 자체의 일반적 의미에 한정하여 이해하면, 상기 언급된 용어들과 관련된 다양한 표현들을 잘못된 표현으로 간주할 수도 있다. 뿐만 아니라, 믿음과 사랑, 그리고 깨달음, 무아(無我), 평상심, 공(空), 중도(中道), 불성(佛性), 도(道) 등과 같은 용어에 가장 밑바탕에 깔린 본질적 의미가 동일한 맥락 선상에 있다는 사실을 알아차릴 수 없게 된다.

깨달아 가는 공부는 일상생활에서 사람들과의 부딪침으로 시작되는 것이며, 그 속에서 나의 마음을 어떻게 나타내느냐가 관건이 된다. 즉 마음씀씀이를 말한다. 결국 둥근 마음이 나를 현실 속에서 건강하고 행복하게 잘 살도록 만든다. 마음을 둥글둥글 잘 굴러가게 만들 때, 눈덩이를 굴리면 커지듯이, 내가 더욱더 건강해지고 행복해지게 되며, 매사 어렵지 않고 힘들지도 바쁘지도 않고 여유롭게 살다 가게 된다.

여기서 굴러가는 주체는 나다.
하지만 그것을 돌리는 기운의 실체는 자연이다.
즉 부처님 하느님, 신이시다.

인생, 즉 삶 그 자체가 자연 속에 살아있으며,
자연의 이치 속에 돌려지고 있다.
인간 삶 그 자체가 공부하는 것이며,
그것이 수행이고, 도다.

그것의 실체는
부처님 하느님이다.

평상심은 즉 도인데,
일상생활 속 순간순간 평상심이
부처님 사랑 속에 머문다는 사실을 알아차릴 수 있다면,

그때야 비로소 올바른 수행의 길을 걷는
부처님 제자가 된다.

공부한다는 것은 부처님 하느님, 즉 신이심을 나의 의식 속에서 어떻게 인식하고, 체험하느냐이다. 인식과 체험의 정도는 자연 속에 살아가고 있는 한, 인간으로서 내 마음먹기에 달렸으며, 내가 공부한 만큼, 내가 사랑하는 만큼만 자연으로부터 주어진다.

굴렁쇠 중에는 작은 것도 있고, 큰 것도 있다. 동그랗게 되어 있어야 잘 굴러서 앞으로 나간다. 여기서 굴리는 힘의 주체이자, 실체는 부처님 하느님이시며, 나는 나의 마음을 순간순간 둥글게 만들어야 한다. 그래서 내가 만들 수 있는 온전한 사랑을 굴렁쇠라고 표현해 보았다. 잘 굴러가는 굴렁쇠를 연상하면서 오늘도 온전하게 잘 굴러갈 나의 굴렁쇠를 머릿속에 그려본다.

불교에서는 부처님을, 기독교에서는 하느님을 찾는다. 이처럼 각 종교에서 왜 신을 찾는지 이치를 통해 알아야 올바른 수행의 길에 다가설 수 있게 된다. 신은 그냥 찾아서 되는 것이 아니며, 그냥 따른다고 해서 되는 것도 아니다. 그렇다고 그냥 믿는 것은 더욱더 아니다. 자칫 맹종이나 맹신이 되기 쉬우며, 기복적 신앙이 된다. 결국 우물 안 개구리가 되며, 샛길로 빠지거나 사이비가 된다.

신이심은,
인간 자신이 오로지 터득하고자 하는
진실한 마음,

반드시 이루고자 하는
간절한 마음,
반드시 해낼 수 있다는 확고부동한
일념만이,

일상생활 속
순간순간, 즉시즉시, 그때그때,
좋고 순수한 마음과 사랑이 들어찰 때,

부지불식 간
보이거나, 느껴지기도 한다.

그냥 찾는다거나, 믿는다거나, 따른다거나, 혹은 일상생활을 벗어난 반복된 무언가를 행함으로써, 부처님 하느님을 뵐 수 있다는 생각은 애당초 착각과 허상에 지나지 않는다.

왜냐하면 인간이란 살아있는 한, 사람들의 무리 속에서 어질고, 선하며, 올바르게 생각을 실천해야 하기 때문이다. 알고 나면 쉽지만, 모르면 한평생 극과 극을 달리게 된다. 그러면서도 어떤 이들은 최선을 다한다고 한다.

신이신 부처님 하느님은, 결코 나를 믿어라, 따르라, 숭배하라는 등의 말씀을 하시지 않는다. 우주자연은 하나이며, 삼라만상이 신의 것이며, 그것을 우리는 하나의 원으로 표현하기도 한다. 오직 내가 하기에 달렸다. 즉 내 마음먹기 달린 것이다. 견성성불과 일체유심조의 의미를 되새길 필요가 있다.

선한 마음, 어진 마음, 성실한 마음, 옳은 마음, 지혜로운 마음, 베푸는 마음 등의 좋은 마음이 나를 더욱 더 크고 둥글게 만든다. 순간순간 내 마음씀씀이의 결과이다.

굴렁쇠는
살아생전 반드시
내가 만들어 크게 키워야 하는
둥근 마음을 말한다.

그것이 나를
올바른 수행의 길로 이끈다.

4 장

본래 마음자리와 영혼 성숙

본래 마음자리 통한 올바른 실천

올바른 실천과 믿음 - 믿음이 만들어 지는 이치와 원리

믿음은 나의 성적표

팽이이론의 원리를 통한 영혼 성숙의 참뜻 이해

1) 본래 마음자리를 통한 올바른 실천

인간의 '본래 마음자리'란 육체를 통해 이 세상에 인간으로 처음 나올 때, 하늘에서 주어진 '본성'을 말한다. 본성에 대해 다양한 설명과 표현을 해볼 수도 있지만, 인간 몸 기계의 마음이 작동되는 기준으로 보았을 때, 어진 마음, 베푸는 마음, 옳은 마음, 지혜로운 마음 등으로 나타나며, 이것에 대립하는 마음이 나쁜 마음, 이기적인 마음, 그른 마음, 무지의 마음 등이다.

사람은 각자의 삶 속에서, 사는 동안 스스로 올바른 길 혹은 좋은 곳으로 이끌기 위해 노력함에 따라, 자연에서 주어진 상반되는 두 가지 대립하는 마음 위에 서게 된다. 올바른 수행은 올바른 길 위에서의 실천에서 나오는 것이며, 마음이 어디로 튀는지 스스로 잘 알아차리고, 순간순간 마음을 잘 챙겨서, 옳은 쪽으로 자신을 몰아가는 것이다. 즉, 상황에 따라 자연에 순응하기 위해 노력하는 것이며, 각자 주변의 변화에 따라 추세에 부응하며 최선을 다하는 것을 의미한다.

수시로 변할 수밖에 없는 마음을 통해 사람들과 부딪치고 마주하면서 각자의 부족함과 욕심과 무지로 인해 잘못을 저지르기 마련이다. 그래서 순간순간 자신의 잘못을 고쳐나가는 것이 올바른 수행의 길에서 가장 중요한 부분이 된다.

사람은 아무리 깨달았다 해도, 순간 또 잊는다. 그러길 수없이 반복한다. 항상 부족한 부분과 잘못된 부분으로 뒤엉킨다. 그게 다반사다. 그래서 자기 스스로 잘 관찰하여 잘잘못을 분명히 가리고 고쳐 나가야 올바른 수행의 길에 서게 된다.

고친다는 것은 스스로와의 약속이며, 각자가 믿는 믿음의 실체에 대한 약속이다. 기도는 항상 감사와 반성과 다짐으로 이루어지는 것이며, 조금이라도 기복적, 미신적, 신비적, 추상적인 것이 된다면, 착각과 허상 속에 머물게 될 수밖에 없다. 그것은 지극히 현실적이며, 상식적이고, 실용적이어야 한다.

종종 사람들은 인간이기에 기복적인 마음을 가진다. 이것은 어쩔 수 없는 것이라고도 하나, 인간으로서 살아가는 참맛을 모르는, 바른 수행의 첫발도 아직 디디지 못한 사람의 의식 수준이다.

'살아가는 참맛'이란,
실로 다양하게 체험하기도 하지만,
인간으로 태어나서 인간의 영혼을 가진 한 사람으로서,
나의 믿음으로 나타나는 현실의 실상과 모습들이
신의 사랑으로 인해 빚어지는 것을
나의 몸과 마음을 통해 직접 체험하는 것이다.

그것을 '기적' 혹은
'있을 수 없는 일'이라고도 한다.

불성화나 성령화, 그리고 견성성불과 일체유심조의
실제 의미를 한 번 더 생각해 볼 수 있다.
체험을 해봐야 알아차리는 것이며,
가봐야 안다는 말이다.

설사 알게 되고, 체험을 했다 하더라도
역시 그 수준과 정도는 실로 다양하게 나타난다.

수없이 반복되는 본래 마음자리 체험을 통해, 느끼거나 보고, 알거나 체득하고, 결국에는 그것의 실체와 작용을 알아야 하며, 실생활 속에서 자기화와 실용화가 되도록 해야 한다.

그때가 되어야 비로소 '본성의 뜻대로 사는 삶'을 이야기할 수 있으며, 건강하고 행복한 일상생활 속 삶의 질적 향상은 물론, 자연스럽고 '걸림이 없는 삶'을 누릴 수 있게 된다.

하지만 결코 쉬운 일이 아니다. 인간인 이상, '변하는 마음'을 가지고 있기 때문이다. 인간은 그렇게 만들어져 있다. 본 책에서 '순간순간', '그때그때', '즉시즉시'라는 말을 되풀이하여 사용하는 이유이기도 하다.

'부처님께 다 맡겨놓고 가겠습니다.', 혹은 '하느님을 따르겠습니다.', 혹은 '신의 뜻대로 되게 하소서.' 라는 기도는 내가 그렇게 기도한다고 되는 게 아니다. 스스로 말과 생각과 행동을 본성의 뜻대로 할 때, 거기에 욕심과 무지로 찬 내가 없게 되니, 그제야 다 맡겨 놓은 것이 된다. 나의 그릇에 하느님 사랑으로만 차게 되니, 자연스럽게 자연에 순응한다는 의미다. 순응하는 것은 결국 부처님 하느님께 따라가는 것이며, 신의 뜻대로 산다는 말이다. 즉 자연의 이치와 법에 따라 순응하고, 추세에 잘 부응한다는 것이다.

결국 중요한 것은 내가 움직여서 스스로 만들어 가야 한다. 그래서 현실 속, 살아 있는 한, 지금 이 시간의 주인공은 바로 나 자신이며, 내가 올바른 실천의 주체가 된다.

체험을 통한 알고 모르고의 차이는 완연히 다르며, 구분이 된다. 인간 몸 기계 작동 시스템이 그렇게 프로그램화되어 있기 때문에, 그냥 알고 이해한다는 것과 터득하려는 마음으로 최선을 다하고, 체득하여 실용적으로 써먹는 것은 하늘 땅 차이이다.

자신과 부딪치는 중요한 상황과 사실에 대해 의심하지 못하거나, 그냥 아는 것으로 지나치면, 착각과 허상 속에서, 자기 우물을 키울 수밖에 없다. 결국 자기 고집을 쌓아가게 되면서, 우물 안 개구리가 된다. 종교적으로는 기복적이고, 미신적이 될 수밖에 없으며, 그게 사이비로 가게 되며, 광신도가 된다.

그냥 알고 있는 건지, 체득하여 올바른 실천을 하고 있는 것인지, 보면 바로 알 수 있다. 왜냐하면 본성대로 산다는 것은, 있는 그대로 보고 받아들이며, 치우친 마음이 없는 삶이기에, 자신의 내면을 진실하게 밖으로 나타내 보이기 때문이다.

본래 마음자리를 완전히 이해하고, 올바르게 실천하기 위해 최선을 다하는 과정 속에, 이치에 따른 기본적 생각과 개념이 완전히 자리 잡히면, 아래와 같은 내용을 생각해 볼 수 있다.

① 샛길이나 사이비를 논할 이유가 없다.

② 권모술수, 시시비비가 사라진다.

③ A, B, C 등의 무슨 종파나 위아래 순위의 구분은 아예 생각하지 않는다.

④ 있는 그대로 보게 되며, 편견은 자동으로 없어진다.

⑤ 자연의 이치와 법, 진리를 점차 확연히 알게 된다.

(우주자연 = 하느님 = 부처님 = 이치 = 법)

⑥ 자신의 잘못과 부족한 점을 쉽게 알아챈다.

⑦ 자신을 삼자 입장에서 항상 지켜보게 된다.

⑧ 자연의 파장에 따라가야, 내가 산다는 것을 터득하게 된다.

⑨ 기복적, 미신적, 맹신 따위의 허상은 없다.

⑩ 매사가 단순 명료해지며, 명명백백해진다.

2) 올바른 실천과 믿음 – 믿음이 만들어지는 이치와 원리

믿음은 올바른 실천에서 나오는 것이며, 그 믿음이란 실천 속의 깨달음과 사랑이다. 믿음의 뿌리는 본래의 마음자리에 있으며, 믿음의 줄기는 올바른 실천 속 어진 마음과 베푸는 마음의 정도에 따라 그 굵기가 각기 다 다르다.

믿음은, 공(空) 또는 무아(無我)를 온전히 이해하고,
완전하게 몸에 체득이 될 때(**불성화**),

기도나 중도가 바르게 되면서 올바른 실천이 가능해지며,
이러한 과정 속에 녹아 들어갈 수 있을 때(**깨달음**),

비로소 올바른 믿음이 만들어진다(**실천의 바탕**).

이게 믿음이 만들어지는 이치와 원리이며,
내가 만든 믿음은
살아생전 받은 삶의 성적표다.

아래 도표에서 팽이 돌리기의 원리와 이치를 보면 한눈에 이해할 수도 있다. 인간 몸 기계의 작동원리와 이치를 팽이이론과 도표를

통해 아주 쉽게 설명했기 때문이다. 그것을 완전히 이해하고, 자기화하여 실용적으로 쓰기 위해서다. 다음 장에서 좀 더 상세히 다루어 본다.

그 원리를 잘 보고 잘 느끼는 것이 과정 중에 중요할 수도 있지만, 주변 상황 속 즉시즉시, 순간순간 합당하고 올바르게 말하고 생각하고 행동하는 것이 더 중요하다.

부처님의 가르침을 올곧게 전하여 이어지도록 해야 하는데, 세월이 흐르면서 필요 없는 틀이 만들어지고, 사람의 생각이 들어가면서 각색되고, 왜곡된다. 그것들이 지금의 현실에 영향을 준다. 따라서 하지 않아도 될 것, 또는 하지 말아야 할 것들이 여전히 많기에 수행의 바른길을 통해 분명히 구분할 수 있어야 한다.

설사 올바른 수행을 통해 부처님의 가르침을 알게 된 사람이더라도 그냥 지나칠 수밖에 없을 것이다. 다수의 사람들 속에서 오랜 세월 동안 이미 높게 만들어진 틀은 하루아침에 사라질 수 없기 때문이다. 하지만 부처님의 가르침에 대한 기본적인 생각과 개념은 예나 지금이나 동일할 수밖에 없다. 그것은 자연의 이치와 법, 진리이기에 변하지 않는 것이기 때문이다.

자연의 이치와 법, 진리는 지극히 간단하고 명료하며, 그 이치 자체는 지극히 쉬울 수 있다. 그런데 그것을 바탕으로 한 실천은 사람에 따라 천차만별이다. 어려울 수밖에 없다는 말이다. 하물며 그러한 이치 자체의 참뜻을 이해하거나 그것의 중요성도 인식하지 못하는 사람이 대부분이다.

현재 나와 주변에서, 만에 하나 알게 모르게 자신의 틀, 혹은 전체적인 틀이 만들어지고 있는 건 아닌지 항상 의심에 의심을 거듭해야 한다. 틀이 만들어지는 것은 마음공부 속 나의 눈을 가리게 하며, 그렇게 한 만큼 힘들고 어려워진다.

■ 중심축(영)을 구심으로 파장을 통한 마음작동(혼) 표현의 이해 ■

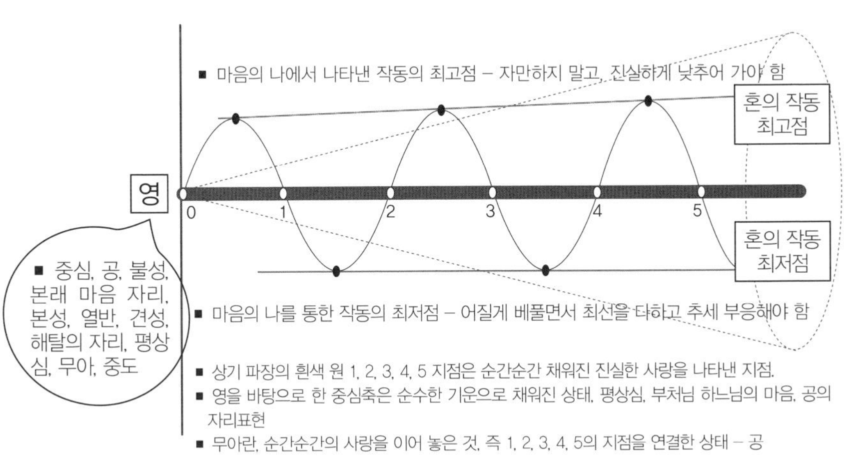

진실과 진실이 아닌 것, 허황된 것과 참된 것,
옳고 그름 속에서 반드시 올바른 쪽으로 나를 몰아가야 한다.

하지만 인간이기에 다수의 흐름에 쏠리기 쉽게 되어 있다.
직접 이야기해 준다 해서 고쳐지는 것이 아니라,
내 생각이 스스로 빨라야 하며,
순간순간 단번에 알아차려야 하며,
항상 준비되고, 열린 마음이어야 한다.

상기 그림은 중심축을 구심으로 영과 혼의 조화와 균형이 수행의 바른길로 인도하는 것을 나타내고 있다. 중심점은 영으로서 공의 자리이며, 불성의 자리다. 수행자 입장에서는 그것을 본래 마음자리, 본성, 열반, 견성, 해탈, 도, 평상심, 무아, 중도, 불성화로 표현할 수 있다. 즉 수행자가 주체가 되어 갈고닦아서 가야 할 자리를 표현한 것이다. 회색 축(가로축)이 수행자가 가야 할 바른길, 즉 중도이며, 정도이다. 도 즉 평상심도 여기서 쉽게 이해하게 된다.

상기 그림을 통해 수행의 바른길 전체를 나타내어 보았다. 이해는 쉬우나 결국 실천이 어렵다는 것을 바로 알 수가 있으며, 그것은 마음의 나가 어떻게 게 작동되느냐가 관건이기에, 나를 자주 돌아볼 수 있다면 자신을 고칠 수 있는 기회가 되니 수행의 바른길로 가게 된다. 그게 믿음을 쌓게 되는 기본 수행 자세다.

이 그림은 항상 불규칙적으로 변하는 마음을 파장 그림으로 나타낸 것인데, 설명하기 쉽게 하나의 일정한 파장으로 나타내었다. 팽이 돌리기의 원리와 함께 생각할 수 있도록 팽이 그림도 함께 넣었다.

상하의 파장 꼭지점은 각자 마음의 최고점과 최저점이며, 육체의 나와 마음의 나가 합쳐진 순간순간의 점을 회색 축 상에 표시하였다. 그것을 이어놓아 일직선상에 있게 되면 '무아'가 되며, '공'을 표현하는 것이다. 즉 순간순간 사랑으로 채워진 나의 마음을 연결한 것이 '무아'이며, '사랑'을 나타낸다.

■ 영과 혼의 작동을 통한 믿음이 만들어지는 이치 ■

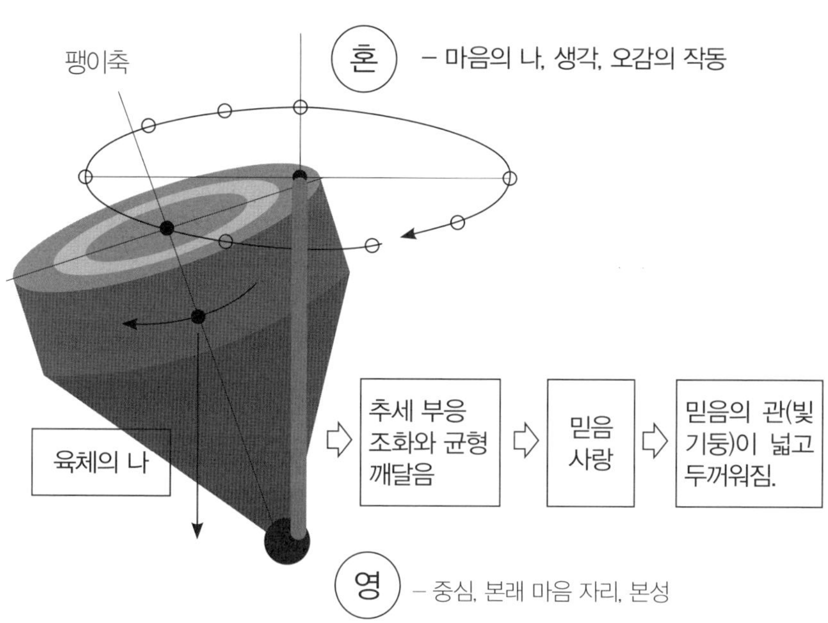

상기 팽이의 맨 아래가 중심축이 된다. 육체의 나와 마음의 나를 하나로 만들기 위해, 부족하고 잘못된 점을 고쳐서, 최선을 다해 조화와 균형을 이루도록 하여 팽이가 잘 돌아가도록 하는 것이다. 즉 사는 동안 자연의 파장 기운으로 돌아가는 인간 삶을 말한다.

위의 두 그림은 인간 몸 기계의 작동이치와 원리를 간략하게 이해해 보기 위해 나타낸 것으로서 일상생활 속에서 어떻게 해야 효율적으로, 실용적으로 쓸 수 있는가를 반드시 터득해야 한다.

즉 실천이란,

• 공을 통한 육바라밀과 8정도 실천

• 성령을 통한 십계명 실천

• 불성을 통한 올바른 실천(신이심 인식과 의식변화)

• 반야와 함께하는 육바라밀의 온전한 실천이 되어야 수행의 바른길 위에 있게 된다.

가장 기본바탕이 되는 이치와 법은 삼라만상 어디서나 다 똑같이 적용된다. 인간이란 결국 살아있는 한 말과 생각과 행동을 통해 추세에 맞게 잘 부응하고 내 주변과 조화 및 상호공유, 즉 베풂과 사랑과 최선을 다하면서 혁신, 창의와 발전을 만들어내야 한다.

무엇을 하든, 본래의 마음자리가 기본이 되고, 중심이어야 한다.

그것을 바탕으로 내가 어떻게 할지 잘 판단하는 일, 즉 추세에 부응하는 일이 중요하다.

팽이 돌리기의 원리는 인간 몸 기계를 빌려 이 세상에 나와, 사는 동안 그것을 올바르게 작동하고 관리·유지할 수 있는 가장 핵심이 되는 기본 사용법을 설명하고 있다.

결론은 자연의 이치를 통한 가장 기본이 되는 생각과 개념이 바탕이 되어야 비로소 올바른 실천을 온전히 시작할 수 있다는 말이다. 수행의 바른길 제1편에서 줄곧 강조하고 있는 "불성화(성령화)"의 이치를 알고 체득하고 나서야, 비로소 공부 시작이다." 라는 말을 좀 더 깊게 이해해 볼 수 있을 것이다.

이때가 되어서야 비로소 '믿음'이 무엇인지 좀 더 제대로 체험할 수 있다. 부처님 하느님 공부, 즉 자연의 이치와 법, 진리를 공부하게 되면, 아프지 않게 되고, 건강하고 행복하게 되며, 모든 일이 술술 풀어진다는 말의 의미와 종교에서 이야기하는 믿음이 무엇인지 확연히 깨닫게 된다. 여기까지 알기는 쉬우나, 그다음부터가 어렵다. 그래서 한편으로는 쉬운데, 한편으로는 어렵다고도 한다.

예전에 뭔가를 바라거나, 아프거나, 시험 합격을 위해서나, 일이 잘 안 될 때, 기도로서 해결하려 했다면, 그것은 욕심과 어리석음에서 기인한 의식의 수준이다. '믿음'의 참뜻과 실체를 알고 실생활에서 어떻게 작용하는지 깨닫게 되면 그러한 기도는 자신의 욕심과 무지에서 온다는 것을 절실히 알게 되며, 온몸이 뭔가에 찔리는 것과 같은 부끄러움과 수치심을 느끼기도 한다. 인간의 의식 수준이란 보통 대동소이하다. 그래서 마음을 닦아야 하는 것이며, 수행의 길에 들어선 사람은 최소한 달라야 한다는 말이다.

분명한 것은, 우주자연은 전체를 진화 발전시키고 있다는 사실을 알아야 하며, 이치에 따른 근거를 가지고, 자신을 항상 의심하면서 스스로 부족함과 잘못됨, 그리고 무지와 욕심을 순간순간 잘 알아차리고, 즉시즉시 고치면서 앞으로 나아가야만 한다.

3) 믿음은 나의 성적표

'믿음'이란,
많은 사람과의 부딪침 속에 각자가 만들어낸
'일용할 양식'이다.

인간은 사는 동안
좋은 인연의 복을 만들 수 있게 되고,
건강하고 행복하게 되어, 여유롭고 잘살게 되며,

죽어서는
본성과 마음을 가지고 간다.

인생, 삶은 즉 공부이고, 수행이며, 도라고 했다.
그것은 이 땅에 살면서 해야 할 마음공부다.
인간은 삶 속에서 만들어 놓은 깨달음과 사랑만을 가져간다.

그것이 인간 영혼 성숙의 정도이며,
자연은 그것만 본다.

인간 각자 삶 속에서
믿음이 얼마나 중요한지 알아야 한다.

인간 삶의 궁극적 목표는
영혼 성숙이며,

올바른 실천을 통해 덤으로 얻어가는 것이
건강과 행복이라는 사실을 마침내 알아차리게 된다.

인간이 마지막에 가지고 가야 할 것이 무엇인지, 그리고 삶의 여행길에서 내가 가야 할 마음의 목적지는 어디인지, 수행의 바른 길을 통해 잘 알아차리는 것이 중요하다.

각자의 일상생활에서 올바른 실천으로 쌓인 깨달음과 사랑, 즉 믿음은 자신 생활 속에 삶의 윤택함과 여유로움을 창출할 것이다. 또한 내가 실천한 만큼 다음 생으로 가는 합당한 티켓을 받도록 만들어 낸다. 우리가 각자의 삶 속에 최선을 다해 공부해야 하는 이유다. 결국 모든 게 다 나 자신을 위해서이다.

4) 팽이이론의 원리를 통한 영혼 성숙의 참뜻 이해

아래 그림 중 하나는 팽이 돌리기를 옆에서 본 것으로, 인간 몸 기계의 원리와 이치를 설명한 것이다. 다른 하나는 위에서 보면서, 본래 마음자리를 중심으로 인간마음이 나타나는 원리를 표현해 보았다. 또 다른 시각으로 이해하면서 다양한 생각을 가져보자는 의미에서 본인의 생각으로 나타내 보았다.

사람의 육체는 몸 기계이며, 그것은 돌아가는 이치와 원리가 있으며, 알고 나면 여러 가지 각자의 생각대로 표현하고 설명할 수 있게 된다. 조금도 비현실적이거나 비상식적이며, 신비스러운 부분은 없다. 알고 나면 종교적이며 기복적이고 미신적인 부분도 없다는 것을 확연히 알게 된다.

이치에 따라 이러한 표현을 이해할 수 있게 됨에 따라, 살아생전 내가 어떻게 몸 기계를 다루어야 하며, 마음의 목적지는 어디인지 분명하게 짚고 넘어갈 수가 있게 된다. 즉 실생활을 통해 현실적으로, 보다 더 나은 올바른 실천을 할 수 있게 된다는 것이다.

수행을 올바르게 행하는 일에 가장 바탕이 될 핵심을 이치에 따라 깨닫고 체험하게 되면, 자연의 이치와 법, 진리는 우주자연, 즉 신의 가르침으로서 흐르는 세월과 관계없이 유사 이래 동일하다는 것을 알게 되며, 샛길에 빠지지 않고 좀 더 현명하고, 좀 더 지혜롭게, 좀 더 현실적이고, 좀 더 실용적으로 공부할 수 있게 된다.

■ 본래 마음자리와 믿음의 축에 대한 이해

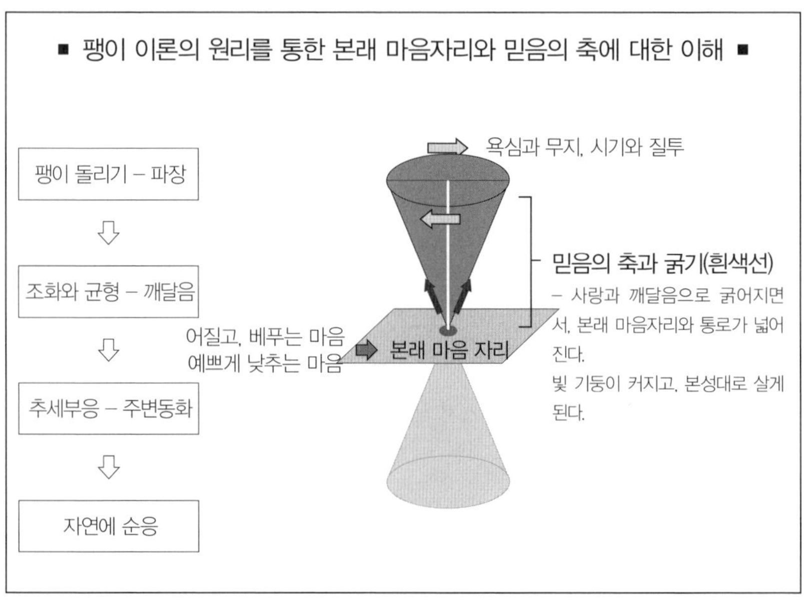

■ 영과 혼의 작동을 바탕으로 한 마음의 나타남

- 팽이의 맨 아래 중심 축은 본래 마음자리, 즉 올바른 실천의 원천인 공이다. **(영)** - 진회색
- 윗쪽은 말과 생각과 행동으로 나타나는 욕심과 무지의 마음. **(혼)** - 옅은 회색
- 그것을 돌리는 축은 믿음의 관(뿌리)이다. 굵기가 빛기둥 크기, 즉 사랑이다. **(믿음)** - 백색
- **영혼 성숙** = 영(본성) + 혼 + 영육(사랑, 깨달음 = 믿음) = 성적표. **(다음 목적지 티켓)**

■ 사계절 이치로 본 영혼 성숙의 이해

봄이 되어 만물이 살아나고, 여름이 되면 잎이 무성하며, 가을이 되면 낙엽이 떨어지고, 겨울이 되면 다시 땅속으로 들어가는 사계절의 이치는 우리 인생과 마찬가지이다. 이는 지극히 일반적인 이야기이지만, 자연의 이치는 하나로 통하기에 여기서는 인간의 영혼 성숙에 빗대어 나름대로 표현을 해 보았다.

■ 사계절의 이치를 통한 영혼 성숙의 원리 이해 ■

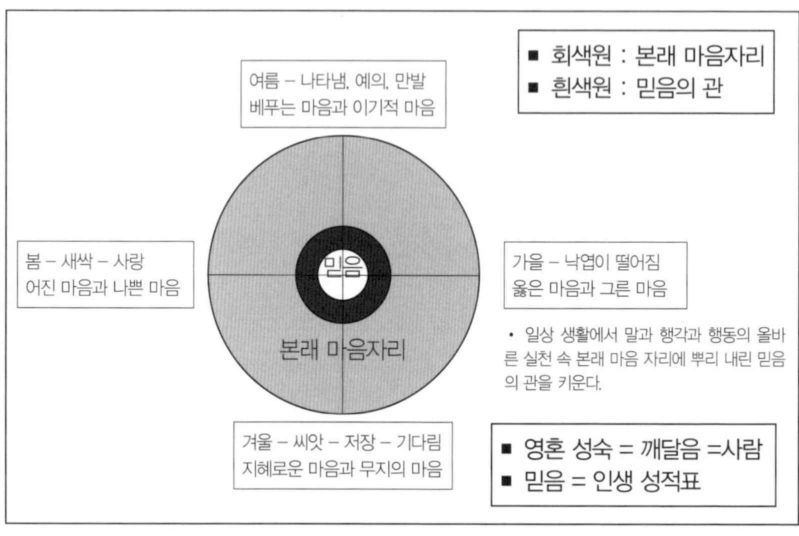

위 도표는 팽이를 위에서 본 평면도다.

① 본래 마음자리를(공, 본성, 참 나) 바탕(중심)으로

② 믿음의 관(뿌리)을 축으로

③ 우주자연의 파장으로 돌아간다고 표현할 수 있다.

돌아간다는 것은 의식이 있고 살아있다는 것을 의미한다.

본래 마음자리를 찾아가는 것이 인간의 살길이나, 기존 틀 속에 갇혀있는 무지와 살고자 하는 욕심이 앞을 가로막는다. 수행의 과정에서 인간의 살길을 찾느냐, 욕심과 무지의 길을 걷느냐, 내가 어떻게 하느냐 옳고 그름의 등의 분기점에서 내 마음먹기 달렸다.

① 본래 마음자리와 친숙하고 익숙해져야, 어질고 진실하게 된다.

② 본래 마음자리에 머물기 위해, 좋은 전도체가 되어야 한다.

③ 본래 마음자리의 파장을 잘 감지하기 위해, 안테나를 잘 세워야 한다.

그것이 나를 올바른 쪽으로 몰고 간다.

올바른 실천을 통해 나의 믿음을 키우는데,

그 믿음은 본래 마음자리와의 통로를 크게 만들며,

교감을 더욱더 잘 되게 한다.

그것이 나를 건강하게 하고, 아프지 않게 하며,

좀 덜 어렵게 만들며, 좀 덜 힘들게 한다.

또한 좀 더 여유롭게 하며, 좀 더 잘 순응하게 하며,

좀 더 자연스럽게 하고, 좀 더 추세에 잘 부응하게 한다.

결국 잘살게 되는 이치를 설명하고자 한다.

스스로 예쁘지 않게 하고, 낮추지 않고, 말하고 생각하고 행동하는 것은

사람과의 부딪침 속에 모가 난 것이다.

즉, 조화롭지 못한 것으로,

결국 자연에 잘 순응하지 못하는 것이 된다.

또한 추세에 잘못 부응하는 것이 되니,

자연에 어긋나는 것으로,

결국 스스로를 힘들고 어렵게 만들며, 아프게 한다.

삼라만상 모든 만물 중 사람만이

유일하게 어렵고 힘들고 아픈 과정을 겪어서 깨달은 후에야,

비로소 말을 듣는다고 하였다.

이런 힘든 과정을 겪지 않든지, 덜 겪으려면,

매사 생각이 빨라야 하고, 항상 예쁘게 자신을 낮추어가야 하며,

남에게 베풀면서 최선을 다해야 하고

항상 준비된 모습이어야 한다.

■ 본래 마음자리 통한 각 단계별 팽이 돌리기의 진화, 발전 9단계 – 현상계 ■
(우주 자연 파장시스템 – 생성, 변화, 소멸)

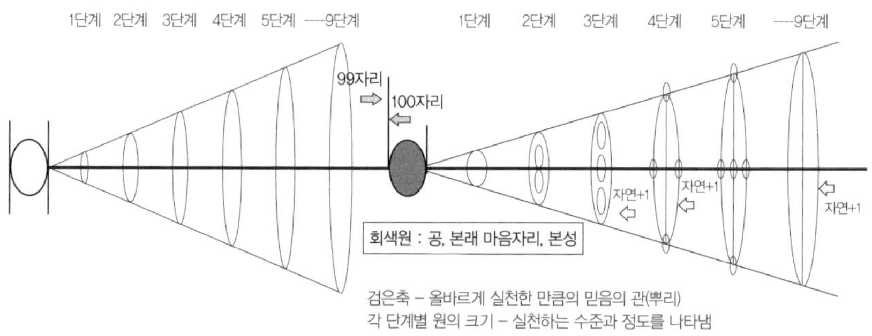

우주자연, 신(본래 마음자리)을 인식하지 못해도 각자 역량과 노력에 따라 99에 가까이 갈 수 있다. 하지만 100의 자리까지는 신을 알아야 하기에 불가능이다.(위 좌측 팽이 그림 참조)

자연+1 : 각 단계의 완성 속 자연의 인도로 그 다음 높은 단계로 이동

위의 팽이 돌리기는, 살아가고 있는 인간의 삶을 표현한 것이며, 그것은 어떤 순간에 뛰어넘을 수 있는 파장을 만들고 있는 것으로 표현할 수도 있다. 그것은 우주자연의 기운으로 돌아간다.

위 그림은 팽이 돌리기를 옆으로(눕혀서) 본 것으로, 각 크기를 가지고, 단계별 진화·발전하는 과정을 이해하기 쉽게 도표로 그린 것이다. 각 단계는 자연의 파장에 의한 생성, 변화, 소멸의 시스템 속에서 진행되며, 거기에 따른다는 의미가 내포되어 있다.

① 팽이 돌리기의 실체는 자연이며, 그것은 공 또는 본래 마음자리로 표시되고, 파장시스템으로 돌려진다.

② 본래 마음자리가 바탕이 되어, 그 에너지로 돌아가기에, 그것에서 떨어지면 죽는다. 반드시 찾아야 하기에 사람의 살길이다.

③ 각자 스스로 그 에너지를 만들어야 하는데, 내가 최선을 다하고 올바른 실천을 하는 것에 따라 그 양이(믿음의 축과 굵기) 정해진다. 그게 나의 성적표, 즉 믿음이다. - 죽을 때 가져가는 것(사랑 = 깨달음, 즉 믿음)

④ 각 단계에서 최선을 다하고 올바른 실천을 완성할 때, 자연에 의해 그다음 단계로 인도된다. 결국 내가 해야 하는 자신 스스로의

공부다. – 자연은 좋은 쪽으로만 인도할 뿐, 그다음은 각자 스스로 해내야 한다. 무한하게 간다는 것, 그 이상은 알 수 없다. 그래서 현실 세상의 주인공은 나 자신이다.

위의 내용 속에서 아래와 같은 간단한 설명을 더 할 수 있다.

첫째, 각자 일을 할 때는 최선을 다하며, 그 외에는 본래 마음자리(각자 믿는 믿음의 실체, 공)로 가라. 즉 부처님 하느님만 생각하라.

둘째, 공(본래 마음자리)에 들어가는 것은 내가 없어지는 것, 즉 버리는 것이니, 자연에 맡기는 것이며, 자연에서 이끌어간다는 의미다. 즉 각자의 일에 맡은바 최선을 다하며, 시간적 여유가 있을 때는 항상 본래 마음자리를 찾을 수 있어야 자신을 올바르게 잘 몰아가는 길이다.

셋째, 자연의 공부는 믿음의 공부이며, 각자 스스로 해야 하기에, 자연스럽게 커야 하며, 자연은 각 단계별 완성을 보여줄 때 다음 단계로, 즉 좋은 쪽으로 옮겨가도록 인도를 해준다.

결국 공부는 스스로 올바르게 실천해야 하는 것이며, 그것을 통해 나의 믿음, 즉 인생 성적표를 키운다. 인간으로서 그다음은 알 수 없다. 자연의 이치대로 움직일 뿐이다.

위 팽이 돌리기 그림의 원리를 알게 되면, 상황과 조건에 따라서 무한대로 자기표현이 가능하다. 또한 각자 일상생활에서 만나는 사람들과 더불어 수많은 상황과 다양한 모습 속에서 이치를 다시 한 번 깨달을 수 있다. 경험을 통해 보고 배운 좋은 모습들을 자기화 할 수 있게 되어, 각자 공부를 앞으로 나가게 할 수 있다.

아무리 좋은 책이나 경전이라도 읽고 이해해서 아는 것도 필요하지만, 그것만으로는 지극히 초보단계에 머물 수밖에 없으며 절대 충분하지 않다. 전부 읽고 이해한 후, 이렇게 저렇게 이치에 맞게 필요에 따라 꿰어 찰 수 있어야 자기화가 가능하고, 실생활 속에서 활용할 수 있어야 한다. 하지만 그것은 반드시 반복되는 체험을 통해서 가능해진다.

과정 속에 알아차림과 마음 챙김을 잘해야 하기에, 마음공부이기도 하며, 지혜의 공부다. 결국 인생이란 삶 자체가 도이며, 공부이고, 수행이다. 그것이 인간의 올바른 살길이며, 살아생전 질적인 삶의 영위를 가져오며, 육체적으로나 마음으로 여유롭게 된다.

인간들은 각자의 우물 속, 각자가 쌓아온 기존의 틀 속에서 살다 간다. 아무리 최선을 다해도, 자기 우물만 더 깊게 파는 것을 흔히 보게 된다. 자신은 자기 틀을 보기 힘들다. 수행의 올바른 길에서는 가장 먼저 자신을 아는 것이 참으로 중요하다.

자연의 이치와 법, 진리를 올바르게 찾아가게 되면, 어느 순간 잘못되고 부족한 종교적 믿음과 자기상식을 자연스럽게 벗어나게 된다. 공부는 이때부터가 사실 어렵다. 설사 이치를 알았다 해도, 막상 부딪치면 그다음 일을 알 수 없다. 결국 나는 아는 게 없다는 것을 반복해서 절실히 깨닫게 된다.

공부는
자연에 맡겨 놓고 가는 것이며,
공부하는 동안 자연의 파장에 따라 잘 움직일 수 있어야 함을,
순간순간 절절하게 알아차리면서 깨달아 가게 된다.

그래서 내가 뭘 좀 알게 되었다는 것도 참으로 보잘것없는 것이며, 알게 모르게 가지게 된 우월감이나 성취감도 때때로 참 부질없는 것이라는 것을 알아차린다. 그러나 계속해서 반복한다. 인간은 그렇게 시스템화되어 있다.

하지만 그러한 시스템의 굴레를 빠져나가겠다는 사람은 힘들고 고달프며, 참으로 어리석고 무지한 삶을 살게 된다. 왜냐하면 자연의 이치에 어긋나기 때문이다. 때때로 고행한다며 합리화하기도 하나, 그것은 자신을 위로하는 것에 지나지 않는다. 상기에서 반복 설명했듯이 인간의 발전단계는 끝이 없으며, 무한대로 지속한다. 앞으로도 끊임없이 자연에 순응하면서 나아가야 한다. 엉뚱하고 헛

된 망상 속에서 오묘한 진리를 찾는 것은, 스스로 어렵게 만들고, 힘들고 아프게 만든다. 결국 스스로 자기 우물을 만들어, 거꾸로 거슬러가게 되는 것과 진배없다.

어느 날 일상의 삶 속에서 "아, 결국 나는 모르는구나."를 배우고 있다는 사실과 "나는 알 수가 없구나."라는 것을 어느 순간의 깨달음을 통해 살펴볼 수 있게 된다. 결국에는 인간뿐만 아니라 삼라만상 전체가 자연에 순응하고, 추세에 잘 부응해서 자연스럽게 끊임없이 무한하게 가야만 되는 것임을 알아차리게 된다. 그것은 사는 동안 건강하고, 행복하며, 덜 어렵고, 덜 힘들고, 덜 아프면서 여유롭게 살아갈 수 있게 한다.

5 장

명상 (기도, 참선, 선, 좌선)

의미

실용적인 삶과 자연스런 삶

선행의 마음은 올바른 명상이나
기도를 통해 나온다

1) 의미

명상이란 각자가 믿는 믿음의 실체인 신을 만나는 것이다. 부처님 하느님을 만난다는 말이다. 신과의 만남 또는 자연과의 교감으로 표현해도 무방하다. 단지 그것을 인식하는 의식의 수준과 정도가 관건이다.

그냥 해보니 마음이 편안해지고, 에너지 충전도 되고 좋더라 하는 것도 본래 의미 중 지극히 부분적인 것이다. 본래 마음자리, 공의 자리, 무아의 자리, 또는 본성, 혹은 불교의 불성, 기독교의 성령을 모르는 명상이나 기도는 자칫 시간 낭비와 헛된 길로 빠지기 쉽게 되며, 차라리 편하게 쉬거나 잠을 자는 것이 훨씬 낫다.

이치에 따른 핵심을 알아차리고 체험을 하는 데도, 때때로 많은 시간과 노력이 걸리기도 하지만, 그 역시 절대 쉽지는 않다. 설사 안다고 하더라도, 명상을 위한 명상 혹은 기도를 위한 기도가 되어 그냥 거기에 빠져있게 되는 경우 또한 허다하다. 어쩌면 스스로 부족하거나 잘못된 의식으로 인해 그렇게 원하면서 최선을 다하려고 하기 때문일 수도 있다. 빠져있다면 여러 가지 문제점이 발생한다. 하지만 본인은 스스로 잘 알 수가 없는 것이 더 큰 문제이다.

기도나 명상이란 한평생 살아가면서 각자가 믿는 믿음의 실체, 즉 부처님 하느님 신을 찾는 것이며, 가까이 다가서는 것이다. 그것은 나를 올바르게 앞으로 나아가도록 인도한다. 이것 또한 체험을 통하지 않고는 이해하기 힘든 부분이다.

나의 몸과 마음을 움직이게 하는 실체를 알고 체득이 되어야, 명상이나 기도를 제대로 올바르고 유용하게 실용적으로 할 수 있게 되면서, 실용적인 삶과 자연스러운 삶을 영위할 수 있게 된다. (참조_『수행의 바른길 4편』 제2장 ■ 일상의 깨달음을 위한 명상 ■)

2) 실용적인 삶과 자연스런 삶

실용적인 삶과 자연스러운 삶의 본질적 의미는 같은 맥락에 있다. 단지 표현을 이렇게도 해 봄으로써 한 번 더 생각해 보자는 것이다. 일상생활 속에서 하는 명상은 현재 나의 존재에 대해 감사하고, 뭔가 부족하고 잘못된 것을 알아차리어 고쳐나가면서 반성하고 다짐하는 장이 되면 충분하다.

'순간순간' 또는 '그때그때', '즉시즉시' 내가 무엇을 생각하고, 어떻게 말하고, 행동하느냐가 중요하다. 명상이나 기도의 참된 의미를 알게 되면, 그것을 위한 장시간을 할애해야 할 이유가 없다. 또한 그 속에서 일상생활을 위한 실천과 동떨어진 엉뚱하거나 허황된 생각을 할 이유도 없다는 사실도 알아차리게 된다.

올바른 명상이나 기도를 통해 현실적으로 참된 삶의 의미를 깊이 인식하게 되면 그냥 좋은 말과 생각, 행동을 나타내는 것만으로도 바쁘게 된다. 명상이나 기도의 참된 의미를 안다면, 그것을 통한 올바른 실천만이, 지금까지 만들어진 각자의 능력과 수준의 한도 내에서, 인간 최고의 삶을 영위하게 된다는 것도 실감하게 된다.

매년 개최되는 핀란드 행사에서는 수련 직후, 항상 사우나를 하게 된다. 핀란드 사람에게 사우나는 일상생활에서 필수적이다. 사우나가 건강에 좋은 것은 누구나 알지만, 오래 앉아 있으면 죽는다. 여행이나 휴가도 우리 생활에서 여유를 가지게 하는 것으로서 참 좋다. 하지만 거기에 오랫동안 머물면 경제적으로 궁핍하게 된다.

사우나 또는 휴가를 통한 상쾌함이나 즐거움 속에 계속 머물려 하는 것에 대한 현실적이며, 실질적인 판단이 요구된다. 즉 명상을 위한 명상, 기도를 잘하기 위한 기도로서 거기에 머물지 말아야 한다는 것이다. 그것은 명상 그 자체를 일상생활에서 얼마나 실용적으로, 잘 활용할 수 있는가가 현생의 삶을 여유롭게 만들기 때문이다.

명상이나 기도는 신과의 만남이라고 했는데, 신과 만나는 상황도 절대 쉽지 않겠지만, 가령 만났다면, 용건이 있어야 할 것이다. 볼일이 있다면 자기의사 표시를 한 번 하는 것으로도 충분하다. 자기 행동의 결과에 대한 감사, 반성, 다짐으로서 최소한 한두 번 정도의 표현을 하면 되지 않을까. 그냥 앉아서 장시간 신과의 만남을 즐기고 있다든지, 아니면 신 앞에서 똑같은 말을 반복하고 있다면 좀 많이 우스운 모양새가 아닐까. 그래서 혼자 있을 때 생각과 행동을 더 조심해야 하는 이유이기도 하다.

자연의 기준에서 생각한다면, 부처님 하느님께서는 항상 바라보고 계심을 알 수 있다. 수행 과정에서는 신에 대한 인식과 의식의 크기가 아주 중요하다.

사람에 따라 공부하며 뭔가를 좀 더 잘 볼 수 있거나, 잘 느낄 수 있게 됨에 따라 종종 남과의 차별성이나 우월함을 가진 것으로 착각하며 오류를 범하기도 한다. 가령 누군가가 휘황찬란한 빛이나 그 이상의 신비한 현상들을 보았다 하더라도 그것은 스스로의 위안이나 위로에 지나지 않는다. 단지 남이 할 수 없었던 좋은 체험을 했다고 여기고 그냥 지나치면 된다.

거기에 머물기를 즐기며 최선을 다한다면, 착각과 허상 속에서 자기 세계를 만들게 되니, 스스로 정상으로 돌아오는 데 많은 시간이 걸리기도 하며, 평생 돌아오지 못하기도 한다. 자기 세계란 자기 우물, 즉 자기 생각 속 착각과 허상 속에 빠지는 것이기에 그런 문제가 종종 발생한다.

인간은 살아있는 한, 올바른 실천에 최선을 다하면서, 건강하고 행복하게 살아가야 한다. 이것이 지극히 중요하다는 것을 잊어서는 안 된다. 그래서 항상 깨어있어야 한다. 결국 자신과 나의 가까운 주변과의 관계 속 소통과 이해가 중요하다. 지금 이 순간 무엇을 어떻게 하느냐가 가장 중요한 현실과 상황을 만든다.

올바른 명상이나 기도란 올바른 실천을 위한 바탕이 되어야 한다. 명상과 기도로써 내 생각을 바꾸게 하여, 기존의 잘못되고 부족한 나의 의식에 변화를 가져오게 하여야 한다. 그것이 깨달음을 가져오며, 인간을 앞으로 가게 한다. 한편 우주자연은 삼라만상을 생장, 발전, 성숙시키는 가장 기본적인 자연의 이치와 법, 진리에 근거한다.

명상이나 기도를 통한 실용적인 삶이란, 자기 성찰의 시간을 좀 더 진실하고 진지하게 가짐으로써, 자신을 좀 더 올바르게 바라보게 되어, 자신의 잘잘못과 부족한 점을 알아차리고, 실생활에서 고쳐나가면서, 더욱더 발전시킨다는 말이다.

결국 자신을 알아간다는 것은, 자신을 더욱더 자주, 올바르게 고칠 수 있는 계기를 만드는 것이며, 순간순간 깨달아 간다는 것이다. 결국 그것은 자연의 이치를 따르는 것으로 표현할 수 있다. 일상생활에서 감사와 반성, 다짐의 기도나 명상으로 나를 올바르게 몰아가면서, 말과 생각과 행동에서 어질고 선하게 베풀면서 참되게 실천하는 것이 인간의 참모습이며, 그것을 우리는 바른 생활이라고 하며, 자신을 위한 것이 된다.

또한 남과의 관계 속에서 상호 신뢰를 구축하게 되니, 좀 더 쉽게 서로 베풀게 되며, 나의 것을 공유할 수 있기에 다 함께 좋게 된다. 그것이 바로 깨달은 삶이며, 실용적인 삶이 된다.

사람들 속에서 서로 부딪쳐가면서 이해와 배려하며 상호신뢰가 쌓이고, 상호공유하게 되니 주변이 좋아지고 사회와 국가가 발전하게 된다. 잘사는 나라들의 선진 국민의식이 이러하며, 우주만물이 진화 발전하는 기본 이치이기도 하다. 그것을 자연의 이치라고 한다.

따라서 '깨달았다'라는 것이
남이 보지 못하는 뭔가를 잘 볼 수 있게 되었다거나,
남이 알지 못하는 뭔가를 미리 예견 혹은 예언함을 의미한다기보다,
세상 사람들과 함께 살고 있는 인간으로서

모든 사물을
있는 그대로 볼 수 있게 되었다는 뜻이다.

나와 남이 하나라는 것을 알고,
남에게도 나를 위하는 것처럼 하게 되는 것을 뜻한다.
여기서 나의 의식이 좀 더 열리고 깊어짐에 따라,
'상대를 대함이 부처님 하느님을 마주하는 것'이라는 사실을
몸과 마음으로 알아차리게 된다.

'깨달음' 혹은 '깨우침'이라는 것에 대한
가장 기본적인 생각과 개념이 이러하다.

깨달아 가면서 산다는 것은 지극히 상식적인 것이며, 간단하고 명료한 것이다. 사람은 살아서 두 손, 두 팔을 사용할 수 있는 한,

사랑을 만들어 쌓아가면서, 그 속에서 행복하고 즐겁고 건강하게, 열심히 움직이다 몸 기계의 수명이 다 되면, 다시 자연으로 되돌아간다.

결국 실용적인 삶이라는 것은 자연의 이치에 맞게 사는 삶이며, 나도 좋고 남도 좋아지게 되는 삶이다. 이렇게 살면 나의 치우친 가치관이나 편협된 시선이 없어진다. 또한, 사물을 바라보는 시선이 객관적이고 보편타당하고 공정하게 된다. 내가 들어있지 않은 '있는 그대로 보는 삶'이 되는데, 그것이 바로 '자연스러운 삶'이며, '실용적인 삶'이다.

결국 각자가 터득하려는 마음을 가지고 최선을 다하며
각자가 다양한 체험을 통해 경험해 봐야 알 수 있다.
내가 공부한 만큼 실용적인 삶을 살 수 있다.

아무리 좋고, 옳은 이야기라 할지라도
상대가 마음의 준비가 되어있지 않고
마음의 문을 열어놓고 있지 않으면
전달할 수 없다.

도(道), 즉 평상심, 그것은 마음공부이며,
자기가 아무리 사랑하는 부모·형제라도 끌고 갈 수 없다.

각자 스스로 하는 믿음 공부이기 때문이다.

자기 스스로 노를 저어서
목적지까지 가는 것도 자연의 이치다.
그렇게 시스템화되어 있다.

명상이나 기도란 스스로 올바른 길을 찾아가기 위한 기본바탕을 순간순간 만드는 것이다. 명상과 기도를 통해서 내가 무슨 생각을 하고 있는지, 혹은 내가 무슨 마음을 품고 있는지, 즉 내 맘이 어디로 튀고 있는지 그때그때 즉시즉시 알아차리게 한다. 그래서 마음을 닦는 것을 도(道)라고 하며, 이는 자아성찰을 하기 위한 좋은 기회와 지혜를 만든다.

명상이나 기도 속에서는 끊임없이 나타나는 뭔가가 있게 되는데, 그것을 번뇌의 윤회라고 표현할 수 있다. 그것은 마음의 변화·작용이며, 어디론가 튀고 있는 것이다. 과거에 알게 모르게, 그만큼만 스스로 만들어 놓은 것이니, 잘 다루어 갈 수밖에 없다. 즉 공부의 방해물이다.

하지만 그것 역시 마음 기계의 작동이기에 그냥 제거할 수 있는 건 아니다. 다만 얼마나 잘 다루어 나가느냐에 따라, 그 정도가 줄어들거나 순간순간 없어지기도 하는데, 그것이 수행의 중요한 관건이 된다.

걸림이 없이 행동하며, 자연스럽게 행하고, 올바른 길을 가기 위해 하는 것이 기도나 명상이다. 하지만 기도나 명상을 할 때면 항상 오만가지 잡동사니 사념들이 따르기 마련이다. 순간순간 그것을 알아차리고, 고쳐서, 속히 바로잡아 나갈 수 있는 정도가, 각자 공부한 수준으로 보아도 무방하다.

기도나 명상뿐만 아니라, 참선이나 좌선 등 여러 가지 선수행이 있으나 기본 이치 속에서 그것들의 참뜻을 이해해 보면 본질은 다 같은 맥락에 있다는 것을 알 수 있다.

모두가 종교적으로는 신을 생각하는 마음이며,
그 속에 있으려는 나의 의지이기도 하다.
모든 수행법의 근간은 신과의 만남이어야 한다.
신께 이르는 길은 보이지 않는 길이며,
항상 처음 가는 길이다.
부처님 하느님만이 신이심으로서 수행자를 인도하게 된다.
"여래를 만나지 못하면 깨달음에 이를 수 없다."는
말을 여기서 이해해 볼 수 있다.

결국 자연은 우리 인간이 노력한 만큼, 다가서는 만큼 마음을 이끌어가고 있기 때문이다. 팽이이론의 9단계 설명에서 보면 각 단계에서 자연이 이끌어 간다고 표현해 놓았다. 기도나 명상 모든 수행은 나의 모든 것을 던져 버리고, 내 마음을 없애는 것에서 시작해야 한다. 내가 나의 마음을 올곧게 버렸다는 것은 나를 자연에 맡겨놓고 간다는 것이며, 자연에 순응한다는 의미다.

순간 내 맘을 버렸다면 이제 새롭게 시작하는 것이 된다. 나의 마음에서 벗어날 수 있을 때, 비로소 옳고 그름의 중간에 서게 되어 일상생활에서 나의 올바른 삶이 시작되는 기본 바탕을 만들게 된다. 즉 착함과 어리석음, 올바른 길과 그렇지 않은 길 등의 갈림길에 선다. 결국 내 마음먹기에 달린 것이고, 내 인생 내가 선택해서 가는 것이다. 나를 내려놓지 않고, 버리지 못하면, 아무리 기도나 명상을 통해 최선을 다한다 해도 나의 의지로 하는 꼴이니, 올바른 수행이 되지 못한다.

나를 버린다는 것은 자연의 순수한 기운에 내가 머물게 된다는 이치다. 이것은 내가 터득하려는 마음을 가지고 체득할 수 없다면 아무리 설명해도 알 길이 없다. 즉 우주자연의 힘이란 바로 자연의 올바르고 순수한 기운을 이야기하며, 사랑이고 파장이며, 빛을 가리킨다. 그것을 종교적 표현으로 부처님 하느님, 즉 신의 빛이며, 사랑이고, 힘이다.

3) 선행의 마음은 올바른 명상이나 기도를 통해 나온다

수행이란 수양이며, 인생 삶 그 자체이며, 인간 공부이다. 이처럼 수행을 도 즉 평상심으로 반복하여 설명하였다. 수행은 일상생활 속에서 많은 사람과 서로 부딪쳐가면서도 주변에 잘 동화할 수 있는 것이다. 그러다 보면 자연에 순응할 수 있게 되어 추세에 잘 부응하게 된다. 이때 자연스럽게 의식함이 없이 베풀 수 있어야 하고, 항상 최선을 다해야 한다. 그게 수행의 기본이다.

그러한 올바른 수행 속에서 올바른 선행이 나온다. 선행하기 전에 내 마음이 올바르게 어질고 참되게 작동해야 하는데, 그것을 도와주는 것이 명상이나 기도, 참선이다. 기도나 명상이 나의 잘못을 일깨워주며, 자아성찰의 계기를 만들어 자신을 좋고 올바른 곳으로 끊임없이 몰고 가도록 만든다.

올바른 명상이나 기도수행의 과정에서 감사·반성·다짐하는 자아성찰의 시간이 없다면 살아생전 올바른 길로 가기 절대 쉽지 않으며, 항시 어렵고 힘들다.

올바른 수행을 하지 않으면 올바른 선행을 할 수 없다. 올바른 길로 가기 위해 자기 스스로 최선을 다해 수행공부를 하지 않으면 올바르게 베풀며 사람답게 살 수 없게 된다.

올바른 수행이란, 말과 생각과 행동을 남에게 베풀며 어질게 하면서 부딪치는 순간순간의 상황에 맞게 추세에 부응을 잘하는 것이다. 왜냐하면 그것이 인간이 살아가며 보일 수 있는 참되고 어진 모습이며, 육체가 다해서 갈 때도 나의 사랑과 깨달음을 이 세상에 남길 수 있기 때문이다. 즉 올바른 기도나 명상을 통해 선행을 할 수 있는 어질고 참된 마음을 키워야 한다는 것이다.

기도나 명상은 나의 마음을 평상심으로 이끌고 가서 모든 사물을 있는 그대로 보게 한다. 특히 상대와의 부딪침 속에서도 상대를 끌어안고 뒹굴 수 있는 마음이 된다. 이것은 상대와 하나 되는 마음, 상대와 눈높이를 맞추려는 마음, 상대에게 동화되어 녹아들어 가는 마음, 상대와의 코드를 맞추는 마음, 기타 등으로 다양하게 표현한 것들을 찾아볼 수 있다. 이 말들의 의미는 상대방의 모든 것을 있는 그대로 이해하고, 인정한다는 뜻이다. 남을 위한 태도를 뜻하지만 결국 자신을 위한 것이 된다.

이런 태도가 나를 건강하고, 행복하게 만들며, 좋은 인연의 복을 쌓도록 한다. 또한 육체적·정신적·물질적으로, 내가 노력한 정도, 즉 내가 최선을 다한 만큼 사는 동안 여유롭게 살다 가게 한다.

평상심으로 다가선다는 것은 본래 마음자리에 간다는 것으로, 결국 내가 믿는 믿음의 실체에 가까이 다가선다는 것이며, 부처님 하느님을 만나는 것이 된다. 거기서 좋고 올바르며 지혜롭고 어진 마음이 나오기에, 올바른 선행은 올바른 명상이나 기도를 통해 나온다는 것이다.

6 장

영과 혼, 육체의 구조적 이해를 통한 올바른 수행

우주자연의 이치와 실체

우주자연 파장시스템에 따른 올바른 수행의 이치도

우주자연의 이치를 통한 인간 삶의 구조적 이해

영과 혼, 그리고 육체

윤회와 천도

세계 각국을 돌며 한국의 무술과 문화를 가르치고 전하면서 많은 사람을 만난다. 대부분의 사람은 그냥 지나칠 수 있는 것도 참 심오하게 대하며, 또한 스스로 그렇게 만들어 가는 경향이 다분한 것을 종종 보게 된다. 뭔가 잘되면 잘될수록 더 그렇게 하는 모습을 끊임없이 보고 또 본다.

뭔가를 해보겠다는 각오가 반드시 필요하지만, 우리 생활 주변에서 보고, 느낄 수 있는 자연으로부터 오는 메시지, 즉 부처님 하느님의 가르침 혹은 신의 사랑, 빛, 파장을 잘 알아차리고, 올바르게 실천할 수 있다면, 참 좋을 것이다.

자연의 메시지는 각자 일상생활 최전선에서 좀 더 자연스럽게 좀 더 걸림 없이 살고, 좀 더 여유로워지고, 좀 덜 힘들게 자연의 뜻에 맞게 살도록 이끈다. 또한 좀 더 건강하고 행복하게 지내다 자연으로 돌아갈 수 있도록 인도한다.

자연의 뜻에 맞게 살고, 못 살고는 깨우친 삶을 산 사람과 아닌 사람과의 차이다. 물론 결국 마지막에는 똑같이 간다. 좀 더 일찍 깨우친 사람이 좀 더 많은 시간 속에 좀 더 여유롭고 자연스럽게 잘 살다 간다는 말이다.

깨우친다는 것은 근본적으로 내 생각을 바꾸는 것이 시작이며,

바탕이 된다. 내 생각대로 상대를 바꾸는 것이 아니라, 상대를 통해 나를 먼저 바꿀 수 있으며, 대상을 있는 그대로 볼 수 있게 될 때, 나를 볼 수 있게 되고, 스스로 알아차리어, 기존 생각을 바꾸게 되며, 한쪽으로 치우치지 않고 갈 수 있게 된다. 그게 나의 기존의식에서 벗어난다는 것이며, 순간순간 깨어있게 되어, 깨달아 가는 공부를 한다는 것이다.

말은 쉬우나, 하나의 가치관이 바뀌려면 최소 10년은 지나야 한다. 더구나 잘못된 의식을 행하는 종교라면, 수백 년이란 세월이 걸려도 바른 종교가 되기가 절대 쉽지 않다.

세상을 있는 그대로 볼 수 있게 되고,
공정하고 치우친 편견을 가지지 않게 된다면,
거기에는 내가 없는 것이 되며,
자연스러운 이치 속에 머물게 되어,
추세 부응의 의미를 좀 더 깊이 깨달아 가게 된다.

이때 공부를 올바른 길에서 하고 있는 수행자라면
왜 기존 종교적 의식이나 믿음의 틀에서 벗어나야 하며,
왜 여태까지 쌓아온 각자의 기존 생각과 상식을 없애야 하는지,
너무 쉽게 알게 된다.

부처님 가르침이란
그렇게 심오하거나 오묘한 것이 아니며,
그렇게 고차원적인 것도 아니다.
또한 비현실적·신비적·추상적인 것은 더더욱 아니며,
자연의 이치와 법, 진리라는 사실을
반드시 알아차려야 한다.

사람들 자신이 심오하게 또는 신비하게 만들고, 그 속에서 뒹굴고 씨름한다. 그것은 사회적 교육이 덜 되어서도 그렇고, 산다는 욕심 때문에도 그렇다. 즉 무지와 욕심과 어리석음이다.

간단하고 명료한 자연의 이치에 대한 기본적 생각과 개념을 세우고 나서야, 비로소 수행을 올곧게 시작할 수가 있다. 그런데 거의 대부의 사람이 자기 생각 속에 있으며, 끊임없이 자기 우물을 키우고 있다는 사실이 문제가 된다.

각자의 부족함을 스스로 채우기 쉽지 않으며, 육체를 가진 이상 이기적일 수밖에 없다. 또한 자기 생각이 곳곳에 미치지 못하기에, 각자 우물 속에서만 허우적거리기 때문에 대부분이 자신의 부족함을 못 깨닫는다.

이 나라, 저 나라를 다니면서 올바른 실천을 위한 공부 방법을 아주 자연스럽게 전해보려고 노력하지만, 대부분이 "나는 안다." 혹은 "나도 안다." 라고 한다. 그래서 이런, 저런 궁리를 하며, 그 나라, 그 사람들에게 맞는 적절한 방편을 찾아본다.

반드시 객관적이고, 보편타당성이 있으며,
누구라도 이해할 수 있어야 하기에.
또한 있는 그대로, 그것도 아주 쉽게 전하지 않으면 안 되기에
항상 많은 생각을 하게 된다.

그래서 깨우친다는 것은
참으로 힘들 수밖에 없다는 것을
상대를 통해서도 순간순간 알아차린다.

깨우친다는 것은
실체를 아는 것이고,
거기에 따라 실천하는 것이다.
모두 다 알고 있는 사실일 수도 있지만,

쉽게 이야기할 수 없는 문제며,
반드시 각자 스스로 한 체험이 수반되어야 한다.

"신이신, 부처님 하느님께서 세상천지 만물을 내어놓으시고, 관장

하고 있습니다."라고 하면, 거의 다 "네, 압니다.", " 잘 압니다." 종교적으로는, "네, 믿습니다. 진실로 믿습니다. 절대적으로 믿습니다."라고 한다.

사람들 속에 나타나는
각자의 생각과 말과 행동은 그렇지 못하니
어려운 일이며,
지금
이 순간에도 잘못하고 있으니,
이 세상에 나와 이렇게 공부하고 있는 것은 아닐까.

본인은 잘하고 있으며,
최선을 다한다고 생각하니, 더욱더 그렇다.
더 어려운 것은 이렇게 하든, 저렇게 하든
실제로 현재 밥 먹고 살아가는 데
크게 지장을 못 느낀다는 것이다.

그래서 공부할 때는 올바른 생각을 끊임없이 하면서
스스로 알아차리고,
몸과 마음으로 자각하고
고쳐나가는 것이 참으로 중요하다.
그래서 수행의 본질은 마음이며, 계와 계율이 중요한 것이다.

올바른 생각과 120%의 의심을 바탕으로 확신과 판단을 하며, 향상된 변화와 진보로 끊임없이 앞으로 나아간다. 그러면서, 순간순간의 여건과 상황을 보다 진전되도록 최선을 다한다. 그러다 보면 변화와 혁신을 꾀하게 되고, 이를 주변과 공유하면서 함께 성숙하고 발전하게 된다. 그게 자연의 이치다. 우리는 그렇게 가도록 시스템이 만들어져 있다.

올바른 수행은 과거에 머물지 않게 하고, 순간순간 부딪치는 현실에 맞서 그때그때 즉시즉시 추세에 부응을 잘하도록 만든다. 그러한 이치 속의 많고 다양한 생각이 깨달음을 가져온다. 그렇게 하는 것이 부처님 가르침을 올바르고 진실하게 따라가는 수행이며, 우주자연의 이치를 따라가는 공부이다. 그 결과 자연이 바라는 삶으로 살아가는 힘을 거듭 만들고 쌓아가게 된다. 그것이 각자의 깨달음으로 이어져, 각자 생활 속에서 스스로 공부하면서, 올바르게 수행할 수 있도록 도움을 준다.

마음공부를 할 때, 내 마음이 순간순간 어디로 튀는지 알아야 한다. 다시 말해 마음공부에서는 '마음 챙김'과 '알아차림'이 근본인데, 이러한 기본적인 생각과 개념이 없다면 아예 수행자로서 공부의 기본을 갖출 수 없다.

그렇지 않으면 착각과 허상 속에서 엉뚱하고 허황된 상황을 만들게 된다. 종교적으로는 반드시 기복신앙으로 바뀌고, 미신적으로 서서히 알게 모르게 변질한다.

가장 중요한 것은 내가 가진 가정과 직장의 최전선에서 올바른 생각과 말과 행동이 제일 먼저다. 자아성찰을 통한 감사와 반성과 다짐으로, 나를 고치고 남에게 어질게 베풀면서 앞으로 나아가야 한다. 그것이 불교에서 이야기하는 보살도행이며, 올바른 실천이다. 그렇게 해서 사는 동안 좋은 성적을 딸 수 있고, 죽어서 좋은 곳으로 갈 수 있는 승차권을 가지게 된다.

본 책에서는 사람이 살면서 수행을 왜 해야 하는지, 어떻게 하는 것이 올바른 길인지 거듭 생각해 보도록 했다. 또한 육체를 가지고 살아가고 있는 인간으로서 내 마음의 목적지는 어디인지 끊임없이 스스로 생각하도록 했다.

자신을 올바르게 몰고 갈 수 있는 키를 누구나 다 가지고 있다. 그래서 자신이 깨우쳐 알아차려야 한다. 공부는 각자 스스로 하는 것이며, 자신을 위한 것이다. 옳고 그름을 선택하는 순간순간의 분기점에서 스스로 판단하여 자신을 좋은 곳으로 몰아가게 된다.

이렇게 가든 저렇게 가든, 모두 다 내 마음먹기 달렸다. 우주 자연 속에서는 이렇게 가나 저렇게 가나, 좋고 나쁨, 선과 악의 구분이 없이 똑같다.

본 장에서는 영과 혼, 육체와 관련된 핵심을 이야기하기 위해 전체를 움직이는 실체를 인식하고, 그것을 바탕으로 한 포괄적인 이해가 가능하도록 했다. 올바른 실천을 통해, 항상 깨어있으면서, 깨달음과 믿음을 키우는 데 도움을 줄 수 있어야 하기에, 아래와 같이 구분하여 설명했다.

1) 우주자연의 이치와 실체

2) 우주자연 파장시스템에 따른 올바른 수행의 이치도

3) 우주자연의 이치를 통한 인간 삶의 구조적 이해

4) 영과 혼, 그리고 육체

5) 윤회와 천도

1) 우주자연의 이치와 실체

아무리 공부를 많이 하여도 육체를 가진 인간이기에 생각하는 것은 거기서 거기일 수밖에 없다. 태어나기 전이나 후, 다 알 수 없다. 다만 현상계 속에 존재하는 우리 인간으로서 각자가 서로의 관계 속에서 인지하는 것이 전부이며, 서로에게 최선을 다할 따름이다.

잠시 후 일어날 일도 알 길이 없다. 공부를 하면 할수록 더욱더 어렵다. 지금 이 순간 내가 서 있는 시점이 시간의 가장 끝자락에 있으며, 그다음은 알 수가 없다. 가 봐야 안다. 인간은 그렇게 만들어져 있으며, 우주자연 전체가 그렇게 만들어졌다. 잠시 찰나 속에 머물다 다 사라진다. 생성, 변화, 소멸, 그것이 우주자연의 시스템이며, 그것은 파장으로 돌아간다.

우주자연의 이치에 따라, 많은 세월 속에 살아가면서, 다양한 삶의 모습 속에 많은 깨달음을 가지게 된다. 그러나 결국 깨달음이란 내가 거기에 없는 것이며, 나의 것 또한 없다는 것을 알아차리는 것이다. 의식의 깊이와 정도가 공부를 해감에 따라 순화되고, 정화되어 순수해지고 청정해짐에 따라, 점차적으로 내가 아는 것이 없다는 것을 알아차리는 것에 도달한다. 결국 나라는 존재를 우주의식 속에서 새롭게 깨닫게 된다.

그냥 순간순간 사람들과 부딪치면서
나의 마음이 어디로 튀는지 잘 알아차리고,
자신의 마음을 잘 챙기는 것이 가장 중요하다.
그게 지혜로운 삶이 되고, 여유로운 삶이 되고,
걸림이 없는 삶이 된다는 것을 어느 순간 알아차리게 된다.

추세 부응과 삶의 지혜로운 실천을 말하고 있으며,
그것은 나의 건강과 행복을 가져다준다.
나의 말과 생각과 행동에 따라
그 모습들이 실로 다양하게 나타나니,
그게 나의 수준이고, 정도다.

일즉다(一卽多), 다즉일(多卽一)이라는 말이 있다. 무수히 많은 형태로 나타났다 다시 사라진다는 이야기이며, 결국 하나로 시작하고 하나로 수렴된다는 것이다. 인간도 무수하게 나타났다 사라지는 지극히 조그만 하나의 개체에 지나지 않는다. 본래 우주 전체를 움직이는 실체는 하나인데 무한하게 나타나는 것들을 모두 화신 혹은 분신, 혹은 N', N",N"',N""……, 이렇게도 표현할 수 있다.

공부를 해 나가는 사람은 우주자연과 삼라만상을 움직이는 실체를 분명히 알 수 있어야 올바르게 수행할 수 있다. 그 바탕 위에 올바른 실천이 가능해져서, 실천을 행하는 정도에 따라, 육체적, 정신적, 물질적으로 여유로운 삶을 살 수 있다. 그래서 우리 인간은 살아 있는 한, 본래 마음자리를 알아야 하는데, 그것이 나를 올바른 길로 움직이게 하며, 옳고 좋은 쪽으로 몰고 가도록 한다.

본래 마음자리란, 곧 본성을 말하는 것이며, 참 나, 진아, 신성, 양심 등으로 표현하기도 한다. 불성 또는 성령의 바탕이 되는 본질은 모두 다 같은 맥락에 있다. 그것은 살아있는 동안, 나라는 몸 기계가 움직이고, 생각하는, 모든 작동들의 원동력이 되며, 원천적인 바탕이 된다.

살아가는 현실 속에서
모든 것을 움직이게 하는 실체,
혹은 내가 믿는 믿음의 실체에 대한 본질을 알아차리고,
거기에 맡겨 놓으면 된다.

인간은 너무 심오하고 진지하게 파고든다.
뭔가를 내가 해야 한다는 생각이나 의식,
뭔가를 내 것으로 만들어 보겠다는 의도,
내가 맞고, 옳다는 생각 등은
수행의 바른길에서 다 벗어나는 것이다.

왜냐하면

우물 안 개구리가 되기 때문이다.
모든 것은 다 내가 만들고,
내가 겪는 것이며, 내가 행한 결과다.

결국 올바른 깨달음이란
잘살기 위한 것이며, 자연에서 주어지는 깨달음이다.
그것은 각자 올바르게 이끌고 가며,
자신을 성숙, 발전시킨다.

2) 우주자연 파장시스템에 따른 올바른 수행의 이치도

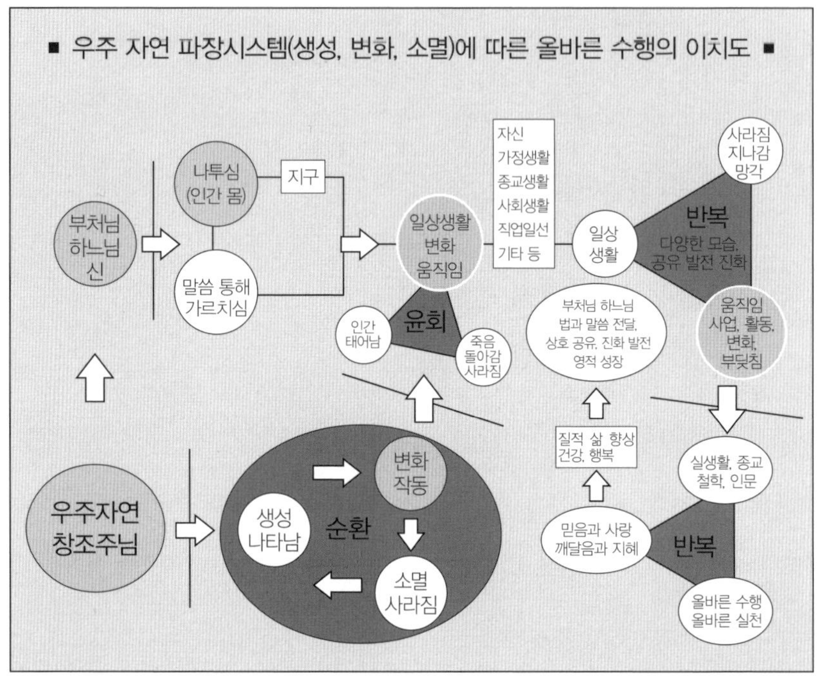

위 그림을 설명하기에 앞서서, 반드시 인식해야 할 것은, 우주자연 그 자체는 의식이 있으며, 살아있는 것이라는 것을 아는 것이다. 수행하는 자에게 그것이 올바르게 체득되어 있지 않으면, 수행의 바른길로 간다는 것은 불가능하다.

우선 바탕의 내용을 보자. '우주자연 혹은 창조주님'이란 우리가 살고 있는 차원의 지구를 포함한 우주 전체를 창조·주관하시는 분을 의미한다. '부처님 혹은 하느님' 또는 '신'은 지구상에서의 삶으로 국한된 인간 의식 속에서 만들어진 최고 존칭의 단어이다. 우주자연, 즉 창조주님은 반드시 인간 몸을 통해 지구상에 오셔서 직접 말씀을 통해 가르침을 주시는 것으로 나타나고 있다.

회색 바탕의 내용을 살펴보면, 우주자연은 생성·변화·소멸이라는 시스템을 가지고 끊임없이 돌아간다는 것이며, 그것을 '순환'으로 표현한 것이다. 인간이 지구상에 몸을 빌려 나타나며, 다시 사라지는 것이 반복되는 것을 '윤회'라고 표현하였다.

그리고 일상생활에서 어떤 생각이나 뜻하는 바를 각자의 실생활에 적용하고, 각자 하고자 하는 바를 구현시키면서 다양한 양상으로 행동한다. 이때 되풀이되는 생각과 행동을 통해 스스로 발전시켜나가는 것을 '반복'이라는 단어로 표현하였다. 결국 순환이나 윤회, 반복의 핵심은 이치 상 같은 맥락에 있음을 알 수 있다.

또한 종교나 철학, 인문학 등을 공부하면서 올바른 수행을 통해 그 학문에 대한 깨달음과 지혜를 가지게 된다. 실생활에서 실용적으로 활용함으로써 자신과 주변이 성숙·진화되어 가는 과정을 상기 그림을 통해 이해를 돕고자 나타내어 보았다.

우리 인간 삶의 궁극적 목적은 영적 성장 혹은 영혼 성숙이며, 우주자연 속에서 그렇게 프로그램화되어 있다. 이 모든 것이 결국 하나의 이치로 돌아간다는 것을 넓은 의미로 파악해 보고자 하였다.

위 그림에서 함축된 의미와 관련해 올바른 수행을 통해 이해할 수 있는 아래 내용을 살펴보자.

- 깨달음 공부를 할 때는 우주 전체를 놓고 폭넓게 이해할 수 있어야 한다.
- 기존 의식에서 벗어나야 내가 산다. 즉 생각을 바꾸어야 앞으로 나간다.
- 과거에 머물러 있지 않아야 하며, 순간순간의 중요성을 인식해야 한다.
- 보이지 않는 비현실적, 추상적, 신비적인 것에 빠지지 않아야 한다.
- 종교의 잘못된 의식과 생각에서 벗어나야 한다. – 맹신, 기복, 추종
- 있는 그대로 보며, 공정하고, 내가 거기에 없어야 한다. – 불심, 믿음
- 지극히 객관적이고, 현실적이며, 보편타당해야 한다. – 깨우침의 실용성
- 거의 모두가 자기 우물 속에 있기에 99% 못 깨닫는다. – 아상, 고집, 집착
- 깨닫지 못한 자는 새장 속의 새와 같다. – 무지와 어리석음
- 키는 손에 쥐고 있으나 새장 밖으로 못 나온다. – 무지와 욕심

- 새장 밖을 나간 새는 다시는 돌아오지 않는다. – 깨우침
- 우물 안 개구리와 거기에서 벗어난 의식 차이는 극과 극이다.
- 알을 깨치고 나와야 닭이 되듯이, 이치에 따른 참뜻 이해가 필수다.
- 깨달아 가는 공부는 K함수이며, 판도라 상자다. – 순응, 추세부응
- 깨달음의 공부는, 옳고 그름의 양면 모두 이해할 수 있어야 한다.
- 각자의 삶 속, 내가 선택해서 스스로의 인생을 만들어간다. – 내 탓
- 흑백논리 속 깨달음은 없다. – 자기주관, 자기논리
- 본성에 따른 삶(영성 생활)의 중요성과 영혼 성숙 – 무아, 보살도의 행

3) 우주자연의 이치를 통한 인간 삶의 구조적 이해

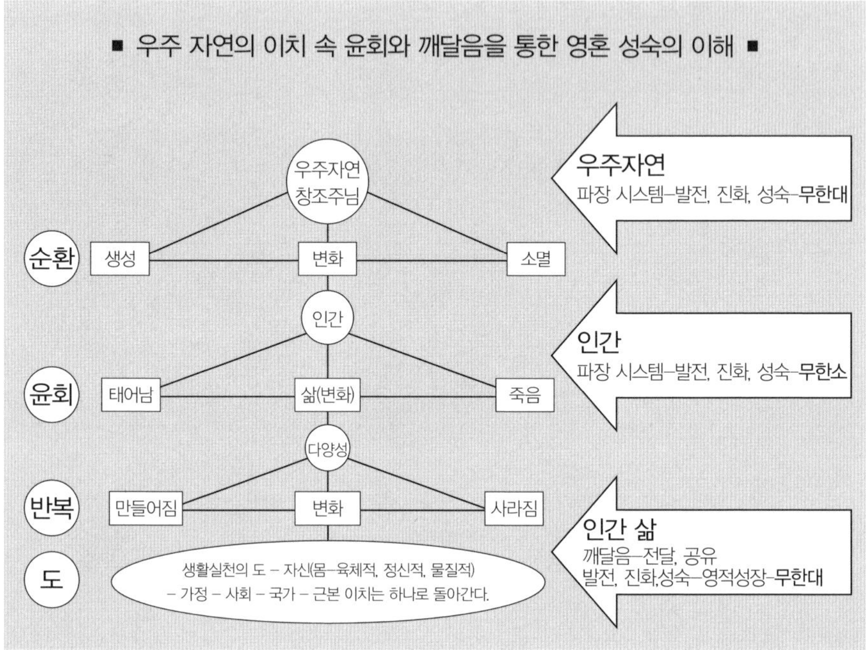

위 그림은 앞장에서 설명한 내용의 그림과 그 본질은 동일하나, 우주자연에 대한 인간 삶을 좀 더 쉽고 단순하게, 전체적으로 이해할 수 있도록 좀 다르게 형상화한 그림으로 나타내어 보았다.

우주자연이라는 무한대 속에서 인간은 지극히 조그만 하나의 개체로서 무한소가 된다. 그것이 우주자연의 파장 시스템에 의해 발전, 진화, 성숙한다는 것이다.

■ 인간의식 속에서만 바라보기 때문에 아주 편협한 사고의 발상을 할 수밖에 없다. 고집멸도(苦集滅道) – 우주 만물의 법칙과 이치와 진리를 말한다. (중략) 고집멸도는 나타나서 변화되어 사라지는 우주 자연의 이치와 법, 진리가 담긴 거룩하고 성스러운 도(이치)를 표현하고 있다. 따라서 생로병사도 고통이 아니라, 거룩하고 성스러운 인간의 네 가지 진리(이치)다. (참조_ 『수행의 바른길 3편』 고집멸도의 재해석〈출간예정〉)

또한 윤회라는 자연의 이치 속에서 인간은 무한소의 개체로서 실생활에서 최선을 다하면서 살아간다. 그리고 각자 노력한 만큼 무한대의 깨달음과 사랑을 가질 수 있다. 그렇기에 인간은 최선을 다해 우주자연이 만들어 놓은 프로그램대로 무한대로 펼쳐내면서 영적 성장, 발전, 진화한다는 것이다.

다시 말해서 우주자연은 파장시스템에 의해 전체를 키우고, 변화를 준다. 또한 그 결과물을 수확하고, 온 만물을 발전·진화·성숙시킨다. 인간 삶의 구조란 우주자연의 시스템에 의해 만들어져 있으며, 한순간도 멈춤이 없고, 끊임없이 앞으로 나아가고 있다.

그래서 지금 이 순간이 가장 중요하다는 것을 인식해야 한다. 올바른 수행이란 해탈이나 열반이나 견성 등에 국한되는 것이 아니라, 그것을 바탕으로 끊임없이 무한대로 펼쳐나가는 것이다. 그것이 상기 그림 속에 함축되어 있다.

해탈이나 열반, 견성, 불성, 성령의 본질적 의미를 이치를 통해 알아차릴 수 있어야 스스로 깨닫게 되며, 더욱 나은 질적인 삶의 향상을 만들게 된다. 또한 자기화와 실용화가 가능하여 그것을 바탕으로, 인간 삶의 발전과 진화를 우주 속에서 끊임없이 무한대로 구현시킬 수 있게 된다. 그게 자연의 이치다.

4) 영과 혼, 그리고 육체

■ 영(靈)과 혼(魂)

영(靈)은 우주자연, 즉 삼라만상을 움직이는 실체로부터 만들어진 인간 몸 기계 속에 넣어진 것인데, 그것을 '본래 마음자리'로 표현해 본다. 혼(魂)은 각각의 몸 기계 속에 들어있는 것으로, 개체의식을 가리킨다. 즉 생각하고 느끼고 말하는 모든 감각작용과 육체를 유지하고, 이득을 추구하는 이기심, 욕심 등 모든 마음을 내포한다.

따라서 영(靈)은 우주자연 전체의 본질이며, 또한 지극히 순수한 기운이다. 이는 단지 전체 속 하나의 개체이다. 인간 각 몸속 개체로 존재하면서 우주자연 속에서 각각의 개체와 전체가 하나로 연결되어 있다. 영은 순수한 기운 그 자체이고, 빛이며, 파장이고, 사랑으로 표현할 수 있다.

그것은 우주자연의 순수한 기운의 빛이며, 또한 자연의 이치 그 자체이기도 하다. 인간 몸 기계를 위해 주어진 영(靈)은 우주자연으로부터 떨어져 나온 하나의 개체 영이며, 우주자연 그 자체를 표현한 '공(空)', 또는 내가 없어진, 즉 나의 무지와 애욕이 없어진 '무아(無我)'와도 같은 것이다. (참조_『수행의 바른길 1편』 29p. ■ 삼법인 설명도표)

인간 몸 기계는 에너지를 가지는 각각의 영과 혼이 내재된 육체이며, 육체는 그것을 담고 있는 그릇이고, 자체의 에너지도 가진다. 그러한 육체를 어떻게 효율적이고 실용적으로 유지·관리하느냐가, 몸 기계가 수명이 다할 때까지, 현실적으로 중요한 과제가 된다.

잘못되고 부족한 부분을 고쳐나가는 것이 나를 살리는 것이며, 사는 동안 건강하고 행복하며, 정신적, 육체적, 물질적 여유로움을 가지는 것이 관건이 된다. 결국 수행이란 지극히 현실적이며, 객관적이고, 보편타당해야 하는 이유를 여기서 한 번 더 생각해 본다.

수행의 바른길에서는
반드시 '본래 마음자리'를 알아차릴 수 있어야 한다.
'사람의 살 길'이란 본래 마음자리를 찾는 것이며,
그것은 인간의 무지와 애욕이 걷혀야 알 수 있기에
절대 쉽지 않다.
이것이 바로 공부해야 하는 이유다.

몸 기계를 가진 인간은 반드시 올바른 수행을 통한 깨달음을 가져야 하며, 자기 우물을 알아차리고, 그것으로부터 벗어나야 한다. 생각을 바꾸어야 자기 우물을 벗어나듯이, 기존 의식의 틀을 그대로 가지고 있는 한 깨달음이란 불가능하다. 대부분의 사람들이 자기 우물을 가지고 있기 마련이기에 거의 대다수가 깨달아 가지 못한다.

여기서 중요한 것은 각각 하나의 개체로서 주어진 "본래 마음자리"를 찾아서 이해하고, 체득해야 한다는 것이다. 터득하려는 마음을 가지고, 최선을 다하지 않고는 불가능하다. 왜냐하면 본래 마음자리를 바탕으로 한 마음 씀씀이가 각 개체 혼의 작동을 원활하고 올바르게 되도록 끊임없이 도와줄 수 있기 때문이다.

여기서 최선을 다한다는 것은 사람과의 관계 속에서 올바르게 실천하는 것을 말한다. 즉 일상생활 속 올바른 실천을 위해 최선을 다하는 것을 의미한다.

혼(魂)의 작동이란 육체를 유지하고 관리하기 위해 행하는 모든 것을 말한다. 즉 생각하고 말하고 행동하는 모든 것을 가리키는데, 그것은 이기적이고 자기중심에 치우칠 수밖에 없다. 살려고 하다 보니, 본의 아니게 욕심 부리게 되고 남에게 불편을 끼치기도 한다.

혼의 작동은 이기적 마음이나 시기·질투하는 마음, 욕심 부리는 마음의 작동으로 보면 되며, 이것들은 살아생전 무지와 애욕의 본바탕이 된다. 그것은 알게 모르게 나를 항상 어렵고 힘들고 아프게 한다.

■ 영(靈)과 혼(魂), 두 개체의 조화와 균형

조화와 균형이란 본래 마음자리(본성, 중심)를 바탕으로 한 영과 혼의 작동의 조화로움과 균형을 말한다. 즉 추세에 부응하는 것, 그것은 깨달음이며, 올바른 수행의 길을 의미한다. 수행을 올바르게 해나가려면 우선 '본래 마음자리'를 찾아야 한다. 그것을 올곧게 터득하게 되면서 실생활 속에 뭔가를 행할 때, 옳고 그르거나 어질고 나쁨, 지혜롭고 어리석음, 베풂과 이기심 등과 같이 상반되는 두 가지 마음의 분기점에 서게 된다.

영(靈), 즉 본래 마음자리가 가지는 순수한 기운으로는 어진 마음, 베푸는 마음, 올바른 마음, 지혜로운 마음이 있고, 혼(魂)이 작동하는 것으로는 자기 우물 속 욕심 많은 마음, 즉 나쁜 마음, 이기적 마음, 그른 마음, 무지의 마음 등이 있다.

물론 더 많은 기질로서 표현할 수도 있지만 간단하게 여덟 가지로 표현해 보았다. 즉 영(靈)과 혼(魂)이 상호 작동하는 몸 기계의 기본 이치와 원리를 이야기하고자 한 것이다. 영과 혼의 조화와 균형을 실생활 속에서 얼마나 잘 이뤄내느냐가 각자 인생 성적을 좌우한다.

■ 올바른 실천(영(靈)+혼(魂)+@)

혼(魂)이 작동하여 나타내는 무지와 욕심의 마음을 없애기는 불가능하다. 몸 기계가 그렇게 만들어졌기 때문이다. 그래서 최선을 다해서 좋은 마음, 즉 어진 마음, 베푸는 마음, 옳은 마음, 지혜로운 마음을 가지려 노력해야 한다. 또 무지와 욕심의 나쁜 마음을 잘 제어할 수 있도록 끊임없이 노력하고 최선을 다해 두 마음의 조화와 균형을 잘 이루어 추세에 부응하는 것이 가장 중요하다.

올바른 수행이란,
올바른 길 위에서 이해하고 배려하며
상대방에게 어진 마음과 베푸는 마음으로
최선을 다하고 올바른 실천을 하여,
올바른 결과를 만들어 내는 것이다.

올바른 실천이란,
사람들과의 부딪침 속에
내가 나타내는 생각과 말과 행동에 달려있다.

어떻게 하면 상대와 눈높이를 맞추느냐,
어떻게 하면 상대와 하나가 되어 조화를 이루느냐,
어떻게 하면 기어가 맞물려 돌아가듯이 할 수 있느냐,
어떻게 하면 변화하는 주변 상황 속에 녹아들고 동화되느냐,

이것을 고민하는 것이,
올바른 수행이며,
올바른 실천이다.

그것이 깨달음이고, 사랑이며, 나의 믿음이고

올바른 실천의 결과이며, 나의 인생 성적표다.

나의 좋은 성적표는,
살아생전
육체적·정신적·물질적으로 윤택하게
잘살도록 하고, 질적인 삶을 영위하도록 한다.

또한 실생활 속 올바른 실천을 통해
돈도 벌게 하며, 깨달음도 가지도록 하며,
내가 원하는 것, 얻고자 하는 것, 필요로 하는 것을 누리게 한다.

살아서는 '본래 마음자리(본성)'를 바탕으로 '육체의 나'와 '마음의 나'가 조화롭게 되어야 하는데, 죽어서는, 육체의 나를 땅에서 거두어가니, 본성과 마음만 가지고 가게 된다. 사실 내가 가지고 가는 것이 아니라 하늘에서 거두어 간다는 표현이 맞다.

죽어서 갈 때 나는 지상에서 만들어 놓은 성적표를 가지고 간다. 좋은 성적표란 영의 마음, 즉 본성대로 산만큼 반영된다. 그것은 좋은 말과 생각과 행동의 결실이다.

믿음은 일상생활 속에서 하는 나의 말과 생각과 행동에서 나오는 것이며, 본성을 바탕으로 내 마음먹기에 달렸다. 믿음은 살아생전 내가 한만큼, 스스로 옳은 쪽으로 몰아간 만큼 만들어진다.

한편 믿음은 순수한 기운, 즉 영의 마음, 사랑을 담을 수 있는 마음의 그릇으로도 표현된다. 즉 나의 성적표란 내가 마음을 잘 쓴 만큼의 결과, 즉 믿음이다. 그 믿음의 크기가 현생에서 내가 행한 공부 결과이며, 성적이다. 이것이 수행을 마음공부라고 하는 이유다.

좋은 성적표를 가질 수 있는 사람,
즉 믿음이 큰 사람은,

본성의 뜻대로 산 사람,
부처님 하느님의 뜻대로 실천을 잘한 사람,
신께서 원하는 대로 올바르게 산 사람,
자연스럽게 걸림이 없이 산 사람,
자연에 맡겨놓고 실천을 잘한 사람,
자연의 파장대로 잘 움직인 사람,
자연의 이치에 순응을 잘한 사람,
추세에 부응을 잘한 사람이다.

마지막이 되면
육체는 땅에서 거두어갈 것이고,
영(靈)과 혼(魂)은 하늘로 인도될 것이다.

영(靈)과 혼(魂) + 깨달음(사랑 = 믿음 = 성적표)

깨달음(사랑)으로 입혀진 옷은 영원하다.

■ 통상 깨닫는다는 것은,

모든 삼라만상이 다 불성이 깃들여져 있다는 것을 알아차렸다는 것이고,

■ 크게 깨닫게 된다는 것은,

나 자신뿐만 아니라 모든 사람이 다 같이 불성으로 연결되어 하나라는 것을 알고, 나와 남을 구분하지 않고 거기에 부합되게 행함을 말한다.

■ 영적으로 생활을 잘한다는 것은(깨달음을 가진 삶을 산다는 것은),

선각자들의 지혜와 더불어 나의 영적인 삶을 통해 스스로 가지게 된 깨달음을 주변과 상호공유하고 최선을 다해 베푸는 삶, 즉 추세에 잘 부응함을 말하는 것이며, 본성의 뜻대로 사는 삶을 말한다.

■ 영적 생활을 아주 잘한다는 것은(크게 깨달은 삶을 산다는 것은),

내 육체는 비록 다해서 없어지더라도, 다가올 많은 세대들에게 나의 깨달음이 지속적으로 영향을 끼치는 삶을 말한다.

5) 윤회와 천도

본 장에서는 우선 아래 그림을 통해 전체적으로 파악한 후, 각 단락별로 설명해 보고자 한다.

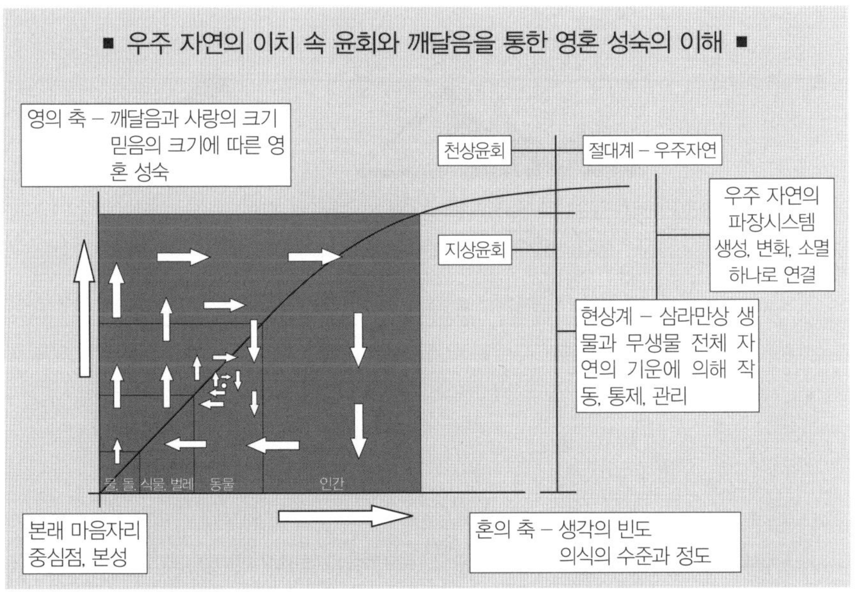

상기 그림에서, 바탕의 연한 회색 부분은 절대계로서 우주자연 전체를 표현한 것이며, 중앙의 진한 회색 부분은 우리 인간이 살고 있는 현상계를 나타낸다.

그 속의 화살표는 현상계 속에 존재하는 모든 것들이 자연의 이치에 따라 윤회하면서 끝없이 앞으로 나아가는 나선형의 형상을 표현한 것이다. 그림 자체는 평면이지만, 입체(공간)적으로 생각하는 것이 더욱더 실제에 가까우며, 좀 더 본질적 의미에 접근할 수 있다.

■ 절대계를 바탕으로 이루어진 현상계(생성, 변화, 소멸)의 이해 ■

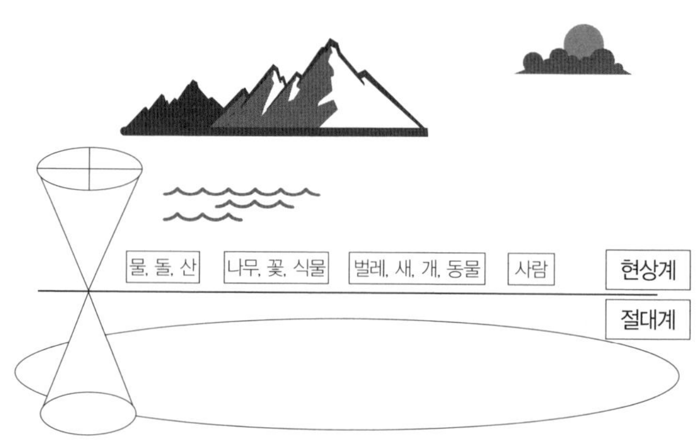

상기 그림은 본인이 몰도바에 무술세미나 행사 목적으로 갔을 때다. 그 행사를 주관하는 조지 씨의 집에 초대를 받아 식사하던 중, 그의 동생 안톤에게 도움이 되는 이야기를 좀 해달라고 부탁해, 상기 그림을 통해, 사람이 사는 것을 설명하게 되었다. 처음에는 설명할 수 있을까 하고 잠시 망설였지만, 그림을 하나씩 그려가면서 손짓과 몸짓으로 함께 설명했다. 매번 이해할 때마다 매우 기뻐하던 표정이 아직도 기억에 선하다.

위 그림은 현상계의 생물과 무생물 모두를 보이지 않고 볼 수 없는 절대계를 바탕으로 하나로 연결된 한 폭의 그림으로 나타낸 것이다. 또한 사람이 생각하고, 말하고, 행동하는 것조차도 절대계를 구심점으로 하나로 연결되어 끊임없이 구현되고 있음을 함축한 내용이기도 하다.

아래쪽의 타원은 절대계를 표시한 것으로 현상계를 포함한 모든 것을 하나의 원으로 나타낸 것이며, 현상계 모든 것들의 본질과 바탕이 된다. 그리고 좌측의 팽이는 현상계 전체 속에서 하나의 개체가 절대계와 맞물려 하나로 연결되어 돌아가는 이치를 그린 것이다.

윤회와 천도를 이해하는 데에 도움을 주기 위해 상기 두 그림은 임의로 만든 것이다. 공부하면서 폭넓은 시각으로 포괄적 이해가 가능하고, 다양한 생각을 통해 깨달을 수 있기에, 상기와 같은 예시를 들어 보았다. 본인의 생각 속에 지극히 부분적인 하나의 형태로 표현된 것으로, 절대로 충분한 설명은 아니다. 그러므로 얼마든지 다른 시각으로, 다양한 표현으로 나타낼 수도 있다.

(1) 윤회의 의미와 모습

윤회라는 것은 삼라만상 전체가 우주자연의 시스템에 의해 생성·변화·소멸함으로써 돌고 도는 것을 말한다. 우주자연은 만물을 그렇게 진화·발전시키며, 전체를 키워 나간다. 즉 윤회는 자연의 이치이며, 법이고, 진리이다. 우주자연이 내어 놓고 돌리는 기운을 바탕으로 온 만물이 생성·변화·소멸하면서 돌고 도는 모습을 윤회라 한다.

불교에서 육도윤회와 해탈을 종종 이야기한다. 육도윤회는 인간의 무지와 욕심의 결과에 의한 정도에 따라 크게 여섯 가지로 나타낸 것이며, 그 속에서 돌고 도는 모습이다. 즉 자연의 이치를 말한다. 해탈이란 수행 과정 속 인간의식을 순화·정화하도록 정해놓은 목표일 수 있지만, 그것은 과정이자 방편이다.

여기서 해탈을 수행의 방편이라고 한다면, 어쩌면 많은 분들이 의아하게 생각할 수도 있다. 그러나 본래 마음자리로 가기 위해, 순간 무지와 애욕을 버린 상태를 해탈로 표현할 수 있다. 해탈은 불성화, 혹은 성령화의 체득, 혹은 본래 마음자리를 알아차리는 것과 같은 맥락으로 보기에, 불교 수행의 궁극적 목표가 될 수 없다고 본다. 자연의 이치를 통해 참뜻이해를 해 보면 쉽게 이해된다.

수행이란 각자 스스로 하는 공부이며,
앞으로 나아가야 하는 각자의 믿음 공부이기에
반드시 본래 마음자리를 찾을 수 있어야 한다.
그렇지 않다면 논쟁만 있을 뿐이다.

인간도 자연에 속한 하나의 개체인 이상, 무한하게 성장·발전·진화되어야 하기에, 해탈을 수행의 종착역이나 최종목표, 혹은 최고의 단계라고 이야기한다면, 자연의 이치로 볼 때 그것은 어불성설이란 것이 즉각 나타난다.

우주자연 속에 존재하는 모든 생물과 무생물은 전부 다 자연의 일부이며, 우주자연의 파장 시스템에 의해 작동된다. 이들은 모두 의식이 있으며, 살아있는 것이다. 인간도 자연 일부로서 우주자연의 시스템에 의해 생성·변화·소멸한다.

내가 나무가 되고, 내가 새가 되고,
내가 풀이 되고, 내가 벌레도 될 수 있고,
한적한 길가에 피어있는 한 송이 들국화도 될 수 있는 것이 윤회다.
자연으로 볼 때는 나무나 벌레나 사람이나 다 똑같다.
전부 다 신의 피조물이기 때문이다.

(2) 윤회와 인간 몸 기계 작동 – 신의 관장

인간을 자연에서 만들어진 하나의 몸 기계로 본다면, 좀 더 쉽게 현실적으로 이해할 수 있다. 인간을 몸 기계라는 하나의 생체 컴퓨터로 생각해 보자. 현재 내가 행하는 말과 생각과 행위, 그리고 이를 통해 일상생활에서 사람들과 함께할 때 드러나는 다양한 모습과 생각을 토대로 많은 깨달음과 사랑, 믿음 등이 생체 컴퓨터에 입력

되고, 저장될 것이다.

살아생전 인간 몸을 통해 축적된 모든 것들이 몸 기계가 수명을 다해 사라지면 남는다. 이것이 바로 나의 삶 성적표가 된다. 이것을 하나의 메모리카드라고 생각해 보자. 이것은 전체 속의 하나로서 전체와 연결되어 있으며, 우주의 최상위 슈퍼컴퓨터로 자동 전송될 것이다.

내가 어떻게 살았느냐에 따라 다음 목적지가, 자연의 섭리, 즉 우주자연의 시스템에 의해 분류되고 결정된다. 즉 신의 관장에 의해 다음 모습이 결정되는 것이 윤회이다. 그것은 나의 성적표에 따라 돌고 도는 것이다. 아무리 표현을 잘한다 해도 본래의 뜻을 결코 충분히 설명할 수는 없다. 다만 그것을 이해하는 데 도움이 되고자 한다.

현생의 삶이 자연에 위배되는, 형편없는 삶을 산 사람은 거기에 맞는 모습으로 윤회할 것이고, 열심히 최선을 다했으나 부족했던 사람은 또다시 시작할 수 있는 기회를 가질 수도 있을 것이다. 수많은 생사가 오가고 하나, 현생의 삶을 바탕으로 나의 의식이 정화되고, 순화되어, 우주의식과 같은 마음, 즉 공의 마음을 가질 수 있게 되어 윤회가 끝나는 경우도 생각해 볼 수 있다.

윤회의 모습과 윤회를 마감하는 모든 일들은 자연의 섭리이며, 신이 관장하기에 어느 누구도 알 수 없다. 단지 인간의 생각 수준에 맞게 이치에 따라 이해할 수 있도록 부족하나마 이렇게도 시도해 본다. 그래서 본 책에서는, 깨달아 간다는 것은 K함수(y=f(x)≦K)이며, 인간은 결코 열 수 없는 판도라 상자라고 표현·설명해 보았다.

살아생전 행한 모든 것들은 각각 하나의 인간 몸 기계라는 생체컴퓨터에서 인식하고, 경험한 결과가 저장되며, 하나도 남김없이 전부 우주의 슈퍼컴퓨터로 전송된다. 즉 우주자연은 24시간 CCTV를 작동하여 인간 하나하나의 몸 기계가 움직이는 일거수일투족을 전부 보고 있다는 것이다. 이것도 역시 인간 의식에서 비롯한 하나의 표현일 뿐 절대 충분한 설명은 아니다.

여기서 우리는 공부과정 속에 '마음의 목적지'가 얼마나 중요한지 인식해 보자는 것이며, 윤회란 각자 자신을 진화 발전 성숙시키기 위한 과정의 연속으로 자연의 이치 속에 머문다는 사실을 잊지 말아야 한다는 것이다.

살아가는 삶의 과정이 공부의 연속이며, 자연에서 주어진 육체를 통해서 나의 의식을 순화·정화시켜 깨달음과 사랑을 만들어 가는 과정이다. 인간은 마지막 순간까지 나의 영혼 성숙을 기하며, 결국 생명이 다한 육체는 땅에서 거두어 간다.

따라서 육체라는 것은 신의 피조물로서 나무나 개미나 동물에게 똑같이 입혀진 각기 다른 형상일 뿐이며, 우리 인간이 가야 할 마음의 목적지까지 태워주는 역할을 한다. 우주자연의 시스템인 인간의 윤회란 우주자연 속의 또 다른 옷으로 갈아입는 것이다. 그렇게 반복·순환되도록 하는 것이 자연의 섭리이다. 인간은 반드시 깨달음을 통해서 이러한 사실을 알아차릴 수 있다.

(3) 윤회와 팽이이론

팽이이론의 그림을 위에서 내려다본, '영혼 성숙의 원리 이해도'를 보면 인간의 삶은 사계절과 같은 이치를 가지며, 삼라만상 모두 다 하나의 이치로 돌아감을 알게 된다. 결국 모든 것은 돌고 돈다는 말이다. 인간 역시 그 굴레에서 벗어날 수는 없다. 그것을 윤회라고 하며, 세상이 돌아가는 이치다.

그것 역시 평면으로 이해한 것이기에 완벽하지 못하나, 그것이 끝없이 나아간다는 사실을 고려해 입체적으로 생각해 보면, 윤회는 나선형으로 끊임없이 무한대로 향하고 있음을 알게 된다.

윤회란, 우리 인간이 진화·발전하고 나의 의식을 순화·정화시키고, 우주의식으로 키워가기 위해 반드시 필요한 과정이라고 보면 맞다. 그래서 윤회란 자연의 섭리이며, 이치다. 따라서 지금 이 순간 최선을 다하는 수밖에 없다는 사실에 직면한다.

순간순간 어떤 상황에 부딪힐 때 나타나는 말과 생각과 행동을 통해 스스로를 옳은 곳으로 몰아가는 것, 그것이 나의 성적표를 좋게 만드는 것이며, 다음 가야 할 더 나은 목적지의 티켓을 받아 쥐게 된다. 무임승차는 없다. 각자가 한만큼 그 티켓의 등급은 분명 달라진다.

인간 삶을 팽이 돌리는 것에 비유한 팽이이론의 원리를 통해 마음의 작동원리를 이해하고, 순간순간 내가 하는 말과 생각과 행동의 중요성을 파악해야 한다. 모든 것은 돌고 돈다는 윤회라는 자연의 이치를 실감해 본다.

모든 것은 내가 한만큼 다시 나에게 돌아올 것이며, 자연 속 하나의 개체로서 나라는 존재 역시 우주자연 속에 영원히 돌고 돈다. 수행하는 사람이라면, 자연의 이치에 의해 끊임없이 변화하는 추세에 부응하고 따라가면서, 무한하게 앞으로 나아가야만 할 것이다.

수많은 개체의 인간이 존재하지만, 살아생전 각자 해 놓은 만큼, 악업은 악업대로, 선업은 선업대로 가게 된다. 올바른 수행이 반드시 필요한 것은 자연에 순응하고, 추세에 부응하는 것을 알게 하기 때문이다.

자연에 어긋나는 행위를 한 영혼은,

다음 목적지로 갈 티켓이 없을 수도 있으니,
죽어서도 살아있는 사람들 공간 속에 머물 수밖에 없게 된다.
그게 지옥이다.

인간은 살아 있으나, 죽으나,
부처님 하느님 빛 속에 머물 때,
그게 천당이고,

인간 최상의 축복이며, 은총이다.
그게 깨달아 가야만 하는 이유다.

(4) 윤회와 마음공부

마음공부를 하지 않으면 전생의 습관이 그대로 이어지기에, 올바른 수행이란 실생활 속 올바른 실천을 잘해내어야 한다. 그런데 지금 내가 무슨 생각을 하고 있고, 무엇을 행하고 있으며, 무슨 말을 내뱉고 있는지가 관건이다.

마음공부는 반드시 신이심을 알아야, 올바른 쪽으로 스스로 몰아갈 수 있는 기회와 지혜를 가지고 올바른 실천을 행할 수 있다. 좋은 성적을 만들 수 있는 기회도 가지게 된다. '본래 마음자리'를 알아야, 내가 살 길이 열린다는 의미다. 본래 마음자리란 공을 표현한 것으로, 빛의 자리이자, 신의 사랑을 의미한다. 즉 모든 삶의 원천이 되는 곳이며, 모든 움직임의 원동력이 된다.

마음공부는 나의 의식을 순화·정화하면서 깨달음과 사랑을 만들도록 하여, 자연이 보는 나의 성적표를 향상되도록 만드는 과정이다. 그렇기에 항상 좋게 말하고 행동하며, 좋은 생각을 해야 한다. 그것이 다음 생의 방향과 모습을 결정짓는다.

항상 어질고 참되게 남에게 베풀면서 실천해야 하며, 잘못된 것을 즉시즉시 고쳐나가고 최선을 다하는 것이 인간의 참모습이다. 몸은 단 한 번 받는 것으로, 내 생에 처음이자 마지막이다. 그것을 통해 지금 이 순간 최선을 다하는 것 말고 다른 방법은 없다. 우리는 그렇게 살아가야 한다. 윤회라는 진리와 이치를 통해 마음공부와 수행의 올바른 참뜻을 알아차려야 하는 이유다.

수많은 정보를 공유할 수 있는 21세기에 살고 있는 축복받은 우리 인간으로서 반드시 '불성화을 통한 올바른 보살도의 행' 혹은 '성령화를 통한 올바른 사랑의 실천'을 해야 한다. 이것을 통해 지상에서의 윤회를 접고, 천상의 윤회를 꿈꾸어 봐야 하지 않을까 조심스레 생각해 본다.

영과 혼, 육체, 그리고 윤회와 천도를 알기 위해 수많은 사람들이 종교에 귀의하기도 하고, 나름대로 최선을 다해 공부를 한다. 그러나 힘들고 어려운 구도의 삶을 겪는 경우를 지구촌 구석구석에서 아주 쉽게 찾아볼 수 있다.

본 내용을 아무리 쉽게 이해할 수 있다 해도, 그 인식하는 정도와 수준은 천차만별일 수 있다. 인간인 이상, 거기에서 거기로 비슷할 뿐이다. 또한 아무리 표현을 잘한다 하더라도 인간의식 수준에서 생각하고 표현하는 것이기에 절대 충분할 수 없다. 단지 각자 공부에 도움이 되는 방향으로 이렇게도 이해해 보고, 함께 생각해 보자는 것이다.

결국에는
올바른 실천, 즉 올바른 수행이
나의 삶을 결정짓게 되며,

그게 업이 되어, 나의 윤회를
끊임없이 만들어낸다.

본 내용에서는 인간을 몸 기계로 보고, 하나의 생체 컴퓨터로 인식하면서 영의 작동과 혼의 작동과 육체의 역할을 분명하게 알고, 내 마음이 작동되는 것을 분석할 수 있게 하였다.

좀 더 현실적, 실용적으로 접근하여 상대나 주변의 현실과 부딪히면서 내가 어떻게 해야 올바른 길로 스스로 몰아갈 수 있는지, 내가 어떻게 해야 좋은 성적을 받을 수 있는지, 각자 생각하며 스스로 공부해 나갈 수 있도록 설명해 보았다.

사람은 거의 대다수가 자기 우물을 가지고 있기에, 지상에서의 윤회를 통해 거듭날 수밖에 없으며, 아니면 그냥 지상에서 육체도 없이 떠돌아다니는 영혼이 된다.

윤회란 분명 자연의 이치다.

인간기준으로 보면 자연의 심판이다.

내가 한만큼, 내가 점수를 딴 만큼 주어지는 결과다.

내가 하기에 따라서 풀이 되고, 꽃이 되고, 나무가 되고, 벌레가 된다는 의미다.

즉 내가 자연이 되고,
자연이 내가 되는,
그것이 윤회고, 자연의 이치다.

자연에서 보면 그것은 삼라만상 모든 만물을 생성·진화·발전·성숙시키는 이치와 법이며, 진리가 된다. 인간이든, 벌레든, 나무든, 생물이든 무생물이든 전부 다 자연에서 만든 똑같은 껍질에 지나지 않는다.

(5) 윤회와 천도

윤회란 자연의 섭리 때문에 오직 신께서 관장하시는 것으로, 현생에서 내가 지어놓은 대로 한만큼 다음 생을 살아가게 된다. 다음 생에 대해 인간은 아무도 알 수 없다. 사람이라는 육체의 옷을 또 입을 수도 있겠지만, 그 옷이란 비단 동물이나 식물에 국한되는 것이 아니며, 우리가 먹고 있는 모든 것과 삼라만상 존재하는 어느 것도 옷이 될 수 있다는 것을 부정할 수 없다.

자신이 현생에서 지어놓은 업대로 어느 때는 평화로운 농부로, 또는 어느 한적한 집 정원의 예쁜 꽃으로, 늘 바쁘게 움직이는 개미로, 깊은 산 속의 나무들, 바닷속 물고기, 밭의 감자, 고구마, 상추, 개나 고양이, 사슴, 물, 바위 기타 등등. 인간은 윤회를 통해 자신이 무엇이 될지 알 수 없다. 단지 자연의 이치와 법에 따라 윤회한다고 생각할 수 있다.

죽어서도 다음 생을 가지 못하는 수많은 영혼이 있다. 그들은 갈 곳이 없어서 산 사람들이 사는 이 세상에 그냥 머문다. 죽은 영혼들에게는 그게 지옥일 수밖에 없다. 현재의 테두리를 벗어날 수 없으며, 이들은 갈 곳도 없으며, 어디로 갈지도 모른다.

천도라는 것은 신께서만이 관장하시기에 아무도 흉내 낼 수 없다. 그것은 죽어서 자기 갈 길을 가도록, 각자가 현생에서 행한 만큼 만들어진 성적표에 의거, 자연에 의해 인도받게 되는 것을 말한다. 그것을 우리 인간은 자연의 이치와 법, 진리 혹은 자연의 섭리라고 말한다.

인간의식 속의 무지와 욕심에서 비롯된 많은 것들이 나를 곤궁에 빠뜨리고, 힘들고, 어렵게 만든다. 결국 아프게 되고, 잘살지 못하게 된다. 천도제나 예수제도 무지와 욕심에서 비롯된 것이다. 왜냐하면 그것은 자연의 이치에 벗어나는 행위이며, 부처님 하느님은 절대로 그것을 가르칠 이유가 없기 때문이다.

인간으로서 할 수 있는 일과 하지 말아야 할 일은 수행의 바른길을 통해서 아주 쉽게 알아차리게 된다. 수행의 바른길이란 불성을 알고, 성령을 알아차리며, 부처님 하느님을 순간순간 알아차리는 축복과 영광을 가지는 것이다. 그렇게 되면 본래 마음자리를 그때그때 찾을 수 있게 되어 살아생전 올바른 실천을 행하게 된다.

귀신이란 천도되지 못하고 육신 없이 떠도는 영혼을 말하며, 산 사람들이 사는 세상에 더불어 머문다. 육신을 인간 몸으로 생각하지만, 그것은 살아있는 동안 내가 걸치고 있는 옷, 신의 피조물로 하나의 껍질이다. 그런 옷은 개미나 나무, 개나 고양이 등도 입고 있다. 그러한 모든 것들도 옷을 벗으면 하나의 영혼이 되기에 천도가 되지 못하면, 그것도 귀신이 된다.

윤회란 자연의 이치이며, 전체를 생장·발육·성숙·진화시키기 위한 시스템이다. 천도가 되지 못하고 떠돈다면 얼마나 많은 세월 속에 머물러야 할지, 수백 년이 될지, 수천 년이 될지는 아무도 알 수 없다. 수행의 바른길에서 중요한 것 중의 하나가 하지 않아야 할 짓을 안 하는 것, 즉 자연에 어긋나지 않게 행동하는 것을 말한다.

윤회나 천도 등 이 모든 것들은 자연의 이치이며, 섭리다. 오직 신에 의해서 관장되며, 현재의 나의 모습도 신의 의해 결정된 것이다. 자연에서 볼 때는 인간이나 개미나 나무나 다 똑같은 무게이며, 동일하다. 산 자나 죽은 자나 식물이나 동물 모두 다 신 앞에서는 다 똑같다. 그래서 부처님 하느님께서는 인간의 영육(본성과 깨달은 마음)만 보신다는 것을 이치를 통해 알아차릴 수 있다.

그것은 현생에서 깨달은 마음과 사랑이 우선한다는 것이며, 살아있는 동안, 내가 만들었던 물질적인 부유함이나 학문적 지식 등의 부와 명예나 권력은 내가 살기 위해 보탬이 되었을 뿐임을 알 수 있다. 깨달음과 사랑만이 나의 영적 성장을 가져오며, 그것은 곧 인간 삶의 궁극적 목표가 된다는 것도 알 수 있다.

여기서 우리는 인간으로서 살아있는 동안 왜 어질고 선하게, 베풀면서 살아야 하며, 왜 항상 깨어있어야 하며, 왜 깨달은 공부를 해야 하는지 아주 쉽게 이해할 수 있다.

천도란
자연의 섭리에 따라 신의 인도로
지금 현재의 테두리에서 벗어나는 것이다.

우주자연은 한순간도 멈춤이 없으며,
전체를 끊임없이 발전·진화시키고 있다.
윤회가 자연의 이치요, 법이고, 진리인 이유다.

천도는 하늘에서 관장하기에
인간은 어디로 갈지 아무도 모른다.
(참조_ p 237. 천상윤회와 지상윤회)

단지 반드시 알아야 하는 것은
인간의 천도와 윤회란 우주자연의 시스템이기에
누구도 결코 흉내를 낼 수도 없고,
아무도 알 수 없다는 사실이다.

왜냐하면 그것은 신이 관장하는 부분이며,
자연의 섭리이기 때문이다.

7 장

본성의 뜻대로 사는 삶

1) 본성의 뜻대로 사는 삶이란

부처님 가르침의 공부는, 자연의 이치에 따라 깨달아 가는 공부를 하는 것으로, 신의 가르침이다. 또한 실생활에서 이루어지는 마음공부이자, 믿음의 공부이다. 인간을 잘살도록 하기 위한 자연공부이며, 지혜의 공부이자, 생활실천공부이기도 하다.

많은 사람들이 종교를 통해 수행을 시작하기도 하지만, 결국에 가서는 그것을 바탕으로 각자 기존 의식에서 벗어나야 비로소 올바른 수행의 길로 접어든다. 종교적 틀 속에 있었던 부족하고 잘못된 기존 의식이 없어져야 더 넓고, 높은 차원의 우주의식이 들어선다. 이것을 분명히 인식해야만 한다.

제자리에 머문다는 것은, 나의 의식을 스스로 가두어 놓는다. 알을 깨고 나가야 병아리가 되듯이 박차고 앞으로 나가야 하며, 김치가 시듯이 내 생각이 순간순간 상황에 맞게 확 바뀌어야, 내가 산다.

수행이란 마음을 닦는 것을 말한다. 일상생활에서 사람들과 부딪치면서 내 마음이 어디로 튀는지 알아차리고, 마음 챙김을 잘하면서, 추세에 잘 부응하는 사람이 공부를 잘하는 사람이다.

예쁘게 자신을 낮추어가는 것도, 남에게 베푸는 것도, 대상을 있는 그대로 보아야 하는 것도, 세상 만물을 공평하게 보아야 하는 것도, 내가 남을 사랑해야 하는 것도, 전부 다 내 마음 기계의 작동을 좀 더 높게 정화·순화·승화시키도록 만든다. 결국 모든 것은 나 자신을 위한 것이 된다.

우선으로
본래의 마음자리를 알아차려야 하며,
그것을 통해서 마음 챙김을 잘하고,
주변 상황의 변화를 잘 인지하고,
추세에 잘 부응하면,

공부를 잘 해나가는 사람이 된다.
또한 자연에 잘 순응하는 사람이 되고,
걸림이 없는 사람이 된다.

그것이 바로
본성의 뜻대로 사는 삶,
신에게 맡겨놓고 가는 삶,
혹은 신의 뜻대로 사는 삶이며,
부처님 하느님의 뜻대로 사는 삶이 된다.

이것을 잘 행하기 위해서는 본래의 마음자리, 즉 본성을 알아야 한다. 몸과 마음으로 그것을 스스로 터득하여 거기에 머물도록 할 수 없다면 불성화된 삶, 성령으로 충만한 삶, 자연에 순응하는 삶, 부처님 하느님과 함께하는 삶을 영위할 수 없다.

본성의 뜻대로 살기 위해 사람인 내가 해야 하는 것은 나타내는 생각과 말과 행동에 달렸다. 그 속에서 자연의 기운을 잘 알아차리고 매 순간 변하는 나의 마음을 챙기면서 추세에 잘 부응하는 것이다. 그것의 정도와 수준만큼, 그것을 통해 쌓아놓은 믿음만큼, 에너지가 작동되어 내가 원하는 바, 혹은 얻고자 하는 바가 이루어진다.

인간은 다가올 다음 순간을 알 수 없다. 내가 살아 있는 한, 아직 한 번도 가보지 않은 길을 가기 때문이다. 모두 다 자연에서 이끌고 간다. 내 몸도 내 것이 아니며, 흐르는 기운도 내 것이 아니다. 모두 다 자연의 기운이며, 그것이 나를 살도록 한다.

공부하는 수준과 정도에 따라 각자의 생활 영역과 환경을 통해 다양한 체험을 하기도 하나, 이것 역시 각자 여태까지 쌓아온 수준에서만이 겪게 되는 체험이며, 다양할 수밖에 없기에, 그 수준까지 가봐야 이해할 수 있는 부분이다. 즉 나의 공부가 그 수준까지 가봐야 알 수 있다는 것이며, 낮은 단계에서 자기보다 앞서가는 단계를 이해할 수 없다는 말이다.

결국 부처님, 하느님과 함께하는 삶이라면 무엇이든지 하고 싶은 것을 할 수 있다는 말이다. 지극히 현실적이며, 이해하기 쉬운 이야기를 하고 있다. 물론 여기에는 조건이 있다. 불성화를 반드시 체득해야 한다, 그것을 바탕으로 최선을 다한 만큼 이룰 수 있으며, 반드시 나 자신이 필요한 것이어야 한다. 물론 그것 역시 내가 행한 수준과 정도에 따라 차이가 있게 된다. 중요한 것은 거기에는 내가 들어서지 않아야 한다는 사실이다.

견성성불의 실제 의미와 일체유심조라는 말을 실제적인 다양한 체험을 통해 알아차릴 수 있다면, 부처님과 함께하는 삶이란 결국 내가 잘살기 위한 삶의 방식임을 알 수 있다. 자연에 순응하는 삶은, 나의 무지와 애욕을 없앤 삶이기에, 그 속에서 내가 얻고자 하는 것, 필요로 하는 것, 하고자 하는 것은 무엇이든지 할 수 있다. 이것 역시 각자의 수준과 정도에 따라 천차만별이다.

자연에 순응함으로써
사람으로 태어난 영혼이
살아생전 신의 사랑을
어느 순간 한번 흉내를 내고 맛볼 수 있다.
(견성성불)

이는 인간 최고·최상의 축복이자, 은총이 된다.

또한 나의 삶을 복되게 한다.

(공사상 실현)

이것이 도를 수행하는 이유이며,

부처님을 찾고,

하느님을 뵙고자 열망하는 이유이다.

(불성화 혹은 성령화)

그게 나를 살리기 때문이다.

(인간의 살 길 – 본래 마음자리)

사는 동안 자연에 순응하는 삶이란, 곧 부처님 하느님과 함께하는 삶을 말하며, 또한 본성에 따라 각자 삶을 잘 가꾸며 사는 것이라고 표현할 수 있다. 우선 나 자신을 건강하고 행복하게 한다. 자연에 순응하는 삶을 살면, 순간순간 깨달음과 지혜를 가지고, 내가 하고자 하는바, 필요로 하는바, 얻고자 하는바 등을 성취하면서 잘살 수 있다. 그게 줄곧 이야기하는 '내가 살 길'이다. 즉 "생각을 바꿔야, 내가 산다."는 말이다.

2) 신의 모습

과연 사람으로서 신이신 부처님 하느님 모습을 그릴 수 있을까. 우주자연이 곧 하느님이며, 부처님이시며, 우주만물을 관장하시는 신이시다. 이 지구상에 존재하는 아주 조그만 자연 일부로서 살아가고 있는 인간이 현상계에서 갖는 일반적인 의식으로는 알 수가 없다. 하지만 우주 전체 자체가 신이시며, 부처님 하느님이시기에 이치에 따라 그려볼 수는 있다.

팽이이론에서 살펴본다면 좀 더 쉽게 이해하고, 접근할 수 있다. 팽이의 맨 아래 중심이 본래 마음자리, 즉 공이다. 거기서 올라오는 마음의 작용, 혹은 자연의 순수한 기운이 작동하는 것, 그것을 표현하고 설명하면, 곧 부처님 하느님의 모습이다.

우주자연은 파장시스템으로 작동한다. 땅을 밟고 사는 인간 삶에서, 아주 잘 인지되고 있는, 춘하추동이라는 사계절이 있다. 자연은 사계절 동안 우주만물을 생성시키고 키워서 수확을 하고 저장을 한다. 그게 생성, 변화, 소멸이다. 또한 그렇게 만물을 생장·진화·발전시키는 것이 우주자연의 이치이며, 부처님 하느님 모습이다.

인간은 우주 전체를 알 수는 없으나, 각자 의식의 크기만큼, 공부한 만큼 이치에 따른 생각해 볼 수가 있다. 공부할 때 왜 지구 전체, 우주 전체를 놓고 폭넓게 생각해야 하는지, 이치에 따른 참뜻 이해가 왜 우선돼야 하는지 생각해 볼 수 있는 부분이다.

3) 신과 함께 하는 삶이란

(1) 마음의 목적지와 마음씀씀이

오랜 세월 많은 시간 속에 지구촌 수많은 사람들이 일반적으로나 종교적, 철학적으로 나름대로 수행을 해오고 있다. 신, 즉 부처님 하느님과 함께하는 삶, 혹은 신의 뜻대로 사는 삶을 온전히 이해하고 인식하면서 살고 있는 사람은 그렇지 않은 사람과는 완전히 구분된다. 설사 알고 노력한다 해도 그 정도와 수준은 천차만별이다.

아무리 최선을 다해 열심히 수행을 해도, 여전히 제자리에서 맴도는 것을 쉽게 본다. 사람은 자기 그릇 속에서 맴돌 수밖에 없다. 누구나 다 마찬가지다. 맴돌고 돌아 마지막까지 최선을 다해 그렇게 하는 것이 인간이다. 자기 그릇을 어느 순간 팍 깨고 나가는 것은 내가 해야 하지만, 마지막 순간 그릇을 깨도록 인도하는 것은 우주 자연이며 신이시다.(참조_ 188p. ■ 본래마음자리 통한 각 단계별 팽이돌리기의 진화발전 9단계 ■)

각자가 쌓아온 틀은 하루아침에 무너뜨릴 수 없기에, 양파 껍질 벗기듯이 순간순간 그때그때 끊임없이 벗겨내야 한다. 팽이이론을 통해 아주 쉽고 명확하게 이해할 수 있다.

사람인 내가 할 수 있는 것은, 현재 주어진 여건과 상황대로, 지금 당장 최선을 다하는 것이다. 다 내가 만들어 놓았다. 그 이상도, 이하도 아니다. 길이 막혀 있으면 돌아가든지, 파든지 살아있는 이상 최선을 다해야 하며, 단지 그 과정에 나타나는 나의 마음이 가장 큰 관건이다. 그것을 잘해내야 한다. 순간순간 나타내는 마음 씀씀이가 나의 수준과 정도를 보여준다.

어려워도 내가 만든 것이고, 힘들고 아픈 것도 다 내가 만든다. 살아있으니 끝까지 해야 한다. 마음의 목적지를 알고 몸에 체득하면 좀 더 쉽게 갈 수도 있다.

⑵ 보살도의 행 – 올바른 실천

부처님 하느님, 즉 신과 함께하는 삶이란, 본성의 뜻대로 사는 것이기에, 그것으로부터 끊임없이 나에게 전달되는 메시지, 즉 어진 마음, 베푸는 마음, 지혜로운 마음, 올바른 마음, 자신을 예쁘게 낮추어가는 마음 등 참되고 진실한 마음을 의식하지 않고 자연스럽게 잘 따르게 되는 것을 의미한다.

내 생각대로 하는 삶은 당장은 좋을 수도 있겠지만, 전체가 돌아가는 이치에서 볼 때는 결국 힘들고 어렵게 될 수밖에 없다.

부처님 하느님 공부에서는
자연의 이치를 터득할 수 있어야,
순간순간,

이해와 수용, 그리고 배려와 베풂을 올곧게 알게 되며,
그때그때, 즉시즉시,
마음 챙김과 알아차림을 잘할 수 있게 된다.
그 결과 내 속에서 일어나는 마음이 어디로 튀는지,
또 어떻게 해야 할지를 알아차리게 된다.

맴돌고 돌다 어느 순간 나의 그릇이 깨지면서, 그 우물을 벗어나게 된다. 그게 전부가 아니며, 그렇게 끝없이 진화·발전·성숙하는 것이 우주자연의 이치이며, 만물이 돌아가는 이치이고, 법이며, 진리이다. 평생을 거쳐 만들어 놓은 각자의 틀을 스스로 깨고 나와야 다음 단계로 가는데, 참 힘들고 어렵다. 사실 알고 나면, 단계라는 것은 별 의미가 없으며, 그것은 인간의식 속에서 나온다.

어쩌면 평생 공부한다 해도, 사람들은 자기 생각의 수준에 거의 다 갇혀있기에, 깨우치기 어렵다. 공부함에 따라 상대를 보고 알아차리기가 조금은 쉬워졌다고 느끼기도 하지만, 스스로 올바르게 몰아간다는 것이 결코 쉽지 않다는 것을 수시로 알아차리게 된다.

그것은 스스로 잘 따라가지 못하는 것도 분명히 있지만, 항상 앞으로 가게 되어있기에 올라가는 단계마다 그 수준과 정도에서 또 부딪치게 되니, 어렵게 된다. 올바른 길을 열심히 걷고 있는 사람은 끝없이 새로운 상황에 부딪힐 수밖에 없다는 말이며, 그것이 나를 성

숙 발전하게 만든다. 그게 만물이 돌아가는 이치다.

종종 부처님하느님을 언급하나, 종교를 말하고자 하는 것이 아니다. 인간은 우주자연이란 그 속에 존재하기에 종교를 명백히 이해하면서 그것을 벗어난 우주자연의 이치와 잘 사는 방법을 끊임없이 이야기하고 있다.

보살도의 행, 즉 불성을 바탕으로 한 올바른 실천이란, 우선 나를 잘 알아차려야 한다. 스스로를 올바르게 몰고 갈 수 있을 때, 나와 상대뿐만 아니라 주변이 다 함께 좋아지게 된다. 이러한 삶이 본래의 마음자리, 즉 본성에서 나오는 올바르며, 좋고, 어진 마음을 통해 베풀고 실천하는 삶이다. 즉 깨달은 삶을 말한다. 이때 무조건 상대방을 사랑해야 함을 깨닫게 되지만, 측은지심과 사랑을 분별할 수 있는 지혜도 갖추게 된다.

생각이 빨리 돌아야 하며, 그것을 통해 알아차리고, 마음 챙김을 마지막 순간까지 잘할 수 있어야 올바른 보살도의 행이 된다. 그렇게 해야 나의 성적을 얻게 된다.

한 치 앞을 내다볼 수 없는 게 인간이기에, 모르는 것이 당연하지만, 최선을 다할 수밖에 없다. 내가 마음씀씀이를 어떻게 나타내 보이느냐가, 자연으로부터 점수를 따내느냐, 딸 수 없느냐를 좌우한다. 그래서 표정관리를 잘하고, 아니어도 그런가 보다 하는 융통성과 유연성 있는 그런 마음이 중요하다. 이렇게 해서 획득한 점수가 살아생전 좋은 인연의 복을 만들어 육체적·정신적·물질적으로 여유로운 삶을 만든다.

우리 인간이 이 지상에 온 것은 뭔가 부족한 것을 공부해서 깨우치기 위해 온 것이다. 뭔가를 가지기 위해서도 아니고, 뭔가 체면을 차리기 위해서도 아니며, 부과 명예의 추구는 더욱더 아니다. 이러한 사실이 몸과 마음으로 체득된다면 쉽게 깨우칠 수밖에 없다.

인간 몸 기계를 빌려 나온 사람이기에, 몸 기계를 통해 공부하는 것인데, 이 과정에서 어떻게 마음을 나타내느냐가 중요하다. 그것은 나와 관계된 대상과 나를 조화롭게 만들며, 서로 좋은 관계로 만들어 주기 때문이다.

사람이 점수를 못 따는 이유, 즉 깨닫지 못하는 것은 무지와 욕심에서 기인한다. 체면과 명예를 구기거나, 부를 탐하거나, 시기와 질투를 하고, 남의 부와 명예를 배 아파하기도 한다. 그래서 다 나락으로 고꾸라진다.

보살도의 행은 반드시 불성을 바탕으로 한 올바른 실천 속에 있으며, 그것은 나와 내 주변을 좋게 만든다. 불성화 이치가 체득되고 실용화해야, 그것을 바탕으로 올바른 보살도의 행을 만들어 갈 수 있다. 보살도의 행은 끝이 없으며, 무한대로 펼쳐진다.

(3) 기쁨과 행복 – 공사상 실천의 성취

부처님 하느님의 공부, 즉 자연의 가르침 공부를 좀 더 완벽하게 이해하고 따라갈수록 순간순간 뱉어내는 말과 생각과 행동이 스스로 자제되고 통제되기에 화를 낼 여유나 이유가 없다. 필요 없는 욕심을 부리지 않으며, 어리석지 않게 되고, 기운이 순간순간 잘 돌아 건강하게 된다. 초기에는 그것을 의식적으로도 할 필요도 있겠지만, 자연의 이치대로 공부를 잘 따라가는 사람은 그냥 걸림 없이 자연스럽게 그렇게 될 수밖에 없다.

각자의 표정이나 말, 또는 글에서 단번에 스스로 마음씀씀이를 나타낸다. 말 속에 "내가 맞으니, 좀 들어라." 라는 가시나 칼이 들어 있고, 글 속에도 "그건 아니야" 하면서 이미 맘이 대롱 끝에 매달려 있으면서, 나타난 표정에서 맘이 삐뚤어져 있는 게, 단번에 보인다. 몸 기계가 그렇게 작동하기 때문이다. 이는 전부 다 기운이 안 돌아가는 것이며, 곧 아프게 되며, 힘들게 될 수밖에 없다.

좀 쉽게 하면, 쉽게 다 되기도 하는데,
힘들게 살면, 힘들고 아프게 된다는 말이다.

그래서 이것을 해야 할지 말아야 할지,

이 말을 뱉어야 할지 말아야 할지,
항상 나 스스로 일거리를 만들고,
거기에 빠져서 허우적거린다.

생각이 빨리 돌아가야 하는데,
항상 잘못하니, 허구한 날 골치 아프다.
누구든지 예외는 없다. 다 마찬가지다.

본래 마음자리에 따라 순응하면서
어질고 선한 마음을 바탕으로 옳고 그름을 가리고
올바른 길 찾아가는 것이 사는 동안의 가장 큰 공부다.
참 쉬운데, 참 어렵기도 하다.
자신을 끝없이 낮추고 예쁘게 행동해야 한다.
때로는 대의명분 아래 지독하게 냉정해지고,

과감하게 용의주도해질 수도 있으며,
이해할 수 없을 정도로 납작 엎드리기도 한다.
그게 수행을 하면서, 점수를 따는 과정이다.
추세에 부응하고 있는 것이기에
점수를 딴다고 한다.

지금 당장

이것이 우선인지, 저것이 우선인지
분명히 알고 매 순간 옳은 쪽으로
스스로 채찍질하면서 몰아가는 것이
가장 현실적이며, 자연에 순응하는 것이 된다.

추세 부응이란, 곧 자연에 순응하는 것이기에 상대가 수시로 변화되어 돌아가는 기운에 나를 맞추기는 절대 쉽지 않다. 사람을 포함한 우주만물에 불성이 있으니, 그것을 인식하고 깨달아서 살아가야만, 살아생전 건강하고 행복하며 여유롭게 마지막까지 가게 된다. 그게 자연에서 빌려온 몸 기계가 수명이 다할 때까지 공부하고 살아가야만 하는 이유이다.

깨달아 가는 사람이란, 신, 즉 부처님 하느님과 함께하는 삶을 살아가는 사람이다. 깨달아 가는 삶이란, 자연의 파장을 잘 알아차리고 마음 챙김을 잘하면서, 과거에 머물지 않고 어질게 베풀면서, 자연스럽게 의식함이 없이 실천하는 삶을 말한다.

그것을 불교에서는 '공사상 실천' 혹은 '보살도의 행'이라고 하며,
그것은 끊임없이 펼쳐내는
지극히 인간적인 사랑으로 표현될 수 있으며,
또한 잘 쌓아 다져진 예쁜 연꽃을 무한대로 우주 속에 뿌려내는
우주적 사랑의 모습으로 생각해 볼 수 있다.

4) 살아있다는 것에 대한 이해

사람이 살아있다는 것은 숨을 내쉬고 들이마시고 자연과 소통하고 있는 것이다. 소통하지 못하면 죽은 목숨이다. 그게 자연의 이치다. 인간관계에서도 마찬가지로 역시 가장 중요한 것이 이해와 소통이다. 그게 나를 살리고 상대를 살리기 때문이다. 인간은 관계 속에서 서로 대립하고, 관계 속에서 모든 일이 생성·변화되고, 사라지며, 또 그렇게 반복된다. 그게 자연의 이치다.

우주자연의 이치는 파장으로 돌아가는 시스템이며, 생성·변화·소멸한다. 사람도 지극히 작은 하나의 개체로서 자연의 한 부분이다. 그래서 그 이치와 법 가운데 놓여 있기에 반드시 순응해야만 한다. 내가 살기 위해서 그렇게 해야 하며, 나와 연결된 모든 것들이 다 좋게 되기 위해서도 그렇게 해야만 한다. 자연의 이치와 법, 진리 아래에서 모든 것들은 똑같이 하나의 이치 아래에서 돌아가고 있다.

그래서 내가 아무리 깨달았다 하더라도
나의 주변과 함께 소통하면서 어울려 가는 것이
참 어렵다는 것을 새삼, 순간순간 깨닫게 된다.

결국 모르면 몰라서 어렵다고 하지만,
알아도 알수록 더 어렵고,

오히려 모른다는 사실을
더욱더 명쾌하게 알아차리게 된다.

그게 정상이 되는 것이며,
깨달음인 것으로 표현할 수 있다.

내가 뿌리라면 자식은 가지다. 부모가 주변 사람과 이해와 소통이 부족하면 가지가 마른다. 아무리 머리가 좋고 재능이 뛰어난 인자를 받았다 하더라도 뿌리에서 소통과 이해를 할 수 없고, 상호 공유할 줄 모르며, 베풂이 없다면, 가지는 알게 모르게 오랜 세월을 거쳐서 시들시들 마른다.

삼자가 보면, 쉽게 알 수도 있다. 그러나 정작 본인은 원인을 알 수가 없고, 그럴수록 본능에 따라 자기 우물을 더 높이 쌓게 된다. 왜냐하면 자기가 최고이며, 자기 생각이 맞는다고 생각하고, 남이 자기 생각 속에 들어오길 바라기 때문이다. 이해나 소통과는 정반대 되는 이야기다.

자기 생각에만 빠져 자기 체면만 내세우고 오만함의 극치를 보인다면, 때가 되면 뿌리나 가지가 반드시 마른다. 각자가 살아생전 지어놓은 선업은 선업대로, 악업은 악업대로 다 겪고 간다. 그래서 자연스럽게 자연에 순응하며 살아가는 것이 최상의 방법이다. 공부하는 이유가 그것이다.

소통이란 내가 문을 먼저 열어 놓는 것이며, 뭔가를 하기 위해 준비된, 열린 마음 자세이다. 이때 베푼다는 것도 내 생각과 계산이 들어있지 않아야 한다. 여기에는 내가 더 많이 안다든지, 더 많이 공부했다든지, 더 많이 깨달았다든지, 뭘 더 많이 보거나 느낄 수 있다든지 하는 게 없다.

이해나 소통이나 베푸는 것은 순간순간 나와 주변을 하나로 만드는 것이다. 알고 나면 참 쉽고, 그냥 행하면 되는데, 절대 만만치 않다. 뿌리인 부모가 애가 탈 정도로 간절하게 이리저리 뛰어다니면서 어질고 선하게 소통과 이해, 수용과 베풂에 최선을 다하면, 그 자손인 가지들은 비록 머리가 덜 똑똑하고 설사 재능이 다소 뒤진다 해도 무럭무럭 잘 자랄 수밖에 없다. 때가 되면, 그 후손들 속에서 부자도 나오고, 머리 좋은 자식들도 나오게 되어 있다.

모든 것들은 돌고 돌기 때문이다.
그것이 윤회고,
자연의 이치고, 법이다.

그래서
인간은 공부해서 반드시 깨달아야 하며,

자연에 순응해야 한다는 것을 알게 된다.

사람 관계 속에서는 반드시 소통이 우선이다. 그게 나를 좋게 만들고, 사는 동안 건강과 행복을 가져오며, 현실 속 나의 질적인 삶이 향상되도록 한다. 그것은 죽어서 좋은 성적을 만들며, 다음 목적지도 당연히 좋게 된다.

우리가 머무는 이곳은 스쳐 지나가는 곳임을 알고, 좀 더 가벼운 마음으로 부처님 가르침을 온전히 받아들일 수 있다면, 좀 더 자연스러운 삶을 살 수 있지 않을까. 살아있는 이상, 항상 주변의 모든 것들에 대해 이해하고, 소통하려는 노력이 나의 건강과 행복과 부를 이루는 근원이 된다.

나의 몸도 내 것이 아니요,
내가 가진 것 또한 내 것이 아니며,
움직여지는 기운조차도 내 것이 아니다.

곧 전체가 나와 하나이고,
전체가 다 내 것이라고 받아들일 때,
내가 원하는 대로,
내가 맘먹은 대로 다 할 수 있다는 의미이다.

즉 모든 일은 내 마음먹기 달렸으며,
내가 어떻게 하느냐,
어떻게 마음씀씀이를 나타내느냐에 따라
모든 것들이 필연적으로 따라온다.

남이 뭘 하든 상대를 보는 내 마음이 삐뚤어져 있으면, 상대가 아무리 맞고 훌륭하다 해도 그렇지 않게 보이며, 결국 내 마음이 그렇게 되어 있으니 내가 힘들고 아플 수밖에 없다. 다 내가 만든 것이며, 내 탓이 된다.

하지만 사람인 이상, 자기가 처한 환경과 자기 우물이 있으며, 모든 사람의 생각과 마음씀씀이에는 한계가 있기 마련이다. 따라서 내가 마음먹은 대로 항상 그렇게 하기는 쉽지 않으나, 올바르게 공부한 만큼 갖출 수 있는 능력을 통해 현실 속에서 조금씩 깨달아갈 수 있다.

5) 영성 생활의 탐구 – 본성의 뜻대로 사는 삶

(1) 의미

영적 생활, 혹은 영성 생활, 사랑으로 가득 찬 생활, 항상 깨어있는 삶, 깨달아 가는 삶, 빛기둥을 세우고 사는 삶, 자연의 이치대로 사는 삶, 항상 잘못된 것을 고쳐 자신을 올바른 곳으로 몰아가는 삶, 주변을 있는 그대로 보는 삶, 어느 한쪽으로 치우치지 않게 생각하며 공정하고 올바르게 사는 삶 등등 여러 가지로 표현이 가능하다. 그런데 아무리 자연의 이치대로 올바르게 산다고 해도 사람에 따라 그 수준과 정도는 실로 다양하다.

불교에서는 부처님을 내 안에 모시고 사는 삶, 부처님 말씀 속에 사는 삶, 기독교에서는 하느님을 내 안에 모시고 사는 삶, 하느님 말씀 속에 사는 삶 등으로도 표현된다. 다 똑같은 의미이고, 그 바탕의 본질은 다 같다.

(2) 삶의 방식

앞서서 언급한 팽이이론의 그림을 참고하여 영과 혼의 작동을 살펴보자. 생각과 오감을 나타내는 이기적이며 선하지 않은 혼의 마음을 잘 제어하고, 어질고 남에게 잘 베푸는 올바른 마음의 원천인 영을 작동시켜, 각자 부족하고 잘못된 부분을 순간순간 고쳐가면서 올바른 곳으로 몰아가는 것이 인간 삶의 참되고, 어진 모습이다.

사람이 혼의 작동으로 나타나는 여러 가지 부정적인 마음과 욕심을 제어하고 극복하기 위해서는 항상 감사하는 마음과 풍요로운 마음을 가져야 한다. 사물을 있는 그대로 보면서 어느 한쪽으로 치우치지 않은 공평하고 공정한 마음을 가질 때, 이를 극복하고 좋은 쪽으로 자신을 몰아갈 수 있게 된다.

사물을 있는 그대로 바라볼 수 있다는 것은, 자기 생각을 바로 나타내지 않는다는 것이며, 사물을 객관적으로 공평하게 보는 시각을 가지는 것이다. 그것에는 자기 생각, 즉 무지와 욕심이 들어있지 않으니, 좋은 마음이 깃들게 되며, 좋은 파장으로 채워진다. 그게 곧 빛이며, 부처님 하느님 사랑을 의미한다.

그게 사는 동안 믿음과 사랑을 키우게 하며, 좋은 인연의 복을 만들어 건강하고 행복하게 살게 되고, 죽어서도 깨달음과 사랑을 가져갈 수 있게 된다.

인간 삶의 방식은 지극히 간단하고 명료하다. 왜냐하면 자연의 이치라는 하나의 큰 테두리 속에서 다 함께 굴러가고 있기 때문이다.

허황되고 무지하며 욕심을 바탕으로 만들어진 자기 우물 속의 삶은 스스로 법을 만들고, 스스로 거기에 얽매이니 올바른 삶의 방식이 될 수 없다. 올바른 삶의 방식은 반드시 자연의 이치와 법, 진리 속에 들어 있어야 한다. 그게 자연의 순리이며, 순응하는 것이다.

기도나 명상 속에서 순간순간 나타나고 보이는 현상에
집착하거나 탐닉하게 되면
숲 속에서 숨바꼭질만 하게 될 뿐이며,
자기 세계만 키우게 된다.
결코 큰길, 즉 올바른 길로 나올 수가 없다.

이번 생에 큰길로 나올 수만 있어도 하나의 숙제는 풀었다고 봐도 된다. 대부분이 못 나오기 때문이다.

(3) 올바른 영적 생활

영적 생활을 하려면 우선 모든 만물에 불성이 있다는 것을 알아야 하며, 나에게도 그것이 있다는 것을 알고, 모든 것들이 다 함께 연결되어 하나로 이어져 있다는 것도 알아야 한다. 하지만 그러한 사실을 여태까지 모르고 있었다는 사실을 알아차리고, 결국 나에게 문제가 있기 때문이라는 것을 인식할 때, 깨우쳐갈 수 있는 기본을 만들게 된다.

따라서 그것을 알고 고쳐서 나갈 수 있을 때, 비로소 스스로 깨달아 가는 삶을 영위할 수가 있게 되며, 그것을 영적 생활 혹은 깨우쳐 가는 삶으로 설명할 수 있다.

그것은 자연의 이치대로, 순리대로 살아가는 삶의 방식이기에,
자연에 모든 것을 맡겨놓는 삶이며,

자연의 파장대로 움직이는 삶이 되고,
본성의 뜻대로 사는 삶이며,
부처님 하느님의 뜻대로 사는 삶이다.

그것이 올바른 실천 속의 삶이 되며,
비로소 올바른 영적 생활을 하게 되는 것이다.

(4) 마음의 목적지 – 깨달음과 사랑 – 윤회

우리 인간은 모름지기 이 세상에 몸 기계라는 탈을 덮고 살아가는 이상, 자연의 순리대로 사는 삶이 최고·최상의 삶이다. 살아생전 내가 하는 만큼, 최상의 축복을 받으며, 최고의 점수를 받을 수 있다. 그것을 바탕으로 다음의 목적지까지 무난하게 점차 나은 곳으로 가게 된다. 그것이 윤회이며, 자연의 이치다.

그것은 자연이 전체를 키우고 데려가는 것, 즉 성숙·발전·진화시키는 원리와 이치를 말한다. 우리는 그것을 공부하고, 알고 깨달아야 현생의 삶이 감사하고 풍요로운 삶으로 연결되며, 건강하고 행복하며, 물질적· 정신적· 육체적으로 여유롭게 된다. 그것이 삶의 이치다.

자연의 이치대로 살려면 가장 기본적인 생각과 개념을 잘 알고 깨달아 가면서, 매 순간 끊임없이 움직이고 있는 마음기계의 작동을 그때그때 알아차려야 한다. 순간순간 각자 자신의 알아차림과 마음 챙김을 잘하여, 좋은 방향으로 몰아가도록 자신을 숙달시키는 것이 더욱 나은 삶을 영위할 수 있도록 만든다.

나의 마음작동을 알고 터득하여 자기화하고, 다양한 경험을 통해 숙달시켜야 인간 삶의 궁극적인 목표인 영혼 성숙을 꾀할 수 있다. 그렇게 하는 것이 깨달음과 사랑을 점차로 크게 만든다.

또한 살아생전 나의 마음씀씀이를 주변 상황에 따라 잘 나타내어 육체의 나와 마음의 나가 하나가 되도록 잘 몰아가야 한다. 그래야 믿음과 사랑을 키워 영적 성장을 이룬다. 그게 마음의 최종 목적지가 된다. 그 이후 인간은 알 수 없다. 우리 인간은 그렇게 프로그래밍 되어있다.

8 장

죽음의 인식에 따른 삶과 깨달음

왜 바른길을 잘 가지 못하나

죽음과 깨달음

1) 왜 바른 길을 잘 가지 못하나

자연 그 자체가 바로 이치고, 진리이기에, 자연의 이치에 따라 사연을 닮은 모습으로 살 수 있게 되면, 그게 걸림이 없는 삶이 된다. 이는 곧 자연스러운 삶이 되어 건강하고 행복하며 좀 더 여유롭게 살다 자연으로 돌아간다. 하지만 기존 의식의 틀 속에 쌓인 무지와 욕심이 반드시 그것을 막는다. 그래서 사람은 본래 마음자리를 찾아서 나의 무지와 욕심을 알아차리고, 어질고 참되게 남에게 베풀면서 살 때, 잘살 수 있다.

사람은 육체를 가지고 태어남으로써 욕심을 나타내게 되며, 그것으로 인해 무명과 애욕이 커지게 되어 살아가면서 어렵고 힘든 많은 일들을 겪게 된다. 그래서 우리는 수행이라는 공부를 통해, 잠시도 멈춤이 없는 실생활 속에서 사람들과의 부딪침으로 '내가 꼭 옳다.' 혹은 '맞다'고 할 수 없음을 순간순간 깨달아 가면서 추세에 부응하는 법을 배운다.

그것이 깨달아 가는 인간의 참되고 어진 모습이며, 주변에 동화되어 조화를 이루기 위해 노력하는 모습이다. 결국 내가 잘살기 위해서는 살아생전 그렇게 해야만 한다.

올바르게 바른길로 스스로 자신을 잘 몰아가기 위해서는 필요 없는 것을 버려야 하며, 쓸데없는 욕심을 부리지 않아야 한다. 그것이 각자 생활과 행동에서 가장 근본이 될 수밖에 없다. 또한 그것을 바탕으로 순간순간, 그때그때, 알아차리고 마음 챙김을 잘하면서, 나의 잘못을 뒤돌아보고 고쳐서 올바른 길로 갈 수 있다. 그게 좋은 인연의 복을 쌓게 한다. 올바른 길 속 사랑과 깨달음으로 쌓은 복을 사는 동안 현생에서 다 쓰고 간다.

즉 산다는 것이, 곧 업이다.
사람들과 더불어 살며, 일상생활에서 하는
말과 생각과 행동을 통해
인연의 복과 화를 만들어낸다.
사는 것 자체가
자연의 기운이며, 사랑이고, 파장이다.

각자 자신의 깨달음을 통해, 부처님 하느님 마음, 즉 본래의 마음자리, 본성을 찾아간다. 그것을 진실로 깨닫게 될 때, 크게 알게 되는 것이다. 그것은 공부를 할 때 얻는 큰 깨달음이며, 인생 최상의 목표가 된다.

죽으나 사나, 몸을 가지고 있으나 없으나, 깨우치면 똑같다. 또한 인간의식 속에 이 사람은 좋은 사람 저 사람은 나쁜 사람, 또는 죽일 놈 살릴 놈, 미운 놈 고운 놈 등의 구분은, 우주자연 속에서는 사실상 없다. 오직 절대적 진리만 흐를 뿐이다. 따라서 부처님 하느님, 즉 우주자연은 사랑 그 자체이다.

이전의 나를 되돌아보아, 언젠가 내가 죽일 놈 미운 놈이라고 단정을 지었던 어떤 이에 대한 생각과 의식이 그대로라면, 아직도 나의 공부가 여전히 미진하며, 제자리걸음 하다고 보면 된다.

현재 나의 공부 수준을 한 단계 끌어올린다는 것이 절대 쉽지 않다는 것을 한번 생각해 보자는 것이다. 한평생 최선을 다한다고 하나 다람쥐 쳇바퀴 돌듯 꾸준하면서도, 알게 모르게 최선을 다하는 것, 그것이 보편적인 인간의 모습이라는 것도 생각해 볼 필요가 있다.

지금 내가 어떻게 공부하고 있는지 그 방법과 내가 지금 무엇을 하고 있는지를 올바르게 알아차리는 것이 아주 중요하다. 거의 대부분이 자기 우물 속에서 또는 남의 우물 속에서 이게 맞다, 혹은 저게 맞다, 하며 그냥 이렇게 저렇게 따라가는 경우가 허다하다. 그것 역시 일반적인 심리이며, 군중심리와 부화뇌동이라는 단어와 연결해 볼 수도 있다. 이러한 현상은 어제 오늘일이 아니며, 수천 년 전에도 마찬가지였음을 유추해 볼 수 있다.

현생의 삶 속에서 자기 우물을 벗어나는 나름대로 방법을 반드시 알아차릴 수 있어야 하는데, 실제로 그것을 일상생활에서 터득하는 것이 얼마나 힘든지 공부를 해 나가면서 점차로 알게 된다. 절대 쉽지 않다는 것을 매번 느끼며, 알게 될 때의 그 수준과 정도가 다 다르게 다가옴을 체감할 수 있다.

이때가 되면, ABC 단계에서 C에서 B로, B에서 A로 한 단계가 올라가는 것이 얼마나 힘든지 알 수 있다. 깨달음이란 것도 A, B, C 각 수준과 정도에 따라, 설사 똑같이 이해한다 하더라도, 그 수준과 정도에 따른 표현은 다양하게 나타난다.

유사 이래 많은 현인과 선각자들이 이미 다 알고 갔던 것이기도 하다. 그렇게 앞서간 사람들이 있었기에, 21세기 현대의 발전된 모습 속에 우리가 존재하고 또 후대로 이어져 간다는 사실을 생각해 볼 수 있다. 공부를 폭넓고 깊게 해야 하는 이유를 현실과 연결 지어 보자는 말이다.

우주자연, 즉 신의 가르침이란 우주자연의 이치와 법, 진리이며, 현실 속에서 잘못된 생각을 바꾸고 나의 기존 의식을 변화시켜 김치가 시듯이 나를 바꾸는 것이다. 신의 가르침은 나 스스로를 혁신하게 하고 주변과 조화를 이루어 인간 전체가 다 잘살도록 한다. 그게 부처님 가르침이다.

그것은 살아생전 내 마음먹기 달렸다. 신은 우주자연 전체를 키워가고 있음을 온전히 인식해야 한다. 우주자연, 혹은 각자가 믿는 믿음의 실체가 어떤 하나의 개체나 어떤 누군가를 위해 뭔가를 해

준다는 것은 이치에 어긋난다. 모든 것들은 각자가 스스로 한 만큼 한 치의 오차도 없이 자기의식, 자기 수준만큼 발현된다고 보면 각자 공부하는 데에 도움이 될 수도 있을 것이다. 즉 기복적이거나, 맹신적인 것은 수행의 바른길에 결코 이를 수 없다는 말이다.

내 마음먹기에 달렸으니, 내가 생각하고, 내가 알아차리고, 내가 경험해야 하며, 내가 깨우쳐야 한다. 따라서 '신이 존재한다면 왜 보이지 않느냐' 혹은 '신이 존재한다는 것을 증명해 보여라'는 등의 말은 참으로 어리석은 말임을 금방 알 수 있게 된다. 각자 스스로 공부하여, 스스로 깨우치고, 스스로 찾아서 보든지 느끼든지 하면 된다는 말이다. 모든 게 다 나의 부족한 탓이다.

살아생전 이렇게 저렇게 왔다 갔다 하다가 기운이 없어지고, 몸 기계가 수명이 다하면 간다. 올 때도 정신없이 왔다가 갈 때도 정신이 혼미해져 어디로 가는지도 모른다. 그래서 인간은 사는 동안 깨우쳐야 뭔가 조금 알게 된다고 한다.

공부할 때는 이것이 꼭 맞는다거나, 틀린다거나 하는 흑백논리를 배우는 것이 아니다. 공부는 내 생각과 마음을 키워, 의식의 질과 양을 순화시키고, 정화시켜 키워나가는 것이다. 그래서 깨달음 공부는 마음공부이다. 마음공부에서는 나의 의식을 넓혀야 하기에, 생각을 많이 하여, 기존 잘못된 의식을 고치고 정화·순화시키게 된다. 그것이 잘사는 길이며, 나의 영혼을 성숙시키는 길이다.

본래 마음자리란 인간 누구나 다 갖고 있는 것이다. 그것은 변함이 없으며, 공의 자리이기에 내가 가진 무지와 애욕만 쓸어내리면 된다. 지혜라는 것도 헛된 욕심과 어리석음을 걷어내면 나타난다. 그것은 내 속에 무한대로 존재한다. 깨달음을 통해 기존 잘못된 나의 의식에서 벗어나면서, 지혜와 기회가 주어진다. 이를 실생활에서 실용적으로 쓰게 되어, 잘살게 된다는 이치다.

따라서 깨달음은 내가 만들어 내는 것이 아니라, 결국 자연에서 주어지는 것이다. 단지 내가 잘못된 의식에서 벗어나면 깨달음을 얻을 수 있다. 그것은 나의 올바른 마음작동에 달려있으니, 그것을 걷어내는 것은 내가 해야 한다. 결국 깨달음과 지혜는 이미 내가 다 가지고 있는 것으로 보면 된다.

지혜는 나의 무지와 욕심과 어리석음에 가려져 있을 뿐, 그것을 걷어낸 만큼 펼쳐낼 수 있는 나의 지혜가 된다. 가려진 만큼은 여전히 나의 욕심과 어리석음이 차지하기에, 이를 없애는 것은 내 마음먹기에 달렸다고 하는 것이다. 그래서 깨달음이란 우선 내가 거기에 없어야 가능한 것이 된다. 이치에 따라 이해하면, 무척 간단하다. "생각을 바꾸어야 내가 산다." 는 말을 항상 상기하면서, 공부에서 가장 기본이 되는 생각과 개념에 충실히 숙지해야 한다.

2) 죽음과 깨달음

사람은 내일 죽는다 하면 욕심을 부리지 않는다고 하였으며, 죽기 때문에 사람들은 깨달으려고 노력한다고 하였다. 특히 깨달음은 삶과 죽음의 경계선에 놓여 있을 때 나타난다고 하였다.

사람은 태어나면서 세상과 부딪치며 살아가게 된다. 깨달아 간다는 것은, 큰 의미로서, 죽음에 점점 더 가까이 가고 있으며, 때가 되면 반드시 죽는다는 사실과 현실을 알아차린다는 뜻이다. (참조_59p. ■ 삶과 죽음은 깨달음 속에 하나)

우리가 사는 것과 죽는 것의 실체를 알게 되기까지는 참으로 많은 시간이 걸린다. 그래서 그 과정에서 알게 되기도 한다. 설사 안다고 할지라도 그것을 인식하는 정도와 수준은 삶의 다양한 체험과 믿음에 따라 여러 가지로 나타나게 된다.

'철들자 죽는다.' 는 말이 있다. 이 말은 숱한 인생 경험을 통해 사람이 산다는 것을 좀 알게 되니까 이제 죽는구나, 혹은 죽을 때가 되니 뭔가를 알게 된다는 등으로 표현해 볼 수도 있다.

흔히 일반적으로 깨닫는다는 것은, 자기가 믿는 믿음의 실체에 다가간다는 것이다. 즉 자연으로 돌아가게 된다는 것을 알아차리게 되는 것이다. 종교적으로는, 부처님 하느님께 점점 가까이 다가서는 것, 혹은 부처님 하느님 마음을 닮아가는 것 등 여러 가지로 다양하게 표현한다.

'크게 깨달았다'라는 말은, 우주자연, 혹은 종교에서 부처님 하느님 마음을 알아차리게 되었다, 혹은 나를 비롯한 모든 만물에 부처님 하느님 마음이 실재하며, 하나로 다 연결되어 있다는 것을 나 스스로 몸과 마음으로 터득했다는 것으로 설명할 수 있다.

'실체'라는 의미를 이치에 따라 정확하게 인식하고 체험할 수 있어야, 깨닫게 되면 죽으나 사나 같다는 말의 뜻을 이해할 수 있게 된다. 죽어보지 않는 이상 알 길은 없지만, 이치에 따라 이해하는 것은 가능하다는 것이다.

종교적 표현인, 부처님 하느님께 다가선다, 혹은 가까이 간다, 혹은 따라간다 등도 사실은 이치에 따라 이해해 보면 실제 어디로 가는 것을 뜻하지 않는다는 사실도 알게 된다. 그냥 내가 머무르고 있는 이 순간, 이 자리에 다 함께 존재하기 때문이다. 공부를 해감에 따라 모두 다 인간의식 속 표현 중 하나일 뿐이라는 사실에 도달한다.

이것이 공부를 넓고 깊게 해야 하는 이유이다. 폭넓게 하는 올바른 공부는 나의 의식 수준과 가치관을 높여주며, 삶의 질을 향상시키며, 잘사는 방법을 깨닫는 기회와 지혜를 만든다.

삶과 죽음, 그리고 육체와 정신, 불성과 성령, 본성과 본래 마음자리의 의미를 정확히 이해하고 표현할 수 있을 때,

부처님 하느님께 다가선다는 것이 무슨 뜻인지,
부처님 마음을 닮는다는 것은 또 무슨 뜻이며,

나의 마음도 하나의 마음이고,
부처님 마음도 하나의 마음이고,
인간은 하느님의 피와 살로 만들어졌으며,

내 마음속에 부처님 마음이 들어 있으며,
부처님 마음속에 내 마음이 들어 있다는 것을
알 수 있게 된다.
모두 이치에 따른 참뜻 이해를 통해 가능하다.

이것은 기도나 명상, 또는 좌선 등을
올바르게 행할 수 있는 바탕이자 기본이 된다.

모든 종교와 철학이 우주자연의 이치와 법, 진리로부터 나온다는 사실도 인식하게 됨으로써 우주의식의 눈을 뜨기도 한다. 결국 어떤 종교적인, 철학적인, 신비적인 학문이나 현상들에 빠져 있다면

진정한 깨달음을 얻기란 불가능하다.

깨달아 가는 것을 수학적으로 K함수라고 했다.
어떤 학문이나 종교적 틀에 갇혀 있다면
아무리 훌륭하고 영리하다 할지라도 자신을 내려놓지 못하니
K함수를 풀 수 없다.

오직 나의 마음이 가야
그것이 순간 풀어질 수도 있다.
나의 믿음이 반드시 쌓여야
순간순간, 그때그때, 즉시즉시 통하게 된다.

그래서 깨달음 공부는 마음공부이며, 또한 믿음 공부이다.
알면 너무 쉬우나, 모르면 하늘땅만큼 큰 차이다.

공부의 목적은 살아생전 잘사는 것이다. 공부를 해서 알 수 있는 것 중의 하나가 '깨닫는다는 것은, 죽으나 사나 같다'라는 사실을 알아차리는 것이다. 우선 각자 스스로 공부하며, 본래의 마음자리, 즉 본성을 찾아야 하며, 또한 필요 없는 것을 빨리 버리고, 무지와 욕심과 어리석음으로 빚어진 맹신적 혹은 미신적, 기복적인 것 등의 하지 않아도 될 것에 정신적, 경제적, 육체적인 소모를 하지 말아야 한다.

그게 깨달아 가기 위한 근원적인 바탕을 만들게 되며,

깨달아 감에 따라 죽으나 사나 같다는 의미를 터득할 수 있다는 말이다.

이것을 알게 될 때, 인간의 삶과 죽음의 실체와 이치에 대한 타당하고 올바른 견해를 나름대로 가질 수 있다.

삶과 죽음, 육체와 정신의 관계를 올바르게 인식함으로써,
어떻게 공부를 해야 하며,
궁극적인 삶의 목적은
무엇이 되어야 하는지를 깨닫게 된다.

9 장

깨달아 가는 삶이란

자연스러운 삶

실용적인 삶

우물 속의 삶

부처님 가르침의 수행을, 인간 삶의 현실에서 바라보면서, 좀 더 현실적이며, 실용적으로 깨달아 가는 삶에 대한 이해를 돕고자 아래 도표를 통해서 쉬운 말로 나타내 보았다.

■ 부처님 가르침의 수행을 인간 삶 속에서 현실적으로 바라본 도표 ■

			순응	1) 깨달음 2) 돈 벌고 3) 하고자, 얻고자 하는 바 가능		잘 살게 됨 질적 삶 향상
			▼▲			
영혼 성숙			추세 부응	깨우침 1) 이치에 따른 참뜻 이해 2) 있는 그대로 보는 시각 3) 어질고, 베푸는 마음		이해 수용 인내 베풂
⇧			▼▲			
			▼▲			
믿음 사랑	◀	◀	말 생각 행동	▶▶	▶	건강 행복
			▼▲	고쳐라. 올바른 기도 속 실천 자아성찰		감사 반성 다짐
			▼▲			
			일상생활	1) 예쁘게 낮추어 가라 2) 주제파악을 해라 3) 너 자신을 알라		

깨달아 가는 삶이란 의식함이 없이 자연스럽게 부딪치는 모든 사람과 모든 사물, 현상들을 있는 그대로 보면서 살아간다는 것이다. 있는 그대로 보면서 살아간다는 것은 나라는 의식이 들어있지 않는 삶이며, 치우친 편견 없이 공정하게 볼 수 있는 시각을 가진다는 의미이기도 하다. 즉 '자연스러운 삶'을 의미하는 것이다. 깨달음 자체가 반드시 실용적이어야 하기에, '실용적인 삶'과 이와는 정반대 개념인 '우물 속의 삶'도 함께 생각해 본다.

1) 자연스런 삶

깨달아 가는 삶이란, 항상 깨어있으며, 일상생활 속 수시로 변하는 내 마음과 주변에, 순간순간, 즉시즉시, 그때그때 잘 대처해나가는 삶을 말한다. 여태까지 내가 만들어 놓은 기존 잘못된 의식 속에 알게 모르게 쌓아온 자기주관이나 자기 고집에서 벗어나야 하며, 그것이 나를 걸림 없이 가도록 만들고, 자연스러운 삶을 영위하도록 한다.

자연스러운 삶이란, 나의 고집이나 편견에 치우치지 않으며, 세상을 보는 시선이 항상 공정하고 객관적이며 보편타당하고, 항상 올바른 길로 스스로를 몰아가는 삶이다. 즉 불교에서 이야기하는 중도, 즉 정도를 말한다. 그것이 깨달은 삶이며, 자연스러운 삶이다. 그것이 사는 동안 나를 여유롭게 만들며, 좋은 인연의 복을 만들고, 건강하고 행복하게 하며, 삶의 질을 높인다.

가난한 마음을 가져라, 착하고 선한 마음을 가져라, 절하는 마음이어야 한다, 스스로 예쁘게 낮추어 가라, 너 자신을 알아라, 회개하라, 자연에 맡겨 놓고 물 흐르듯이 가라 등. 이러한 말들에 함축된 의미는 다 같다. 나 자신을 버리고 없앤다는 것이 내포되어 있으며, 모두 인간이 가지고 있는 무지와 욕심과 어리석음에서 벗어나야 한다는 뜻이다.

깨달아 간다는 것은 자연 속의 사랑과 기운을 점차로 알아 간다는 말이다. 그러한 자연의 사랑과 기운은, 나와 부딪치는 사람들과 수많은 대상과 조화와 균형을 이루도록 하며, 나의 모난 곳과 부족하고 잘못된 부분들을 다독거리며, 나의 마음을 순간순간 둥글게 만든다. 즉 깨달음은 자연의 기운을 알아차리는 것이며, 좀 더 나아가서는 우주자연의 빛과 사랑을 느끼거나 보고 알아차리게 된다는 의미이다.

즉 자연스러운 삶이란, 깨달아 가는 삶이며, 자연에 잘 순응하고 추세에 잘 부응하는 삶이다. 그렇기에 육체적·정신적·물질적으로 각자가 필요한 만큼 사는 동안 여유롭게 되며, 삶의 질도 높이고, 사람들과 더불어 상호공유하며, 다 함께 발전하게 된다는 것이다.

또 다른 쉬운 표현으로, 깨달은 삶이란 건강하고, 행복하며, 돈도 잘 벌고, 부자가 되는 것이다. 깨달으면 나의 마음이 어디로 튀는지 잘 알아차리고, 수시로 고쳐가면서, 나 자신과 주변을 잘 경영하게 된다. 나도 좋고 남도 좋게 만드는 법을 터득하면서, 끊임없이 스스로 성숙·진화·발전한다.

가난한 마음을 가지라고 하니 죽을 때 먹던 밥공기와 입던 옷 한 벌 남긴다면 그것은 깨달은 삶과는 정반대의 삶이며, 스스로 혹사하면서 한 생애를 보낸 것이 된다.

착하고 선해야 하며, 항상 절하는 마음으로 살라고 하니 마주하는 사람이나 대상을 그렇게 대한다. 그러다 보면 남에게 이용만 당하고 한평생 설움 속에 살다 가는 인생이 될 수도 있다. 그래서 깨달음 공부는 반드시 이치 속에서 참뜻을 이해해야 하며, 넓고 깊게 공부를 해야 한다.

2) 실용적인 삶

깨달아 가는 삶이란, 사랑과 믿음을 쌓아 가는 삶이기에 그것이 바탕이 된 삶은 늘 감사하며, 풍요로우며, 여유롭기에 자연스러운 삶이 된다. 깨달아 간다는 것은 항상 깨어있으면서 순간순간 변화되는 주변의 현실과 추세에 부응을 잘하는 것이다. 그런데 그 깨달음은 반드시 실용적으로 일상생활 속에서 쓸 수 있어야 한다.

누군가 공부를 많이 했다고 하여 골방에 앉아 있다면, 아무리 깨우쳤다 해도 무슨 소용이 있을까. 죽을 때는 공부를 많이 하나 적게 하나 똑같이 간다. 따라서 깨달은 삶이란 깨달음을 쓸 수 있어야, 너도 좋고, 나도 좋게 된다. 그래야 지극히 정상적이며, 현실적인 자연스러운 삶이 된다.

결국 아무리 깨달아 자연스러운 삶을 살고 있다 해도 한가하게 강가에서 낚시질하며, 산사에서 자연풍경만 즐긴다면 스스로를 알게 모르게 구렁텅이에 빠뜨리는 삶의 결과를 낳는다는 사실을 우려해야 한다. 왜냐하면 거기에서는 점수를 딸 수 있는 부분이 없기 때문이다.

지금은 21세기다. 모든 것들이 가속화되어 발달하고, 진화되어 간다. 뭔가를 특별하게 깨달음을 얻는 득도를 하겠다고 인적이 드문

산사나 절간을 찾는 사람은 자기 스스로를 퇴보시킨다. 거기에는 아무것도 찾을 게 없다. 단지 잠시 휴식을 취할 수 있고 건강을 회복할 수 있다면 다행이다.

사람의 영혼은 부딪쳐서 교감하고 소통하며 갈등한다. 또 그 속에서 다양한 생각을 하고 다양한 모습을 보이면서 깨달아 간다. 그러한 상황에서 올바른 곳으로 스스로를 몰아갈 수 있을 때, 나의 영혼은 조금씩 점차로 성숙한다. 또한 살아생전 좋은 인연의 복을 만들어 현생의 삶을 다복하게 한다. 그것은 인간 몸을 가지고 이 세상에 나온 궁극적 목표이다.

부처님 가르침이 신의 가르침이라는 사실을 몸과 마음으로 인지하고 체득하지 못하면 깨달음은 불가능하다. 왜냐하면 깨달음 자체가 부처님 사랑의 기운이기 때문이다.

깨달아 가는 삶이란 자연스러운 삶을 말하며, 자기 스스로 육체적, 정신적, 물질적으로 윤택해지는 것이다. 또한 삶이 질적으로 향상되면서, 스스로를 성숙·발전시켜 나간다. 특히 종교 지도자가 깨달음을 갖고 순리대로 살아간다는 것은, 즉 부처님 하느님의 가르침대로 올바르게 살아간다는 것은 절대 쉽지 않다. 왜냐하면 이미 스스로를 틀에 매어놓고 시작하기 때문이다.

3) 우물 속의 삶

우물 속의 삶이란, 우물 안 개구리를 말하며, 샛길에 서 있는 삶이다. 그렇게 사는 사람은 자기 생각 속에 사는 사람이기에 뭔가를 해도 쉽지 않고, 상대를 피곤하게 만든다. 왜냐하면 그는 자기 생각 속에 들어오는 사람만 좋아하기 때문이다.

자기 욕심과 무지로 가득 찬 사람과 대화하거나 함께 일하는 것은 항상 피곤하고 힘들다. 그들은 자기 생각 속에 상대를 가두려고 한다. 항상 자기가 최고이며, 자기 생각이 맞는다는 고집으로 주변과 조화와 타협이 힘든 갇힌 의식을 가진다. 이는 깨달음과는 정반대이며, 스스로 힘들게 만드는 잘못되고 부족한 의식이다.

따라서 깨달아 가는 삶에서는, 매 순간 자신을 잘 바라볼 수 있어야 하고, 기존 의식에서 벗어나야 하니, 내 생각을 바꾸는 것이 우선이다. 그게 내가 살 길이다. 즉 깨달음의 요체는 우선 생각을 바꾸어야 한다. 그것이 나를 자연의 빛 속에 머물게 하기에 추세 부응을 원만하게 만든다. 이때 김치가 쉬듯이 내 생각이 확 바뀌어야 몸 안팎 기운이 원만하게 소통되어 몸이 가볍고 머리가 맑고 건강해지며, 걸림이 없이 잘사는 길을 열게 된다.

10 장

올바른 수행자 삶의 이해를 통한 나의 성찰

불성화의 이치를 통해 본 수준과 정도

견성성불의 순간순간 체험에 따른 수준과 정도

공사상 실현을 통해 본 수준과 정도

믿음의 크기에 따라 이루어지고 체험하는 수준과 정도

보살행을 통한 수준과 정도

보시와 어우러지는 마음, 표정, 행동의 수준과 정도

마음이 둥근 정도에 따라 나타나는 표현의 수준과 정도

마음씀씀이를 드러내는 수준과 정도

■ 공부의 기본 개요도 ■

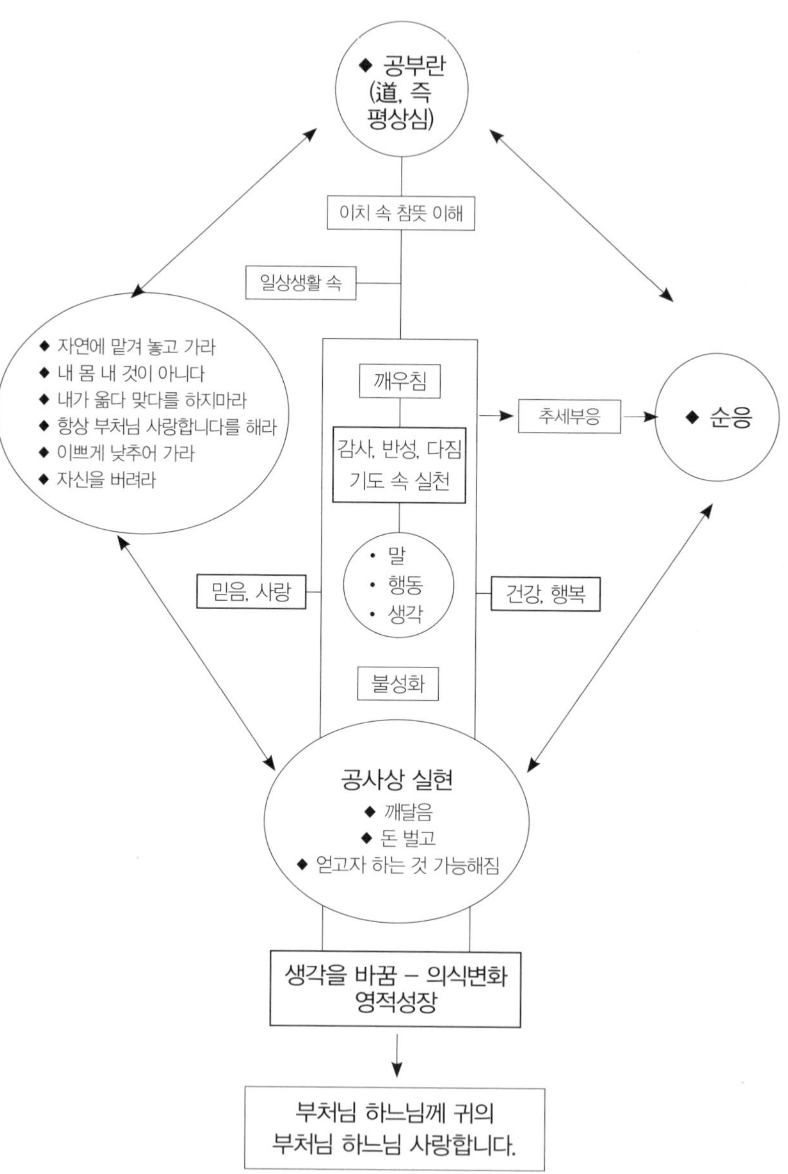
◆ 공부란
(道, 즉
평상심)
이치 속 참뜻 이해
일상생활 속
◆ 자연에 맡겨 놓고 가라
◆ 내 몸 내 것이 아니다
◆ 내가 옳다 맞다를 하지마라
◆ 항상 부처님 사랑합니다를 해라
◆ 이쁘게 낮추어 가라
◆ 자신을 버려라
깨우침
감사, 반성, 다짐
기도 속 실천
추세부응
◆ 순응
• 말
• 행동
• 생각
믿음, 사랑
건강, 행복
불성화
공사상 실현
◆ 깨달음
◆ 돈 벌고
◆ 얻고자 하는 것 가능해짐
생각을 바꿈 – 의식변화
영적성장
부처님 하느님께 귀의
부처님 하느님 사랑합니다.

올바른 수행자란 자연의 이치에 따라 순응하면서, 그것을 바탕으로 일상생활 속에서 최선을 다해 실천을 올바르게 잘해나가고 있는 사람을 말한다. 수행의 바른길을 위한 공부의 기본개념과 그 과정 및 목적을 이해하기 쉽게 위의 그림으로 나타내어 보았다.

우리는 모두 자연의 조그만 개체 중 하나로서 각자의 생활 전선에서 나름대로 최선을 다하고 있다. 그 속에서 사랑과 믿음을 키워간다. 하지만 살아오면서 지금까지 만들어 쌓아온 수준과 정도, 주변 환경 또한 제각기 다 다르다. 공부란 잘살기 위한 것이며, 생활 속에서 각자가 공부한 만큼, 자기화와 실용화를 할 수 있다. 인간은 공부한 만큼의 결과에 따라 살다가 다시 자연으로 돌아간다.

그래서 공부는 내가 처한 현실과 가장 부합해야 하며, 객관적이고 타당해야만 한다. 또한 매사 공정하고 올바르게 바라보며 정진할 수 있을 때, 비로소 올바른 실천을 할 수 있는 기반을 닦게 된다. 모두 다 그 기본적인 가르침을 바탕으로 열심히 생활에서 실천하며 공부하고 있다.

그렇다면 공부를 잘해나간다는 것은 무엇이며, 어떻게 하면 더 잘해 나갈 수 있을까. 그냥 말과 마음으로만 최선을 다하고 있는 건 아닌지, 좀 더 면밀하게 분석하고 다양한 측면에서 살펴봐야 한다. 그것이 공부를 바르게 이끌며, 깨달음을 가져오기 때문이다.

공부는 실생활에서 하는 것이며, 올바르게 실천해야 한다. 또 그 것을 잘하기 위해서는 배운 부분을 자기화하고, 실용화할 수 있어야 한다. 그렇게 해야 여태껏 각자가 만들어 놓은 각자의 생활에서 유용하게 쓸 수 있다.

공부를 통해 체험하고 알게 된 것을 바탕으로, 현재의 자신을 잘 알도록 끊임없이 노력하면서, 자주 뒤돌아보면서 스스로 잘 고쳐나가는 데 도움이 되도록 해야 한다. 부처님 가르침 공부를 통해 올바른 수행의 길에 들어섬에 따라 알게 모르게 달라지는 내 모습과 주변 상황들을 좀 더 잘 알아차리고, 추세에 잘 부응할 수 있도록 최선을 다하는 것이 아주 중요하다. 자아성찰이 그 바탕이 되며, 수행의 중요한 부분을 차지한다.

◆ 일반인과 수행자의 차이 ◆
■ 첫째 – 불성을 알고 모르고 차이(본래 마음자리 찾는 것이 살 길)
■ 둘째 – 실생활 속 불성을 실용적으로 활용하는 것과 아닌 것의 차이
(자기화와 실용화)
■ 셋째 – 마음씀씀이 – 말과 생각과 행동 – 표정과 행동에서 나타난 차이
(올바른 실천)

매 순간 보고 느끼며, 말과 생각과 행동 속에
자신과 주변 상황을 좀 더 잘 알아차리려 끊임없이 노력한다면,
사람들과 만나면서 부딪치는 상황과 현실을 나름대로 알아차릴 수 있다.
스스로 얼마나 잘 이해하고 수용하고 있는지,
내게 무엇이 얼마나 부족하고, 무엇을 잘못하고 있는지도,
자기 고집과 집착으로 몰랐던 사실들을
자기 우물에서 벗어나면서
조금씩 점차 알아 가게 된다.

지금의 나는 과거의 내가 다 만들어 놓은 것이기에,
지금 현재, 내가 그것을 어떻게 극복하고 있으며,
(이해와 수용, 인내),
필연적으로 만나고 직면하는 그 인연의 고리들이
발현된 현실에 어떻게 잘 대처해 나가며,
(깨달음과 추세 부응),
그것을 바탕으로 순간순간 각자 스스로를
어떻게 만들어 가고 있는가가 중요하다.
(사랑과 믿음 – 공사상 실현),
그것이 나의 다음 현실, 즉 미래를 만들어가기 때문이다.
(인생성적표 – 삶의 질적 향상 – 영혼 성숙)

◆ 정신적·육체적으로 내가 편안한가? ◆
마음이 여유로우며, 자연스럽게 스스로를 그때그때 조정할 수 있는가?
▶ 불성의 실용화를 잘 활용하면 스스로 조정과 통제가 가능해진다.

◆ 육체적으로 건강한가? 내 건강이 불편하거나 힘들 때 ◆
스스로 회복이나, 극복이 가능한가?
▶ 불성의 자기화를 통한 실용화로, 힘들거나 어려운 경우에 많은 부분을 좀 더 쉽게 지나칠 수도 있고, 순간순간 극복하기가 좀 더 쉬워진다.

◆ 일상생활에서 물질적으로 어렵거나, 불편함이 없으며 ◆
여유로운 마음으로 각자 능력껏 잘 베풀고 있는가?
현재 필요로 하고, 얻고자 하는 것, 하고자 하는 것에 대해 비교적 개인적인 욕심 없이 여유로운가, 또한 종종 물질적으로 베풀기도 하는가?
▶ 불성의 따름, 선하고 어질게 베풀어 가는 올바른 실천을 통해, 각자 만들어 놓은 수준과 환경을 바탕으로, 항상 감사하는 마음과 풍요로운 마음을 지닐 수 있다면 정신적·물질적·육체적으로 여유롭게 될 수밖에 없다.

물론 각자 나름대로 얼마나 열심히 공부를 잘하고 있으며, 각자의 생활 속에서 자신들을 얼마나 자연에 잘 맡겨 놓고 가는지, 얼마나 잘 순응하고 따라가고 있는지는 각양각색일 것이다. 다만 보고 느끼는 것들에 대해, 각자 노력 여하에 따라, 여러 가지로 표현하고

이해할 수 있고, 상기와 같은 물음을 통해 자기 성찰의 공부에 도움을 주게 된다.

◆ 각자의 수준과 정도 (말과 생각과 행동에서 바로 나타난다.) ◆
① 많은 생각 – 나는 생각을 여러 번 한 후, 말과 행동을 하는가? ② 나의 의식의 폭은 얼마나 크고 넓을까? – 자기 우물 속 자기 생각에 빠져 있는 건 아닌지? ③ 깨달음의 정도 – 순간순간 깨달음, 또는 알아차리게 되는 정도가 자주 일어나는지? ④ 이해와 수용, 인내와 베풂 – 스스로 어질고, 예쁘게 낮추며, 상대의 생각 속에서 하나가 되는지?

자, 그럼 아래와 같이 구분하여 좀 더 세부적으로 그 수준과 정도를 살펴보고자 한다.

1) 불성화의 이치를 통해 본 수준과 정도
2) 견성성불의 체험에 따른 수준과 정도
3) 공사상 실현을 통해 본 수준과 정도
4) 믿음의 크기에 따른 결과와 그것을 체험하는 수준과 정도
5) 보살행을 통한 수준과 정도
6) 보시와 어우러지는 마음, 표정, 행동의 수준과 정도
7) 마음이 둥근 정도에 따라 나타나는 표현의 수준과 정도
8) 마음씀씀이에 따라 드러나는 수준과 정도

1) 불성화의 이치를 통해 본 수준과 정도

불성화가 되는 순간 누구나 다 같은 조건을 가지게 된다. 모든 사람은 각자의 가정과 소속되어 있는 사회가 있다. 그 바탕에서 저마다 다른 다양한 수준과 정도 위에 나름대로 가지게 되는 생각과 경험이 중요하다. 다양한 경험을 통해 다양한 생각을 하며, 매 순간 변화되는 주변 상황 속 어떻게 대처해야 하는지 점차 하나씩 몸과 마음으로 익히게 된다. 즉 깨달음과 그것의 자기화와 실용화를 말한다.

불성화를 바탕으로 한 삶의 체험은 진실하고 성실하며, 어질고 현명하며, 지혜롭고 올바르기에, 내가 무엇을 하든 초기에는 다소 부족하더라도 바탕이 견고하게 닦이게 되어 순간순간 스스로를 발달시켜 나간다. 그것은 일의 효율성을 가져오며, 삶의 질을 높인다. 현재 삶은 과거부터 스스로 만들어 오고 있는 것이기에, 지금 이 순간이 가장 중요하게 된다.

실생활 속에서 무엇을 하든, 뒤돌아보았을 때, 얼마나 자주 부처님하느님을 생각하는 마음가짐으로 행했는지, 혹은 얼마나 자주 불성화 속에 머물 수 있었는지 확인하면서 나의 수준과 정도를 실감해 본다.

2) 견성성불의 체험에 따른 수준과 정도

견성성불이란, 나를 온전히 버리고, 무엇이든지 할 수 있다고 생각하며 진실로 행할 수 있을 때, 사람이 가질 수 없는 기적을 순간적으로 이루게 되는 축복과 영광을 받는 것이다. 또 다른 표현으로, 인간으로서 부처님 흉내를 순간적으로 낼 기회를 가지는 것이다.

뭔가를 할 때, 순간순간 견성성불 할 수 있게 되어, 의식함이 없이 자연스럽게 이루고자 하는 바를 실현할 수 있다면, 공부를 잘해가고 있는 것이다. 나의 생활에서 얼마나 자주 이러한 것을 경험하면서, 실천을 하고 있는지 챙겨본다. 쉽게 이야기를 하고 있지만, 참으로 어려운 일이다.

3) 공사상 실현을 통해 본 수준과 정도

공사상을 성취한다는 것은 부처님 공부를 잘 따라가고 있다는 것이다. 또한 깨달음, 돈, 얻고자 것 등을 필요에 따라, 살아생전 순간순간 필요에 따라 혜택을 누릴 수 있게 된다는 의미이다.

그럼 현재 살아가면서 순간순간 깨달음을 얼마나 많이 가지고 가는지, 지금 현재 나의 위치에서 돈을 필요한 만큼 벌고 있는지 확인해 보자. 그리고 얻고자 하는 것, 하고자 하는 것, 필요로 하는 것 등을 이루려고 노력하는 과정 속에 사소한 욕심이 우선하는 것은 아닌지 등을 두루 살펴보면서, 나의 수준과 정도를 순간순간 알아차려 본다.

4) 믿음의 크기에 따른 결과와 그것을 체험하는 수준과 정도

믿음이 크면, 꿈이 현실로 되며, 굳이 보약을 먹을 필요도 없이 건강해진다. 지금 내가 누군가의 도움을 받아야 한다면, 또는 내가 바라는 바가 아직 이루어지지 않았다면, 그래서 지금 어렵고 힘들다면, 믿음을 키우기 위해 더욱더 최선을 다해야 한다. 우선 가장 기본적으로 지금까지 해 오던 것을 바꾸어야 한다. 즉 생각을 바꾸어야 한다는 말이다.

사실 말은 쉽지만, 실생활 속에서 추세 부응을 잘하면서, 육체적, 정신적, 물질적으로 여유롭게 산다는 것은 결코 쉬운 일이 아니다. 믿음이란 깨달음이며, 사랑이고, 사람의 무리 속에서 만들어지는 것이며, 살아생전 뭔가를 해낼 수 있는 힘이며, 삶의 원동력이 된다.

5) 보살행을 통한 수준과 정도

보살행이란, 불성화되어 그것을 바탕으로 어질고 선한 마음, 지혜롭고 올바른 마음을 가지고 자연스럽고 올바르게 실천하는 것이다. 지금 이 순간 마땅하고 적절한 마음을 가지지 못하는 행은 올바른 보살행이 될 수 없다. 그것은 나의 무지와 욕심과 어리석음으로 인한 것이기에, 즉시즉시 바로 알아차려야 한다.

화를 내거나, 어리석거나, 욕심을 부리지 않는 것도 보살행이다. 불성화를 바탕으로 가난한 마음과 어질고 선하게 베푸는 마음이 바탕이 되어, 올바르게 실천하는 것이 보살행이다. 보살행을 하면 일상생활 속 순간순간, 즉시즉시, 그때그때, 나의 마음이 어디론가 튀는지 알아차리고 수시로 그것을 잘 고쳐나갈 수 있는지 그 수준과 정도가 나타난다.

6) 보시와 어우러지는 마음, 표정, 행동의 수준과 정도

실생활에서 남을 위해 과연 나는 무엇을 베풀고 있는지 살펴보자. 내가 물질적으로 뭔가를 베풀고 난 후와 베풀기 전의 내 마음을 살펴보자. 많은 사람들은 뭔가를 주면서 그냥 베푼다고 하지만, 다시 받으려는 보상심리가 작용한다. 그것은 진정한 보시가 아니며, 계산된 베풂이기에 욕심이며, 뇌물이다.

내가 남에게 말을 건네거나, 뭔가를 줄 때 나타나는 내 생각과 표정을 읽어보자. 과연 자연스럽게 의식함이 없이 그렇게 하고 것인지, 자신 스스로를 삼자의 입장에서 잘 살펴볼 수 있다면 그 수준과 정도를 알 수 있다.

7) 마음이 둥근 정도에 따라 나타나는 표현의 수준과 정도

내가 상대와 부딪쳤을 때 자신을 예쁘게 잘 낮추어 가는지, 나의 마음이 둥근지 아닌지 살펴보자. 둥근 마음은 말 그대로 동그랗기에 걸림이 없으며, 불편하거나 찜찜한 곳이 있을 수 없다. 그냥 편안하고 자연스러운 마음이다.

이는 어질고 선한 마음 그 자체이기에, 스스로를 항상 건강하고 행복하게 몰고 갈 수밖에 없다. 거기에는 반드시 이해와 수용, 인내와 어짊, 선한 마음이 바탕이 되고, 각자 공부의 수준과 정도에 따라 자연스럽게 나타난다.

결국 둥근 마음이란 본래 마음자리에서 나오며, 자연의 기운 따라 나의 말과 생각과 행동을 자연스럽게 나타내는 것이며, 사랑 그 자체다. 내가 말과 행동을 나타내기 직전, 과연 나의 마음이 둥글게 된 상태에서 상대에게 전하고 있는지 한번 살펴보자.

8) 마음씀씀이를 드러내는 수준과 정도

어떤 대상이나 상대와 부딪쳤을 때, 나의 마음이 자연스럽게 걸림 없이 나타내고 있는지 잘 챙겨보자. 마음씀씀이란 밖으로 나타나는 나의 마음보를 말한다. 이때 내 생각을 앞세우는지, 아니면 먼저 상대를 이해하려고 이렇게 저렇게 생각하고 있는지, 또는 상대에게 나타내는 나의 마음이 사소한 욕심에 걸려있지 않은지, 상대를 과연 진실하게 대하고 있는 것인지 살펴보자. 거기서 나의 수준과 정도가 매 순간 즉시 나타난다.

마음씀씀이는 마음보를 말한다.
매 순간 생각과 말과 행동을 통해서
즉시즉시, 순간순간, 그때그때, 나타내는 것이기에
항상 나를 진실로 예쁘게 낮추어 가는 것이 중요하다.
그게 나를 아프거나 힘들지 않게 하며,
잘 살도록 만든다.

11 장

삶과 죽음, 새 옷, 그리고 사랑

올바른 수행의 길

믿음의 실체와 불성화

본성과 깨달은 마음 - 인생성적표

1) 올바른 수행의 길

올바른 수행의 길이란 많은 설명과 무수히 다양한 표현으로 나타낼 수도 있지만, 그 핵심은 지극히 간단하고 명료하다. 많은 사람 대부분이 자신의 어리석음과 욕심 속에서 착각하고 엉뚱한 생각을 하며 힘들어하고 어려워한다. 하지 말아야 할 것이나 하지 않아도 될 것들을 기존 잘못 쌓아온 의식 속에서 당연시함으로써, 알게 모르게 발생하는 힘들고, 골치 아픈 일들도 어리석음과 욕심에서 비롯했다. 삼자가 보면 쉽게 알 수 있지만 스스로 잘 알아차리기는 절대 쉽지 않다.

설사 그것을 알아차린다 한들, 자기 고집과 집착, 아상으로 자기 우물에서 벗어나기란 참으로 힘들다. 그래서 항상 넓고 깊은 사유가 필요하다. 순간순간 내 생각을 바꿀 수 있도록 하여 스스로를 좋은 쪽으로 몰고 갈 기회와 지혜를 가지도록 해야 한다.

그것은 일상생활에서 하게 되는 공부이며 인간 삶 그 자체다. 일상사에서 올바른 실천을 잘할 수 있도록 마음을 닦는 것이 수행이다. 세상사에서 힘들고 골치 아픈 것은 모두 다 태어나서 부모로부터, 성장하면서 학교나 사회로부터 스스로 쌓아온 것이며, 다 내 탓이다. 모두 무지와 애욕에서 비롯된 것이다. 올바른 수행의 길에 들어서기 어려운 것도 바로 그 때문이다. 모두 다 사소한 욕심과 어리석음에서 기인했다.

사는 동안 쌓아온 잘못된 의식 속에 있기에, 사람들과 더불어 살아가면서 필요로 하는 좋은 인연의 복은 제한될 수밖에 없다. 지금 현재 순간순간 내가 만들고 있는 복으로 살아가는 것이며, 그것을 다 쓰면 간다. 그게 사랑이다. 양 손발이 움직이는 한, 믿음과 사랑을 많이 키워야 하는 이유다.

대부분의 사람들은 과거의 업보를 많이 이야기한다. 그러나 지금 살아가고 있는 그 자체가 업이다. 지금 현재 속에 모든 게 다 들어있다. 각자가 한만큼의 선업으로 또는 저질러놓은 악업만큼 마지막에 결산을 하고 간다. 자연은 에누리가 없다. 손익분기점이 분명하다. 선행과 악행은 상호 차감되는 것이 아니라, 따로따로다. 지어놓은 대로 다 거두고 간다.

수행의 과정에서 흔히 설명하는 것이 있다. 일선, 이선, 삼선, 사선 속에 남이 못 느끼고, 못 보는 성취감 혹은 희열감 등의 수행체험을 종종 이야기한다. 그것은 나 홀로 선정에 드는 수행의 과정이며, 올바른 실천의 좋은 바탕으로 갖출 수는 있으나, 수행의 궁극적 목적이 될 수 없으며, 충분하지 못하다.

인간 자체가 관계 속에 존재한다. 상대와 부딪쳤을 때 움직이는 나의 마음을 평상심으로 유지하면서, 부족함과 잘못된 점을 끊임없이 되풀이하여 고쳐가게 된다. 그것을 고치기 위해 계와 계율이 있는 것이며, 그것이 나를 키워간다. 그런데 계의 본질은 마음이며, 수행이란 내가 가진 마음보를 밖으로 펼쳐내면서, 매 순간 다듬어가야만 하는, 절대 쉽지 않은, 마음씀씀이 공부다.

나 홀로 한평생 다리 꼬고 앉아 아무리 깊은 선정에 잠긴다 하더라도 살아생전 성적을 따려면 시험을 쳐야 한다. 시험이란 사람들 무리 속에서 관계되는 것들을 풀어나가는 것이다. 즉 추세에 부응하는 것이다. 그게 각자 삶의 질을 향상시키며, 건강하고 행복하게 만들며, 정신적·물질적·육체적으로 풍요롭고, 여유롭게 만든다.

명상이나 좌선, 혹은 참선은 더욱 나은 질적인 삶을 위한, 그리고 올바른 실천을 위한 기본바탕이 되는 부분이다. 하지만 거기에 머물면 그뿐이다. 수행을 통해 올바른 실천을 알고, 행하여 좋은 성적을 따야 한다. 여기서 정혜쌍수를 생각해 볼 수 있다.

분명한 마음의 목적지를 알고, 내가 무엇을 해야 하는지 정해야 좋은 점수를 딸 수 있다. 그것은 관계 속에서 이루어지기에, 나 홀로 뭔가에 취해 즐거워하거나 희열감에 빠지는 것은 좋은 경험이지만 분명한 것은 거기서 딸 수 있는 점수는 없다는 것이다.

인간 몸을 빌려 이 세상에 나온 이상, 사람들과 생활하면서, 즉 내가 뭔가를 하고 있는 그 속에서, 기쁨과 희열과 성취감을 찾아내어야 한다. 그것은 올바른 실천에서 나온다. 그것은 말과 생각과 행동에서 나타난다. 인간은 거기서 좋은 인연의 복을 쌓고, 믿음과 사랑을 키우고, 그것으로 살아간다. 그게 인간 삶의 참모습이다. 인간은 그렇게 프로그래밍 되어 있다.

그것은 현실에서 사람과의 관계 속에서 무한하게 끝없이 순간순간 펼쳐진다. 그다음은 알 길이 없다. 그렇게 시스템화되어 있다는 것을 자연의 이치를 통해 알 뿐이다.

결국 사람이 현상계에서 알 수 있는 것은 지극히 한정되어 있으며, "내가 아는 게 없구나."를 알게 되는 것도 깨달음이다. 즉 모른다는 사실에 도달하는 것도 깨달음이기에, 깨우침이나 믿음이라는 말 자체도 상황에 따라 허상일 수밖에 없다. 이것을 다른 시각에서 깨닫게 될 때, 다시 새롭게 공부를 할 수 있는 기회와 지혜를 가질 수 있다.

올바른 수행이란, 현실 속에서 올바른 실천을 통해 있는 그대로 볼 수 있는 시각을 가질 수 있을 때 가능하다. 올바른 수행을 통해 비로소 내가 들어있지 않은 치우치지 않는, 편협 되지 않은 시각에서 벗어난다.

거기에는 내가 없기에 대의명분을 내세울 수 있으며, 용의주도한 마음이 들어서게 된다. 그것은 내 생각이 들어있지 않기에 순수한 기운 그 자체이며, 빛이고, 사랑이다. 또한 뭔가를 자연스럽게 해낼 수 있는 힘이며 원동력이 된다. 올바른 수행은 일상생활을 잘살아가기 위한 것이다. 올바른 실천은 더 잘살기 위한 힘을 끊임없이 만들어 낸다. 그렇게 하면 좋은 인연의 복을 쌓고, 좀 더 여유로우며 좀 덜 힘들고 어렵게, 나를 앞으로 나가게 도와준다.

그렇게 될 수 있다는 사실을 각자 살아가면서 어느 날, 어느 순간, 부지불식간 알 수 있게 된다.

올바른 수행은
내 마음이 되어 있는 만큼,
내 마음이 순화되고 정화된 만큼,
내 마음이 자연에 잘 순응하는 만큼,

상대와의 관계 속에서
인내하고, 이해하며, 배려하고, 베풀며,
어질게 행하는 둥글게 된 마음만큼,

내가 가는 길목에서,
내가 필요로 한 것, 내가 얻고자 한 것들이,

이미 다 되어져, 내 앞에 놓여 있게 된다는
현상과 사실들에 다가선다.

결국 수행에서 올바른 길을 간다는 것은
믿음의 힘이며, 마음공부이다.

사람인 나는 어디로 가는지도 모르며, 다가올 일도 알 수가 없다. 모든 게 다 자연의 기운에 의해 돌고 돈다. 흐르는 세월 속에서 공부를 해 나가다 보면, 인간이란 자체가 빈껍데기에 지나지 않는다. 인간은 단지 육체라는 옷을 입고 각자의 마음을 성숙·진화·발전시켜나가고 있을 뿐이다.

자기 우물에서 벗어나면 스스로 깨우쳐서 올바른 길을 찾게 되니, 우선은 몸과 마음이 여유로워지며, 사는 동안 자연에서 이끄는 대로 갈 수 있게 되어, 올바른 길을 갈 수 있게 되니 결국에는 영혼 성숙을 기하게 된다.

이러한 사실과 현상들을 알고, 자연스럽게 행할 수 있게 되면, 자칫 자기가 최고라는 오만함에 빠져 스스로를 구렁텅이로 빠뜨리기가 쉽다. 그렇게 자연스럽게 행할 수 있느냐 못하느냐는 손바닥 뒤집기 차이이다. 행한 결과로 볼 때 하늘땅만큼의 차이일 수 있으나, 빵점이냐 100점이냐 둘 중에 하나다. 즉 물통에 한 발만 담겨 있느냐,

두 발이 함께 담겨 있느냐의 차이다. 그게 나의 믿음이다.

참 쉬우면서도 굉장히 어려운 것이
인간 삶이다.
수행을 통해 올바르게 사는 것이
살아생전 숙제이고,
거기서 성적을 따낸다.

그래서 수행을 인생 삶 그 자체이며,
도라고 한다.
수행을 통해 자연의 이치와 법, 진리를 배우게 된다.

2) 믿음의 실체와 불성화

사는 동안 올바른 수행을 하려면 전체를 움직이는 실체를 알아야 한다. 이것은 부처님 가르침 수행 중 가장 원초적인 바탕이 되는 것으로 불성이다. 불성은 모든 만물에 실재한다. 수행의 바른길 1권 전체를 통해서 강조한 것이 불성이며, 살아 움직이는 한, 우리에게 필요한 것은 불성화다. 왜냐하면 그것이 나를 이끌어 가기 때문이다. 내가 믿는 믿음의 실체를 모르면 올바른 수행의 길에 들어서기 어렵다.

불성은 간화선, 화두, 좌선, 위빠사나, 참선 등 모든 것들의 원초적인 바탕이 된다. 부처님께서는 신이심을 반드시 인식할 수 있어야 한다. 그래야 내가 착각 속에서 엉뚱하고 허황된 길로 빠지는 것을 막을 수도 있고, 나의 공부를 앞으로 나아가게 한다. 불성은 반드시 각자의 체험 속에서만 알아차릴 수 있다.

불성은 부처님 마음 혹은 사랑, 빛 등으로 다양하게 표현할 수 있다. 그것을 올곧게 몸과 마음으로 체득하면, 현재 사람들이 행하고 있는 모든 수행법의 핵심, 허와 실 등을 쉽게 알게 된다. 그것은 불성, 즉 신이신 부처님께서 직접 나를 가르쳐 주시는 것이기에, 인간이 직접 나서서 가르친다든지, 내가 배워서 성불한다는 것은 있을 수 없다. 그 같은 말들은 전부 자연의 이치와 법, 진리에 어긋난다.

불성은 본성을 가린 나의 무지와 욕심을 닦아내는 것이며, 스스로 마음을 닦는 수행이다. 불성이 나를 올바른 길로 인도하게 된다.

불성을 알고 올바르게 실천하면서, 다른 사람들에게 그 깨달음을 전달하기 위해 인도 혹은 안내한다는 것과 직접 가르친다는 것과의 의미는 다르다는 것을 알 수 있어야 한다. 해도 되는 것과 하지 않아야 할 것을 말하고자 한다.

위배되는 잘못된 의식을 갖고서는 올바른 수행이란 기대하기 어렵다. 아프지 않다면 천만다행이다. 하지만 내가 잘못한 만큼 나의 벌로 돌아오며 힘들게 된다. 그게 부메랑의 법칙이며, 자연의 이치다. 종교지도자는 살아서나 죽기 직전까지 맑고 건강해야 한다. 그게 올바른 수행의 결과이기 때문이다.

본래 부처님 가르침은 만고에 변하지 않는 자연의 이치와 법, 진리로 지극히 간단하고 명료하다. 누구든지 아프다면 정신적, 육체적, 물질적인 현재 자기 수준의 생각과 가치관의 정도에 비해 과도하게 욕심내며 무리하게 살아온 결과다. 마음이 올바르지 못하고 어질지 못하고 이기심으로 충만해 있다면, 정도로 갈 수 없으며, 힘들고 아플 수밖에 없다.

올바른 수행이란 일상생활 속에서 말과 생각과 행동을 다양하게 나타내면서 사람들의 무리 속에서 부딪쳐서 깨달아 가는 것이다. 그 속에서 좋은 인연의 복과 사랑을 만들고, 내 주변에도 끊임없이 베풀면서, 나도 좋고 남도 좋도록 하여, 이 세상 인연 다할 때까지 쌓아놓은 좋은 인연의 복과 사랑을 다 써먹고 가는 것이다. 그 사랑이 끝나면 한 인생이 끝난다. 그게 인간 삶이며, 수행이고 도다.

3) 본성과 마음 – 인생성적표

아래 그림에서와 같이 우선 영과 혼과 육체의 관계를 살펴보면서 각각의 작동과 기능을 이해할 때, 현생에서보다 나은 삶을 살기 위한 올바른 수행의 목적지를 알 수 있다. 올바른 길을 가는 수행과정 자체도 중요하겠지만, 목적지를 알게 되면, 더 효율적이며, 더 실용적으로 실제 삶에서 응용해 볼 수 있다. 또한 더욱더 객관적이고 보편타당한 수행의 방법을 세우고, 올바른 실천을 이룰 수 있게 된다.

■ 육체를 통한 깨달음과 불성화의 이해 ■

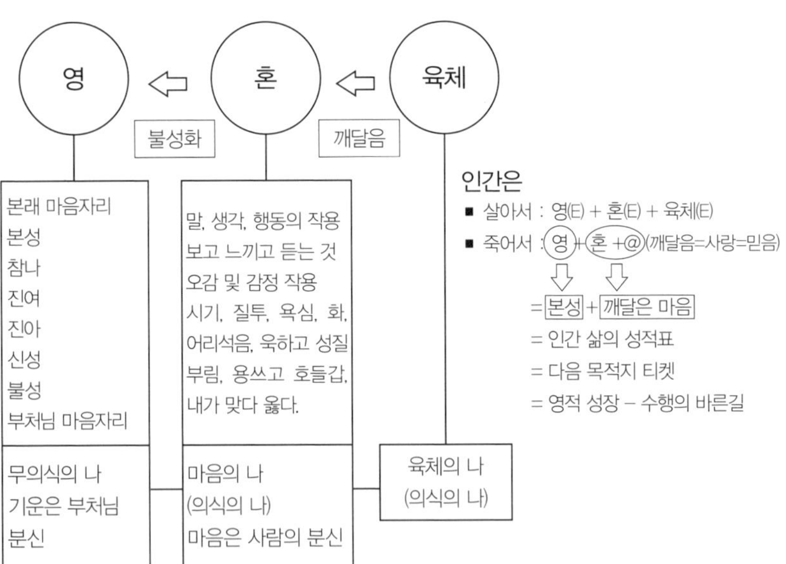

삶과 죽음이란 옷을 갈아입는 정도의 차이라는 것을 익히 들어 잘 안다. 우리 인간은 알 수는 없지만, 그 옷은 분명 종류가 다양하지 않을까. 앞서서 언급한 지상윤회와 천상윤회를 생각해 본다.

우리는 좋은 옷을 입고 싶을 것이다. 빛이 나는, 좋고 두툼한 옷을 연상해 본다. 육체는 다시 땅에서 거두어지고, 본성과 깨달은 마음, 즉 사랑은 하늘에서 거두어 갈 것이다. 사람이 죽어서 자연으로 돌아갈 때는 본성과 마음만 가지고 간다. 부처님 하느님께 귀의할 때, 보여드릴 수 있는 것이 그것이다.

본래 자연으로부터 이 세상에 보내질 때 가져온 본성과 내가 닦아 놓은 깨달은 마음의 크기는 내가 한 사랑의 크기이며, 믿음의 크기이다. 현생에서 머물면서 공부한 것이 각자가 살아온 삶의 성적표가 된다. 이것을 다음에 갈아입을 새 옷으로, 혹은 다음 열차를 탈 수 있는 티켓으로 표현해 볼 수도 있다.

12 장

깨달음은 판도자 상자이자, K함수 ($y=f(x)\leqq K$)다

깨달음이란 바르게 실천하며 반복해 온 공부가 바탕이 된다. 내가 해온 공부는 마음의 공부이며, 지혜의 공부이고, 믿음의 공부이기에, 실생활에서 체험을 통해 끊임없이 올바르게 스스로 고쳐가면서 다지고, 쌓아가게 된다.

부처님 가르침 공부도 마찬가지다. 항상 반복된다. 순간순간 내 생각이 바뀌면서 공부가 앞으로 나갈 수 있는 기회와 지혜를 가진다. 깨달음이란 무한대와 무한소를 동시에 가진다. 다시 말해서 깨달음이란 무에서 유가 창출되는 것으로 자연의 사랑과 기운으로 인도된다. 필요로 하는, 혹은 얻고자 하는 부분에서 무엇인가 깨달았을 때 이를 상황에 따라 무한대로 설명하고 표현할 수 있다.

어딘가 한 곳에 얽매여 있거나, 머문다는 것은 정도로 가기 위한 공부에 맞지 않는다. 어떤 법이나 제약에 구속되어 있다면, 그것은 나의 공부가 거꾸로 간다는 것이다.

단지 본인이 얼마나 최선을 다하느냐, 그리고 얼마나 폭넓게 생각할 수 있느냐는 열린 의식의 질과 양에 달려있다. 그게 나의 수준이다. 부처님 가르침은 수십, 수백 권의 책으로, 능력에 따라 다양하게 표현할 수 있으며, 가장 기본이 되는 핵심을 한 단어로 나타낼 수도 있다.

깨달음은 자연으로부터 주어진다는 것을 순간순간의 체험을 통해 몸소 인식할 수 있어야 한다. 그게 살아생전 하고자 하는바, 얻고자 하는바, 필요로 하는 바를 성취하기 위한 자기화 혹은 실용화를 만들게 한다. 그것은 부처님께서 신이심을 몸으로 알게 되는 것이며, 올바른 실천의 바탕이 된다. 이는 불성화를 바탕으로 한 올바른 실천, 혹은 공사상을 통한 보살도의 행 등 여러 가지로 표현할 수 있고, 종교마다 다른 표현을 사용하기도 하나 그 본질은 다 동일하다.

결국 깨달음이 나를 이끌어 가며, 살아생전 나를 올바른 길로 몰아가고, 잘살게 만든다. 깨닫지 못하면 한평생 남을 따라가는 인생이 되기 쉽다. 그러나 공부는 스스로 하는 것이며, 내 마음에 쌓아가는 것이다. 그것이 믿음이고, 사랑이며, 자비다.

깨달음은 살아생전 여유롭게 살아갈 수 있는 바탕이 되며, 죽어서는 나의 성적표가 된다. 수행의 본질은 마음인데, 그것을 통한 목적은 좋은 성적을 따내는 것이다. 그게 수행에서 마음의 목적지가 되며, 결과는 인생성적표가 된다. 좋은 성적표란 깨달은 마음을 키워 빛나는 믿음의 옷을 입게 되는 것으로 표현할 수 있다.

깨닫는다는 것을 수식으로 나타낼 수는 없지만 분명한 것은 내가 깨달은 만큼, 내가 가지는 믿음이나 사랑만큼, 그 수치가 현실로 나타난다. 분명한 그 수치를 인간은 정확히 알 수는 없으나 세월을 거듭나면서 다양한 경험을 통해 인지하는 부분은 많다. 이것을 함수 관계로도 한 번 표현해 보았다.

수학에서 가장 기본적인 상기의 함수를 통해 그 사실을 파악해 보자.

사실 이것은 수학적인 정확한 수치로 따져볼 수도 없으며, 산출해 낼 수도 없다. 왜냐하면 얼마만큼 들어간 것인지, 얼마가 나올 것인지 알 수 없기 때문이다. 그 이유는 모든 것들의 바탕과 실체가 자연이기 때문이다.

K함수를 인간은 알 수 없고, 계산할 수 없기에 판도라 박스라고 해 보았다. 그것은 무한대이며, 인간이 알 수 없고 관여할 수 없는 영역이다. 본 장에서는 깨달음을 K함수로 나타내어 각자 나름대로 생각해 본다. 모든 것은 부처님 손바닥에 실재하며, 신의 영역이다.

깨달음이란 여러 가지 비유를 들어 이렇게 저렇게 생각해 보는 것이다. $y=f(x) \leq K$, 이 같은 함수의 수식 관계를 통한 표현을 통해서도 한번 함께 생각해 보자.

아래 네 그림의 핵심 내용은 본질적으로 동일하며, 잘 살펴보면 그림마다 강조하는 것이 있다는 것도 알 수 있다.

■ 깨달음 = y = f((어진 마음−나쁜 마음) + (베푸는 마음−이기적 마음) + (옳은 마음−그른 마음) + (지혜로운 마음−어리석은 마음)) ≦ K

아래 그림은 함수의 기본을 처음 배울 때, 사용되기도 한다. 그림을 잘 살펴보고 각자 나름대로 생각해 보는 것이 공부에 도움이 될 것이다

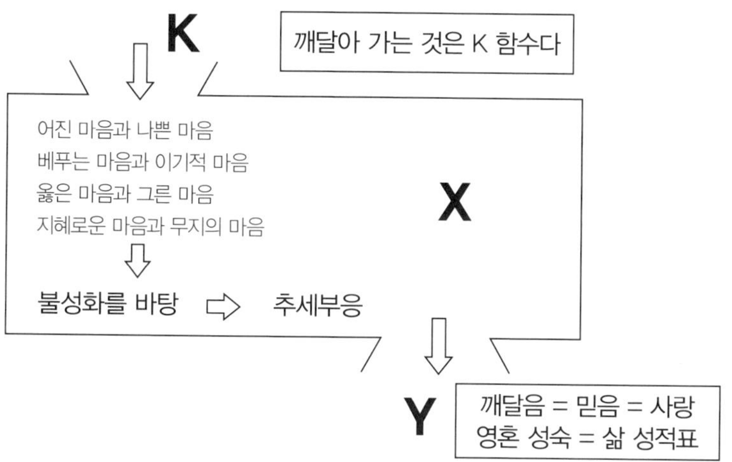

아래 그림은 팽이 돌리기 작동 원리를 통한 본래 마음자리와 믿음의 축에 대한 이해를 돕기 위한 것인데, 이것 역시 X축과 Y축을 설정해 놓고 이해해 볼 수 있다.

■ 팽이 돌리기 작동의 원리를 통한 본래 마음자리와 믿음의 축에 대한 이해 ■

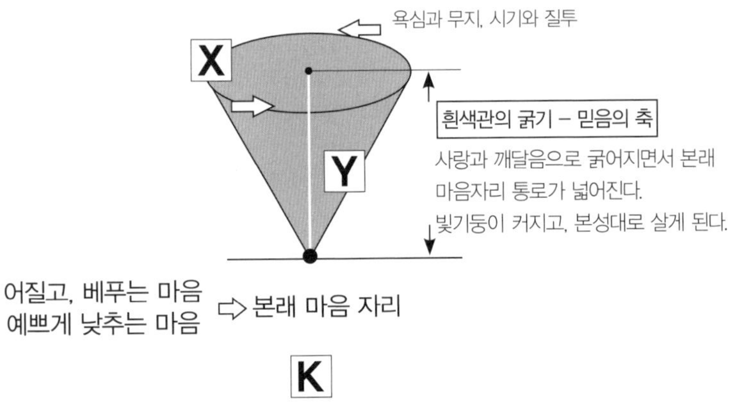

아래 그림은 본래 마음자리 통한 단계별 팽이 돌리기의 진화발전 9단계를 나타냄으로써, 공을 통한 올바른 실천에 따른 공부수준의 단계를 수와 그림으로 나타내어 보았다. 이것 역시 X축과 Y축을 넣어서 함수관계로 생각해 봐도 똑같은 이치가 바탕이 된다는 것을 알 수 있으며, 위의 두 그림 속에서 보는 깨달음도 역시 그 바탕이 되는 핵심은 동일하다는 것을 한눈에 알 수 있다.

■ 본래 마음자리 통한 각 단계별 팽이 돌리기의 진화, 발전 9단계 – 현상계 ■
(우주 자연 파장시스템 – 생성, 변화, 소멸)

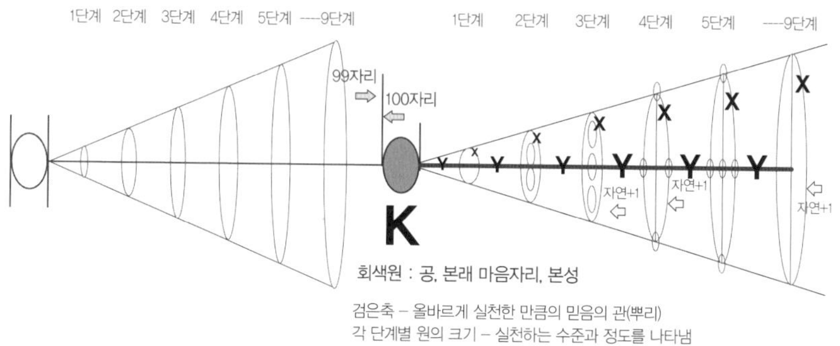

우주자연, 신(본래 마음자리)을 인식하지 못해도 각자 역량과 노력에 따라 99에 가까이 갈 수 있다. 하지만 100의 자리까지는 신을 알아야 하기에 불가능이다.

자연+1 : 각 단계의 완성 속 자연의 인도로 그 다음 높은 단계로 이동

아래 그림 역시 상기에서 표현한 그림과 수와 함수관계들과 그 바탕이 되는 내용이 동일하다는 것을 잘 살펴보면 금방 알 수 있다. 단지 좀 더 포괄적으로 생각할 수 있도록 우리가 살고 있는 현상계와 절대계, 그리고 그 속에서 존재하고 있는 인간을 비롯한 만물들의 움직임의 실체를 쉽게 알도록 했다.

공부를 하는 바탕과 실체는 무엇이며,
공부를 통해
내가 무엇을 이루어내야 하며,
다음의 목적지는 어디인지, 기타 많은 것들을
일목요연하게 한눈에 보고 생각해 볼 수 있도록 한 그래프이다.

이것 역시 마찬가지로 X축과 Y축을 넣어서 상기에서 설명한 그림들과 함께 연관 지어서 생각하고, 이해해 볼 수 있다.

■ 우주 자연의 이치 속 윤회와 깨달음을 통한 영혼 성숙의 이해 ■

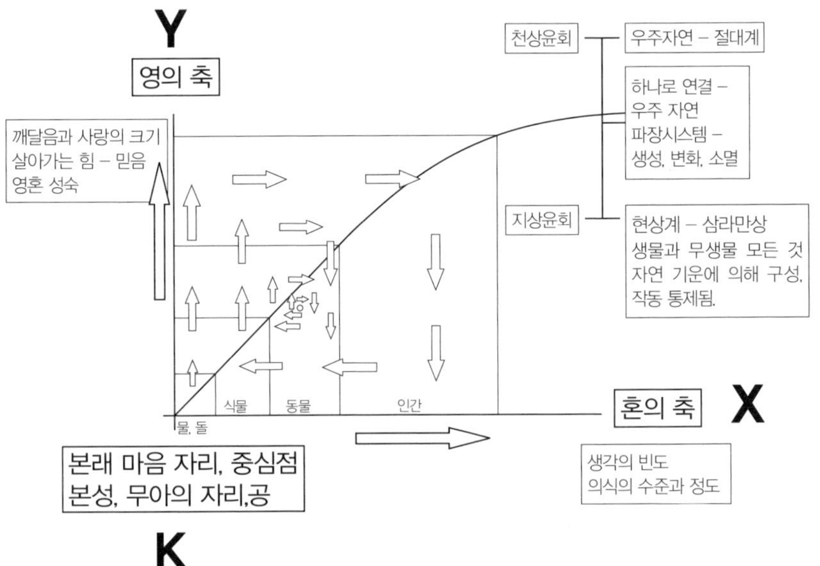

| 결언 |

삶과 죽음이란, 연속되는 자연 순환 시스템이다. 그 속에 내가 있다. 잠깐 주어진 찰나 속 단 한 번의 삶을, 우주자연의 이치 속에서 좀 더 폭넓게 이해하고 인식할 수 있다면, 좀 더 풍요롭고, 감사한 삶을 만들어 갈 수 있다. 그것이 부처님 하느님의 가르침 공부이며, 신의 가르침이다.

삶의 이치와 진리가 간단명료하다는 것에 도달함으로써 삶의 목적과 목표가 분명해지며, 허황하고 엉뚱한 곳에 시간과 힘을 헛되어 소모하지 않게 된다. 더불어 올바른 사랑의 실천을 사람들과의 관계 속에서 몸과 마음으로 의식함이 없이 자연스럽게 할 수 있게 된다.

부처님께서 중생들에게 아프지 않고 잘 먹고 건강하고 행복하게 살아가는 방법을 가르쳐 주셨다. 아프면 낫게 해주시고 그것을 통해 스스로 깨닫도록 해주셨고, 함께 밥 먹거나 동행할 때 시간 나는 대로 그렇게 가르쳐 주신 것이다. 학문이 아니라, 무지하며 글 모르고 배고픈 중생에게 잘 먹고, 잘사는 방법을 가르쳐 주셨다. 2600년 전이나 1600년 전이나 가르침의 핵심은 동일하다. 단지 그것은 시대별 의식 수준의 차이와 가치관의 변화에 맞추어진, 수많은 방편을 통한 가르침이라는 점에서 다를 뿐이다.

부처님 공부에서 거꾸로 거슬러 가는 것은 없다. 그것은 자연의 이치이기 때문이다. 모든 사회와 국가도 마찬가지다. 모든 것은 살아있기에 움직여야 그 진가를 발휘한다. 그 움직임은 앞으로 나가는 것이며, 진취적이고, 창조적이며, 새로운 것이고, 그것이 모든 것을 이끌어 나간다. 그게 자신과 가정, 사회와 국가, 그리고 이 세상이 잘 사는 기본 원리다.

공부에서는 제자리 머무는 것도 없다는 것을 가장 기본적으로 배운다. 각 시대에 맞는 가르침은 그 시대에 맞는 언어로 표현된 것이다. 현대인은 지금 이 시대에 맞는 언어와 표현으로 배워야 자기화 혹은 체득화가 쉬우며, 일상생활에서 실용적으로 쓸 수 있다. 잘사는 것이 공부의 목적이며, 그것이 부처님 가르침이다.

심오하거나 유별나게 뭔가 깨우쳐 보겠다는 수많은 사람이 착각과 허상에 가득 찬 무지와 욕심으로, 많은 시간과 에너지를 헛되게 소모하는 것을 종종 본다. 각자 주어진 한 세상을 사랑으로 꾸려가야, 삶의 질적인 향상으로 사람답게 살아가게 된다.

주어진 현재 이 시간 속에서만 나라는 육체가 존재할 뿐이다. 즉 나는 단 한 번이다. 1편에서는 수행의 바른길이라는 제목으로 수행의 가장 원초적인 바탕이 되는 불성의 이해와 불성을 알아차리는 일의 중요성을 강조하였다.

그리고 본 2편에서는 실제로 나의 수행을 이끄는 실체를 좀 더 구체적으로 설명하고 나타내면서 수행을 하는 나 자신과 나를 이끌고 있는 실체와의 상관관계를 좀 더 깊게 이해하도록 했다. 또한 올바른 수행으로 가는 길을 스스로 알아차리고, 그것을 자기화하고, 실용화하도록 했다.

"현대인의 깨달음을 위한
바른 수행을 이끄는 실체와 나"

'이끄는 실체'란 실체와 그것의 기운과 법을 말하며,
'실체'란 각자가 믿는 믿음의 본질로서
'부처님 하느님'이시며, '우주자연' 그 자체를 말한다.

내가 믿는 믿음의 실체(佛)와 그것의 기운(法), 그리고 나(僧),
부처님(佛)과 가르쳐 주신 말씀(法)과 나(僧)와의 상관관계,

부처님 마음(佛)과 말씀(法)에 따라 내가(僧) 잘 따르는 것(실천),

부처님(佛), 말씀(法), 나(僧),
즉 불법승(佛法僧)을 의미하며, 이는 삼위일체와 동일하다.

바른 수행을 하려면
불법승을 반드시 알아야 한다.
그것은 자연의 이치와 법, 진리를 말하는 것이다.

즉 부처님 가르침은 신의 사랑이고, 부처님의 인도이며,
신의 가르침이라는 사실과 현상을
스스로의 반복된 수많은 체험을 바탕으로
나의 믿음과 사랑을 키워가면서
올바른 수행을 꾀할 수 있다는 것을 의미한다.

그것이 좋은 인연의 복을 만들고, 나의 업이 되며, 내가 만든 만큼 쓰다가 가는 것이다. 또한 현재 나의 생을 말하며, 나를 건강하고 행복하게 여유롭고 잘살도록 만든다. 수행을 통해 반드시 깨달아 가야만 하는 이유다.

불성화의 이치를 깨닫고, 체득하여, 수행의 바른길에 있다면, 소승불교든 대승불교든 모두 시대별 부처님의 가르침이라는 사실을

확연히 깨닫게 된다. 이러한 사실을 분명히 인식할 수 있게 된다면 거기에 따른 불필요한 논쟁은 있을 이유가 없다.

또한 수천여 년 전의 가르침을 더듬어 찾기 위해, 여전히 낙후돼 있고 의식이 한참 뒤진 나라들로 공부하기 위해 유학을 가기도 한다. 상식적으로 이해하기 힘들다. 그러나 시간적으로나 경제적으로 여유가 되면 한번 여행 겸 답사하는 것은 이해할 수 있다.

부처님 가르침의 기본적 생각과 개념이 현실적으로 보편타당하게 실용적으로 자리 잡고 있지 않으면 한평생 수행을 해도 도로아미타불이다. 부처님 가르침은 지극히 간단하고 명료하며, 자연의 이치와 법이다. 그 속에 살고 있는 우리는 무엇을 하든지, 내 마음먹기 달렸다.

불교적 용어를 사용하면 다소 어렵거나, 본질적 내용에 접근하기 쉽지 않을 수도 있다. 수천 년 전 부처님 말씀을 더욱더 사실적으로 이해시키려면, 21세기 한국에서 지금 통용되고 있는 적절하고 실용적인 표현으로 설명할 수 있어야 한다.

지금 동시대에서 구사하고 있는 각국 언어도 번역하기란 쉽지 않다. 하물며 수천 년 전 언어와 그 시대의 문화와 표현이 여러 시대를 거치면서 의역되고 있다면, 그 당시의 시대적 감정과 사실적 표현을 지금의 현실 속에서 이해하고 실용화하기까지는 참으로 많은 세월을 보낼 수도 있지 않을까 생각해 본다.

본 책은 부처님의 가르침 그 자체가 인간이 살아가는 자연스러운 이치이며, 법이고 진리라는 것을 깨닫게 하면서, 어떻게 깨달아 가야 하는지, 어떻게 살아가야 하는지를 설명하고 있다. 모든 종교와 철학이 자연의 이치와 법, 진리에서 나왔고, 그 기본이 되는 이치는 하나로 연결되어 있으며, 똑같다. 다만 어떻게 풀어내느냐와 표현만 다를 뿐이다.

사람은 육체라는 몸 기계를 가지고 살아가면서 많은 생각과 고민을 한다. 삼라만상 전체와 나를 움직이게 하는 실체를 나의 몸과 마음으로 인식하는 수준과 정도에 따라 나의 일상생활은 실로 다양할 수 있다. 본 책을 통해 각자 스스로 체험할 수 있길 기대해 본다.

부처님 가르침의 핵심인
마음공부의 실체와
그것이 나의 실생활 속에
어떻게 응용되며, 어떻게 적용되는지
아주 쉽게 알도록 하며,

어떻게 하는 것이

나의 생활을 올바르게 끌고 갈 수 있는지
이해할 수 있도록 해 보았다.

왜, 기존의식 속에 있는 나의 틀과 종교라는 틀에서 나와야 하고,
왜, 나의 기존 가치관 속 자기상식을 버려야 하며,
왜, 나를 없애고 낮추어야 하는지
각자 나름대로 또 다른 시각에서 볼 수 있도록 해 본다.

공부는 항상 폭넓은 시각으로 바라보지 않으면
나의 의식을 크게 만들어갈 수가 없다.

우리가 움직이는 만물의 실체를 알고,
우리가 가진 각 개체의 몸이
하나의 기계라는 것을 인식한다면,
좀 더 분명하게 나 자신과 주변을 알아차릴 수 있다.

나의 존재를 삼라만상 전체 속에서 실제 눈으로 확인하며, 발달된 현대 과학과 문명 속에서 높아진 나의 가치관으로 주변을 완벽하게 인식하게 되면, 나의 의식을 좀 더 넓힐 수 있으며, 나의 우물에서 벗어날 수도 있게 된다.

우리 인간은 여러모로 부족하며 힘들고 어려우나, 서로 도와야

하고, 서로 베풀어야 하며, 그렇게 함께 가고 있다. 시기, 질투도 필요하고, 사랑과 미움도 함께 가도록 한다. 또한 진실인 것과 진실이 아닌 것, 진짜와 가짜, 어진 마음과 나쁜 마음 등 함께 섞여 있다.

어느 누가 어떤 행동과 생각을 보이든, 전체 속의 큰 흐름에서는 조화롭게 알게 모르게 지나간다. 하지만 각자 스스로가 순간순간 좋은 대상이 되고 역할을 하면 참 좋을 것이나, 결국 그것 역시 내 마음먹기에 달렸다는 것을 수행 과정에서 체험을 하기도 한다. 무엇을 하든지 기본에 입각하면 샛길로 빠질 이유도, 다른 생각할 필요도 없다.

공부의 기본이 되어 있다면 옳고 그름의 중간에 서게 되는데, 그 순간순간 그때그때 즉시즉시 스스로 올바른 곳으로 몰고 가도록 하는 것이 공부이다. 결국 그것은 삼라만상 전체를 살리고, 발전시켜 나가는 우주자연의 원리다.

부처님 가르침은 신의 가르침이다. 그것은 인간이 단호하고 현명한 판단을 순간순간 행하도록 이끈다. 부처님 가르침에서 이것도 맞고, 저것도 맞으니, 답이 없는 것이 아니라, 내가 부딪치는 순간순간의 현실 속에서 반드시 답은 이게 아니면 저것이기에, 올바른 답을 찾아내는 것이 수행을 하는 것이다.

하지만 수행의 과정에서, 아닌 것도 그러려니 하고 가는 것도 마음공부에서 아주 중요하다. 또한 이것도 맞고, 저것도 맞는다는 논리도 반드시 올바르게 이해할 수 있어야 한다.

나를 온전하고 바르게 이끄는 실체는
오직 한 분이시다.
즉 부처님 하느님,
우주자연, 즉 신이시다.

수행 과정에서 반드시 몸과 마음으로
신이심을 인식하는 수준과 체득한 정도에 따라서

나 자신과 주변의 많은 것들이
다양하게 나타나고, 변화되며,
그것이 나와 함께 어우러져 반복됨을
순간순간 알아차리게 된다.

그게 신의 조화(造化)이며, 자연의 이치고, 법(法)이다.
그것을 알아차리는 것이 수행이다.

21세기 살아가는 현대인의 깨달음이란, 내가 잘살기 위해서다. 수천 년 전의 부처님 가르침을 지금의 가치관으로 이해할 수 있을 때,

올바른 실천의 수행이 한결 쉽게 되며 믿음과 사랑을 통한 좋은 인연의 복을 쌓아가게 하고, 좀 더 여유롭고 풍요로운 삶을 가지게 한다.

또한 내 가족, 이웃과 함께 건강하고 행복하게 살아갈 수 있도록 하며, 건전한 사회관, 국가관, 세계관이 확립되고, 세상을 바라보는 시각이 폭넓게 된다.

현대인의 깨달아 가는 모습이란,
자연으로부터 오는
순간순간, 그때그때의 깨달음으로
매사 걸림이 없고, 자연스러우며,
용의주도하고, 추세 부응을 잘하는 것이다.

또한 어질고 선하게 행하며,
진실하게 베풀고, 최선을 다해
부족하고 잘못된 부분을
순간순간, 그때그때, 즉시즉시,
고치고, 반성하는 것이다.

늘 바른 삶을 다짐하고, 감사하는 마음으로
올바른 실천을 끊임없이 해나가는 것이
인간 삶의 참되고, 어진 모습이다.

본 책을 통해, 자연스러운 삶과 걸림이 없는 삶, 실용적인 삶의 본질을 이해하고, '본성의 뜻대로 사는 삶' 또는 '자연에 맡겨놓고 가는 삶' 즉 '부처님 하느님 뜻대로 사는 삶'에 대한 올바른 실천을, 각자 믿음의 실체를 통해, 스스로 구현하길 빈다.

또한 자연의 이치를 통한 수행의 바른길 위에서, 좀 더 폭넓고 다양한 생각과 체험을 겪을 수 있어야 하며, 그것을 통한 깨달음으로 부딪치는 대상을 있는 그대로 바라볼 수 있어야 한다. 그러한 깨달음을 자기화하고 실용화할 수 있어야 현대인으로서 깨달아 가는 삶을 누리며 예전보다 더 여유롭고, 훨씬 더 풍요로우며, 항상 감사한 마음으로 살아가게 된다.

끝으로 삶의 질적 향상과 영혼 성숙으로, 사는 동안 육체적·정신적·물질적으로 더욱더 높은 단계의 발전을 꾀하길 바라며, 자연의 빛과 더불어 항상 깨어있는 삶을 영위하길 간절히 기대한다.

『수행의 바른길』 시리즈 안내

수행을 이끄는 실체를 알아차리도록 하여 스스로 터득하여 반복된 실제 체험을 통해, 스스로 자기화와 실용화가 가능하도록 하여 실생활에 써먹을 수 있도록 비유를 통한 설명으로 깨달음을 가지도록 하였다. 본 책은 21세기 현대인들의 일상생활을 위한 깨달음으로 인도한다.

수행의 바른길 1편

부처님 가르침을 통한 수행의 바른길

깨달음 공부의 원초적 바탕이 되는 불성화(성령화)의 이치에 따른 깨달음과 이의 체득을 위한 기본 설명과 인간 삶의 목적과 수행의 바른길을 명확히 제시하고 있다.

수행의 바른길 2편

현대인의 깨달음을 위한 바른 수행을 이끄는 실체와 나

믿음이 만들어지는 이치와 원리, 죽음의 인식에 따른 삶과 본성에 따른 삶의 길, 결국 깨달음은 K 함수이며, 판도라 상자라는 표현과 비유로 다양한 생각과 고민을 해본다.

수행의 바른길 3편[출간예정]

삶의 바른길과 수행의 실용성

삶의 바른길과 수행은 반드시 실용적이며, 마음 씀씀이의 올바른 실천에 있다는 것을 강조하면서, 빛의 인도와 실체, 생로병사는 인간의 고통이 아니라, 우주 자연의 고귀한 네 가지 진리라는 것과 고집멸도의 새로운 해석을 도표를 통해 상세히 설명해 놓았다.

수행의 바른길 4편[출간예정]

일상의 깨달음을 통한 삶의 창조

깨달음은 일상의 말과 생각과 행동에 달렸으며, 그것의 이치와 원리를 알아 사랑과 믿음을 키워야 하는 이유와 설명, 신의 빛 속에 사는 삶, 명상의 기본요건과 실행방법, 깨달음과 창조적 삶, 그리고 세상이 창조된 원리와 파장(빛)시스템의 이해를 통해 각자 깨달아가도록 해 보았다.